JN200109

保育の
質を問う

著者　塚口 伍喜夫
谷村 誠
明路 咲子
谷村 佳奈美

大学教育出版

保育の質を問う

目　次

第 1 章
児童の保護・養育の理念と保育所の立ち位置

第1節　児童福祉における理念の基準をどこに置くか

　児童はその国の将来を担う「宝」として健全に育成されなければならない。わが国においても、戦後いち早く児童の健全育成が取り上げられました。福祉に関する法律においても児童福祉法は昭和22（1947）年12月12日に公布されています。児童は戦禍を被り、戦後は親や保護者を失った児童が巷にあふれました。こうした中で、児童の保護育成が焦眉の課題となり、終戦から2年後に児童福祉法が制定されました。児童福祉法の第1条では、「すべて国民は、児童が心身ともに健やかに生まれ、かつ、育成されるよう努めなければならない」と謳い、第2項では「すべて児童は、ひとしくその生活を保障され、愛護されなければならない」と規定しました。これは、児童育成における国民一人ひとりの責務を明確にし、第2条では、「国及び地方公共団体は、児童の保護者とともに、児童を心身ともに健やかに育成する責任を負う」と保護者とともに国や地方公共団体の責務を規定したのです。さらに、第3条では「前2条で規定するところは、児童の福祉を保障するための原理であり、この原理は、すべて児童に関する法令の施行にあたって、常に尊重されなければならない」としています。

　われわれ国民、なかんずく、児童福祉に関わる者は児童福祉法に謳う内容を一つのよりどころとすべきでありますが、これら条文の抽象的表現をいっそう具体化し、児童の健全育成を総合的に見据えたものが児童憲章ではないでしょ

うか。

（1） 児童憲章にみる児童福祉の理念

　児童憲章は児童福祉法の制定から遅れること4年、昭和26（1951）年5月
5日に宣言されました。この児童憲章は、社会が児童に対してどのような観念
を持たねばならないか、そして、児童の幸せを図るためにどのような環境と社
会的条件を準備しなくてはならないかを指し示したのです。

　児童憲章前文では、「われらは、日本国憲法の精神にしたがい、児童に対す
る正しい観念を確立し、すべての児童の幸福をはかるために、この憲章を定め
る」と宣言し、

　　　児童は人として尊ばれる

　　　児童は社会の一員として重んじられる

　　　児童はよい環境のなかで育てられる

とし、次の12項を提示しました。

1. すべての児童は、心身ともに、健やかにうまれ、育てられ、その生活を保障
   される。
2. すべての児童は、家庭で、正しい愛情と知識と技術をもって育てられ、家庭
   に恵まれない児童には、これに代わる環境が与えられる。
3. すべての児童は、適当な栄養と住居と被服が与えられ、また、疾病と災害か
   ら守られる。
4. すべての児童は、個性と能力に応じて教育され、社会の一員としての責任を
   自主的に果たすように、みちびかれる。
5. すべての児童は、自然を愛し、科学と芸術を尊ぶようにみちびかれ、また道
   徳的心情がつちかわれる。
6. すべての児童は、就学の道を確保され、また、十分に整った教育の施設を用
   意される。
7. すべての児童は、職業指導を受ける機会が与えられる。
8. すべての児童は、その労働において、心身の発育が阻害されず、教育を受け
   る機会が失われず、また、児童としての生活がさまたげられないように、十
   分に保護される。
9. すべてに児童は、よい遊び場と文化財を用意され、わるい環境から守られる。

10. すべての児童は、虐待、酷使、放任その他の不当な取り扱いからまもられる。
    あやまちを犯した児童は、適切に保護指導される。
11. すべての児童は、身体が不自由な場合、または精神の機能が不十分な場合に、
    適切な治療と教育と保護が与えられる。
12. すべての児童は、愛とまことによって結ばれ、よい国民として人類の平和と
    文化に貢献するように、みちびかれる。

　この憲章の意義を、今の時点において再確認することが大切でありましょう。特に、この憲章草案準備会小委員会による「児童憲章制定に至るまでの経過報告」の中で、中川望副議長は、「昭和25年5月に神戸市において開催された第4回全国児童福祉大会において児童憲章試案を提示し、論議した結果『児童憲章というものは、社会のすべての成員が児童の福祉を図るための国民的約束であって、国民一般の意志によって作成せられ、すべての国民を道徳的に拘束するものである』ことを確認している」と報告しています。

　また、昭和26年5月5日の児童憲章宣言式で関係者は次のような挨拶、祝辞を述べています。

　　金森議長「この憲章が成立するについては、各方面の一方ならぬ論議、協力のたまものである。児童憲章は、国の政治の力によってつくるものではない。法律の力によってつくるものでもない。国民の湧き起こる念慮によって生まれたものでなければならない。願わくは、この児童憲章が文字にとどまることなく、真実に世界人類の平和と福祉に貢献するような立派な児童がこの日本の天地に満ち亘るようにしたい」。
　　吉田茂内閣総理大臣「この児童憲章は、子どもの幸福と健康な成長を図るための大人自身の道徳的約束であり、一つの社会的協約である。次代を担う子どもの人間としての品位と権利とを尊重し、これに良い環境を与え社会の一員として心身とも健やかに育成することはわれわれの責務である」。

　この児童憲章から児童福祉にかかわる者は何をどのように捉えなければならないかについて論点を提起してみたい
　第1には、児童を全面的、総体的に捉えなければならないということであります。児童を全面的、総体的に捉えるということは、ある一面からのみで児童の姿を捉えてはならないということであります。今日、児童を取り巻くさま

ざまな事件や出来事が起きると、児童の心身の、とりわけ、心のケアを重視して心理的カウンセリングを施すことに重点が置かれているようですが、これなどは一面的と言わざるを得ません。もちろん、被害を受けた児童の「心のケア」は大切でありますが、同時に、子どもが置かれている家庭的・社会的環境はどうか、親子の人間関係、地域との人間関係、健康問題、教育環境など、できるだけ総合的に児童の状態を把握し、その上で対処していかなければならない、とこの憲章は訴えているのではないかと考えますがいかがでありましょうか。

　第2に、憲章の第2項並びに第3項では、子どもは、心身ともに健やかに生まれ育てられ、その生活を保障される、また、子どもは家庭で正しい愛情と知識と技術をもって育てられる、と謳われていますが現状はどうでしょうか。1951年から今日まで63年が経過していますが、この間、日本の子どもたちはここに示すような育てられ方をしてきたのでしょうか。検証してみたいと思います。

　第3に、今日、児童問題に「衣食住」の問題は無くなったと公言する関係者がおられますが、果たしてそうでしょうか、疑問を呈さざるを得ません。文部科学省の調査によれば、学童・生徒の6人に1人が、朝食を摂らずに登校している状況や両親が共働き等でも保育所に入れない児童が4万4,118人（厚労省調査）もあり、この数値は平成21年以降大きな変化はありません。しかも、待機児童を減少させることが、地方の保育政策の目玉となり、保育の質は二の次に置かれる始末です。

　第4には、豊かな情緒育成の視点を欠かすことが無いように導くことが大切であります。第5項では、子どもたちが自然を愛し、科学と芸術を尊ぶように、みちびかれ、また、道徳的心情が培われる、としています。戦後の教育の中で最も軽視されてきたのが「道徳的心情の醸成」ではないでしょうか。子どもが親を思い、友達と仲良くし、心身に障害を持つ仲間を慈しみ、互いに協力し合う、といった心情を培うことを疎かにしてきたつけは子ども社会を巡るいろいろな場面で噴出しているように見えます。

　第5には、子どもの生活環境の問題です。憲章の第九項には、すべての児童はよい遊び場と文化財が用意され、悪い環境から守られる、とありますが、こ

れなどもまったく不十分であります。

　第6には、親による子どもの虐待問題です。人間としての基本的な資質を持たない者が親となり、いたいけな子どもに虐待を加える、さらには死に至らしめる事件は後を絶ちません。また、子どもどうしの「いじめ」問題もそうです。子どもが成長発達する過程で、人間としての心情が培われることが乏しい結果がこうして現象を生起しているのではないでしょうか。

　第7には、憲章第11項では、障害を持った子どもには適切な治療と教育、そして保護が与えられる、としていることです。障害児の日々の生活は、その大半は保護者の懸命な支えで保たれています。公的あるいは社会的支援はまだまだ不十分ですし、何よりも、障害児が、その障害の状態に応じた保護と教育がうまくシステム化されていないことです。さらには、彼らが教育を終えた後、仕事に就く機会が極端に狭いことが最大の問題です。新自由主義思想は、社会福祉の分野にも浸透し、市場原理が持ち込まれる中で、弱い労働力は排除されてきています。社会福祉分野でさえ障害児（者）が働く場は狭められているのです。

　このように、児童福祉、なかんずく、保育に当たる分野では、その理念を児童憲章において推進していくことが強く望まれます。

（2）　児童の権利宣言と児童福祉の理念

　児童の権利宣言は、昭和34（1959）年国連憲章に沿って、国連総会が公布したものです。その前文で、「児童は身体的及び精神的に未熟であるため、その出生の前後において、適当な法律上の保護を含めて、特別にこれを守り、且つ、世話することが必要である云々」と述べています。この中で特に注意しなければならないのは「児童は身体的及び精神的に未熟」と規定していることです。児童の自由並びに権利を大人と並列的に捉える「進歩的」保護者がおられますが、この間違った視点が児童福祉の根源を崩す要因ともなっていると思われます。

　この児童の権利宣言は、10条からなっています。ここにその精神となって

いる事項を確認してみたいと思います。

　その1つは、児童は差別されてはならないということ。2つには、児童が成長するための機会・便益は児童の最善の利益が優先されること。3つには、児童とその母には、特別の世話及び保護が与えられなければならないこと。4つには、幼児は例外的な場合を除き、その母から引き離されてはならないこと。5つには、児童はあらゆる状況にあって、最初に保護及び救済されなければならないこと、などを謳っています。

　この児童の権利宣言は、先の日本の児童憲章と重なる部分が多くありますが、まず大切なことは、外国籍の児童が、あるいは、永住外国人が増えることから、その子どもたちが年々増えていることに注目しなければなりません。これら児童も、児童福祉の観点から外すことなく包み込んでいかなくてはなりませんが、実際はどうでしょうか。

　次に、児童は、特にその幼児期は、母親の養育と保護のもとに置かれることが大切であるとしていることです。その観点からみると、子どもの幼児期に親が十分に育児に当たれる社会的環境が著しく貧弱な状況をどう見たらよいのでしょうか、乳児期から施設に預けられる現状を、子どもが健全に成長していくプロセスからとらえた場合、是とすべきかどうかは改めて論議を待つところであります。

　児童の権利宣言でもう一つ注目すべきは、「母と子」の関係の大切さは強調されていますが、「子と父親」の関係は薄弱であります。そうであるならば、「母と子」の関係に重点を置いた福祉施策がもっと重層的に考えられる必要があるのではないかと思われます。

（3）　児童の権利に関する条約締結と児童福祉の理念

　日本における「児童の権利に関する条約」の締約は、平成6（1994）年に行われました。この条約は、41カ条からなりますが、特に注目したいのは、その前文にある次の記述です。

　「児童が、その人格の完全な且つ調和のとれた発達のため、家庭環境のもとで幸福、愛情及び理解のある雰囲気の中で成長すべきである」とし「児童が社

会において個人として生活するため十分な準備が整えられるべきであり、（中略）平和、尊厳、寛容、自由、平等及び連帯の精神に従って育てられるべきである」と宣言しているところであります。

　児童が、家庭環境のもとで、その人格の完全なかつ調和のとれた発達を図ることを強調していることに特徴があります。児童福祉関係者が児童問題を見るとき、基本的には、「家庭の中の児童」言い換えれば「家族がいて、その中の一員としての児童」の観点が絶対に必要なのです。児童を人格ある一人の人間として捉えるあまり、本来の「家庭で育まれる児童」の捉え方が希薄になっているのではないかと危惧いたします。

　児童が健全に成長していくためには、家庭基盤が強固でなければなりません。児童は、家庭という土壌から成長に必要な栄養を吸収して成長していくのだ、という観点が児童問題を見る前提条件ではなかろうか、と思えます。

　さらに社会的には、平和、尊厳、寛容、自由、平等、連帯の精神によって育てられるべき、と宣言しています。この観点は、家庭での育成理念であると同時に、特に、幼児教育、学校教育、社会教育、さらには、児童福祉においても培っていかなくてはならない観点であります。ひとりの社会人、国民、国際人としても、これらの資質をどれだけ身につけていけるかが問われているのではないでしょうか。

　教育とは、むやみやたらに知識を詰め込み、誰にも伍して「優秀」校へ進学することではないでしょう。また、幼児期から小学校の教科を教えることで人間としての素養を習得したことにもならないでありましょう。

　児童福祉の観点から児童の健全な育成を図るためには、児童の全人的な養護視点が絶対に必要なのではないか、と思います。

　児童の権利に関する条約第18条には、「この条約に定める権利を保障し、及び促進するため、（中略）父母及び法定保護者が児童の養育についての責任を遂行するに当たり、これらの者に対して適当な援助を与えるものとし、また、児童の養護のための施設、設備及び役務の提供の発展を確保する」とし、その条項の第2項には「締約国は、父母が働いている児童が利用する資格を有する児童の養護のための役務の提供及び設備からその児童が便宜を受ける権利を有

することを確保するためのすべての適当な措置を取る」としています。

　児童がその権利を保障され、また、権利保障が促進されるための第一人者は、児童の父母であり、または、法定保護者と位置付けているのです。この父母や法定保護者が責任を遂行するため、適当な援助が必要と規定しています。保育事業も、父母がその責任を遂行するのを援助する事業と位置付けられます。したがって、保育事業は、児童を一定時間預かって父母に代わって保育するにとどまらず、その父母が、児童養育の責任を十分に果たすことができるよう援助する責務を負っていると言えないでしょうか。

　また、締約国（日本国）は、保育園（所）には保育士資格を有したものを配するとともに、その設備からも児童が健全に発達していくことを保障する環境を確保することを義務付けています。

　現在、日本では、保育施設を利用することができない、施設利用待機児童の解消を至上課題において対応している自治体が、とにかく「箱モノ」を整えて児童をそこに押し込み、「待機児童をゼロにした」として評価されていますが、これなどは、児童が健全に発達していく権利を保障しているといえるでしょうか、疑わしいです。

　児童福祉についての理念の基準をどこに置くかを中心に概括的に論じてきましたが、この問題は、実践の場において、どこをどのように生かしているかが検証されなければなりません。児童の全人的で健全な発達を目指す児童福祉、保育関係者こそが、これらの理念を実現するため最上の力を尽くさなければ、児童の現状は少しも良くならないのではないか、と懸念されます。

第2節　日本の児童が直面している諸問題とその本質

　前節では、児童福祉の理念をどこに置くかを論じてきましたが、高々と謳われる理念とは裏腹に、日本の児童が置かれている現実は多くの問題を孕んでいます。その顕著なものを観ながら、それらの問題の解消または軽減のため、どうすればよいかの課題提起をしてみたいと思います。

（1）　子どもの虐待

1）　虐待の現状

　近年、子どもの虐待事件は後を絶ちません。平成 24（2012）年度の虐待対応件数は 6 万 6,701 件で平成 11（1999）年度の 5.7 倍となりました。また、この虐待によって死亡した児童数は、平成 23（2011）年度 56 例・58 人、そのうち 0 歳児が 4 割強を占めていたのです。

　虐待件数は、平成 2（1990）年度の 1,101 件以降年々増え続け、平成 24 年度の件数は平成 2 年度の実に 60 倍となりました。

　また、虐待につながる家庭状況としては、経済的な困難（33.6%）、ひとり親家庭（26.5%）、DV（17.1%）、虐待者の心身の状況（31.1%）夫婦間不和（18.3%）と報告されています（複数回答・平成 21 年度調査）。

2）　虐待に対する対応

　厚労省は、虐待に対する対応策として、先ず、「発生を予防する」こと。発生予防は、虐待に至る前の対応、すなわち、育児の孤立化の防止、育児不安の防止などをあげています。そして、こうした発生予防に対応する施策として、「子育て支援事業の普及・推進」「虐待防止意識の啓発」「相談しやすい体制の整備」などが必要としています。

　子育て支援事業の拠点として保育園や児童館が適切としていますが、保育園や児童館がどのような支援事業を展開するかについては、交流の場の提供、相談、地域の子育て関連情報の提供、子育て支援に関する勉強会などを提案しています。

　次に、「虐待の早期発見、早期対応」をあげています。そのため、「虐待に関する通告の徹底」「児童相談所全国共通ダイヤルの周知 0570-064-000」「児童相談所の体制強化」「市町村の体制強化」「専門性の強化」「子供を守る地域ネットワークの強化」等を提起しているのです。

3）　次は、「子どもの保護・支援・保護者支援」

　虐待を受けている児童の一時保護、親子再統合に向けた、特に親への支援、社会的養護体制の拡充を図ることが課題だとし、そのため考えられる施策として「一時保護所の拡充」「社会的養護体制の拡充」「親子再統合に向けた保護者

への支援」「親権にかかわる制度の適切な運用」を提起しています。

　さて、これらの対策を概観して次のことが言えないでしょうか。

　その１つは、対応が非常に緩慢で生ぬるいと感じることです。それが証拠に、虐待は改善されるどころか年々増加の一途をたどっています。かって、花園大学の津崎哲郎教授は、「戦前の家庭や個人への公権力の露骨な介入への反省が、戦後、逆に、家庭内問題への法や公権の関与を徹底して排除してきた」と指摘します。

　虐待は、殺人にまで至る重大な犯罪であります。そのことを前提に児童虐待に対する対策を講ずべきではないでしょうか。

　その２つは、子育て支援事業に保育園が果たす役割が非常に大きいことです。しかし、保育園の職員の現有体制でこの事業に当たるには、保育園の負担は大きすぎますし、無理と言わざるを得ません。保育園は、地域の子育て支援事業の拠点施設として養育支援の訪問事業、乳児家庭の訪問事業、虐待防止意識の啓発事業、子育て相談事業などを展開するとともに子どもを守る地域ネットワークの拠点を担うことは最適であります。そのためには、各保育園にこれら地域活動をコーデネイトする職員（コミュニテイソーシャルワーカー）の配置は不可欠と思われます。このコミュニテイソーシャルワーカーが地域住民のネットワークづくり、関係機関のネットワーク構築、活動の輪の拡大、子育て講座の開催など、虐待防止と虐待対応のキーマンとして活躍できる条件を揃えてこそ成果が出てくるのではないでしょうか。

　その３つには、児童相談所の機能を強化するとともに、立ち入り調査権を付与することです。機能強化の中には、心理面からの対応に重きが置かれている現状を改革し、社会福祉士等ソーシャルワーカーの重層的な配置を含めて、地域や関係機関との調整を日常的に図っていけるコーデネイターなどの配置を考慮すべきであります。

　その４つには、思い切った予算の配分です。前述してきたような体制を整備し、地域を最も重視した対応策を講じるためには、国や地方自治体の思い切った予算増額が望まれます。

（2）子どもの貧困

　日本の子どもの貧困率は OECD30 カ国中 12 位と貧困化が深刻な状況にあ
ります。子どもの貧困化率は、相対的貧困率であり、世帯ごとの可処分所得の
中央地の 50% 以下の世帯の子どもの率をいいます。また、市町村教育委員会
がそれぞれの基準に基づき認定した準要保護児童生徒数は 140 万人に達してい
ると言われています。

　これらの貧困児童は、保育園・幼稚園・小中学校に朝食も摂らずに登園・校
しているとも言われていて、子どもの発育や勉学上も深刻な影響を与えている
のではないかと考えられます。

　下図は、子どもの「生きる力」を養う要素を示されたものですが、学力につ
いてみれば、子どもが貧困であるがゆえに、十分な勉強ができない、家庭での
学ぶ環境が乏しい、判らないことを教えてくれる人がいないなど。豊かな人間
性の涵養という視点で見ても、貧しさゆえに、家庭環境がギスギスしていて豊
かな人間性をはぐくむ心の余裕が生まれない、といった影響も出てきます。朝
食抜きで保育園や幼稚園に行く、または、小中学校に登校する子どもが、どう
して健康を保持し十分な体力を付けることができるでしょうか。児童が貧困に

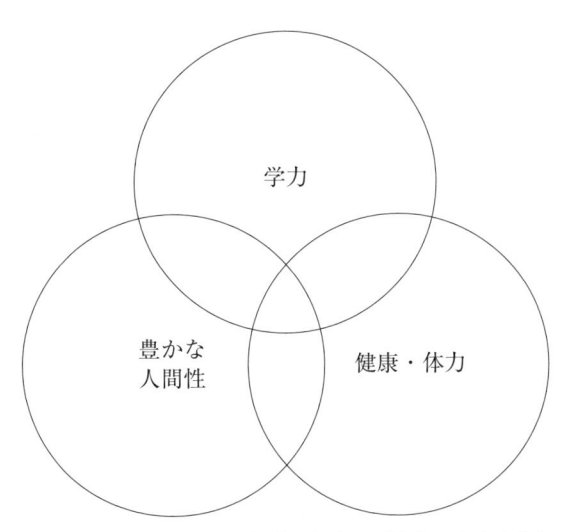

（文部科学省「新学習指導要領」の「生きる力」より）

あることは、こうした発達上の諸要因が互いに絡み合ってマイナスに作用しその健全な発達・成長を阻害していることに注目せざるを得ません。

　児童の貧困を家庭類型でみると、「両親と子ども世帯」では11％であるのに対して、「母子家庭」では66％と非常に高くなっています（阿部彩『子供の貧困』より）。母親が働き子どもを養育することが、いかに困難であるかをうかがわせます。子どもを抱えて働く母親の多くは、非正規雇用で低い賃金で働いている場合が多く、この根本のところを変えないと子どもの貧困は解消されないのではないでしょうか。

　ちなみに、「母子世帯の就業状況と収入」を厚労省が実施した「全国母子世帯等調査」（2006年）によると、就労状況（2006年）では、常用雇用者が42.5％、臨時パートが43.6％となっています。また、その収入は、年間平均収入が213万円、そのうち就労収入が171万円となっています。就労収入に関してみれば、「常用雇用者」年間収入は257万円、「臨時・パート」の同収入は113万円と「常用雇用者」の44％弱と極端に少なくなるのです。

　子どもの貧困化に対して、いくつかの社会福祉法人が、社会貢献事業の一つとして支援事業を行っています。

　筆者が関係する社会福祉法人では、この社会福祉法人は高齢者介護事業が本来事業でありますが、介護施設サービスを展開している地域内で、次のような児童支援事業を企画し、実施に向けた準備を進めています。

　地域内で「空き家」を見つけて買収、そこを改修し、活動拠点とします。その「空き家」は、以前は「うどん屋」で1階は厨房、カウンターの椅子席10席、テーブル・椅子がセットで合計20人位が利用できます。もちろんトイレ付です。玄関脇には野外テーブルもあります。2階は、うどん屋の住居だったスペースで、2LDKで十分な広さがあります。買取金額はおよそ4,000万円、改修費を含めると4,500万円くらいになります。

　活動内容は、地域の生活困窮児童には朝食を準備します。その朝食は、特養の厨房で調理したものを提供します。夕食は、地域の弁当屋、外食店舗などの協力を得て、廃棄直前の弁当や食料品を分けてもらい必要な児童には提供するのです。昼間は、地域の独り暮らし高齢者や高齢者夫婦などの「たまり場」と

して活用します。囲碁・将棋、手品クラブ、絵手紙サークルなどの趣味活動も取り入れ、ここに集ってくる児童には将棋指導なども行うように計画しています。

　これらの活動をコーディネイトするコミュニテイソーシャルワーカーを1名配置し、その補助員を2名程度付けます。日常的な諸活動は地域の民生・児童委員、ボランティアなどにより推進するように計画します。こうした試みを平成28年中頃から実施します。今その準備で大わらわです。

（3）不登校問題

　子ども（児童、生徒）にとってもう一つ大きな問題は、不登校問題です。文科省の子ども調査によると、平成24年度の全国の児童生徒数は10,333,629人で、そのうち不登校児（30日以上の欠席者を指します）が11万2,689人となっています。中学生は漸減傾向にありますが、小学生は横ばいです。

　不登校の原因を見ると、情緒的混乱26.6%、友人関係14.8%、学業の不振9.1%、親子関係11.1%であり、いじめは2.1%にとどまっています。近年、いじめによる児童生徒の自殺などが大きく報じられていますが、実は、いじめ問題はなかなか表に出ないで地中に潜伏しているように思えます。例えば、いじめにより情緒的不安定に陥っていたり、友人関係の中に埋没していたりするのではないか、と考えられます。文科省の原因分類は、教師が示された範疇で○×を記したものの集計であり、表皮的な原因「分析」といわざるを得ません。なぜそう見るかといえば、いじめと自殺の関係で、学校側・教育委員会側はひつようにその因果関係を否定してきた事例があまりにも多すぎたからです。

　児童福祉の理念のところで触れた問題の一つに道徳的意識の涵養が児童の発達過程で必要なことは、児童憲章、児童の権利宣言、児童の権利に関する条約の中でも強調しているところです。ところが、日本の学校教育では戦後一貫してこの道徳教育が軽視ないしは排斥されてきた経緯があります。児童生徒の一部は、「学力」は身につけるが、徳育はまったくといっていいほど教育されないままに「成長」してきたツケがこんな形で表れているともいえます。

　今、この徳育が培われている場面は、ボランティア活動の場面です。子ども

たちが障害児の施設を訪問したり、高齢者を訪問し話し相手になったり、等々があります。

　ある保育園では、隣接する特別養護老人ホームの老人たちと日常的に交流し、老人たちを活気づかせています。また、園児たちも老人を理解する最上の教育場面であると言えましょう。

（4）いじめ問題

　子どものいじめ問題は深刻です。その件数をみると、全国で約 670 万人の小学生のうち、いじめの認知件数が 11 万 9,000 件である（2013 年度）。小学生 100 人のうち 1.78 件のいじめが認知されていることになります。

　（注）文科省はいじめの件数を 2006 年度に「認知件数」と改めた。この認知件数は、学校の主として教師側がいじめを敏感に認知した件数となります。教師側がいじめに鈍感であれば、この件数は少なくなるのです。

　認知件数（学童・生徒 1,000 人当たり）を都道府県ごとにみると、最も高い件数が京都府の 170.3 件、最も少ないのが佐賀県の 0.87 件です（2013 年度）。先の（注）書きに沿ってみると、実数に近い数字なのか、教師の認知度のちがいなのか、判断は難しいです。

　深刻な子どものいじめ問題に、文科省は 2013（平成 25）年いじめ防止対策推進法を成立させ、9 月から施行しました。

　その第 1 条（目的）では、「この法律は、いじめが、いじめを受けた児童等の教育を受ける権利を著しく侵害し、その心身の健全な成長及び人格の形成に重大な影響を与えるのみならず、その生命または身体に重大な危険を生じさせる恐れがある云々」といじめ問題の重大な影響を規定しています。また、第 3 条（基本理念）第 1 項では、「いじめの防止等のための対策は、（中略）学校の内外を問わずいじめが行われなくするようにすることを旨として行われなければならない」と、いじめ防止は、学校、学校外の場、地域社会全体で取り組む必要性を規定しています。また、第 8 条（責務）では、保護者、地域住民、児童相談所その他の関係者と連携を図り、いじめの防止、早期発見に取組むこと

を訴えています。

このように、いじめ問題は一刻もゆるがせにできない深刻な問題です。いじめの対象になりやすいのは、心身にハンディを抱えた子どもとか、一見ひ弱に見える真面目な子どもが多いとか言われています。子どもの成長過程の中で、他を思いやる心、他をいつくしむ心、他と協力する協調性などがなぜ醸成されなかったのか、保護者や教育現場に聞きたいですね。いじめ問題は、いじめる子どもといじめられる子どもの関係だけではありません。保護者は、自分の子どもの成長の先をどう見ているのか改めて問いたいものです。

家庭（HOME）の概念は明治以降にわが国に入ってきたと言われています。それまで日本には「家」の概念はありましたが家庭の概念はありませんでした。家庭の庭は「庭訓（ていきん）」の庭ではないかと考えられます。庭訓とは、広い心を培う教え、であり、その場が「家」であると解釈できます。家庭とは、家族一人ひとりが広い心、慈しみの心、他を思いやる心を培うところでなければならないと考えられますが、いかがでしょうか。いじめる子どもの大半の原因は家庭にあり、保護者の育て方にあるといっても過言ではありません。加えて、学校教育のなかでの徳育教育がおろそかにされてきたことが、いじめ問題に拍車をかけた、といえないでしょうか。徳育教育の大切さは児童福祉の理念に共通してうたわれていることは、すでに述べてきたところです。

（5）　保護者の子育てに対する無理解

保育園で、保護者を対象に「母親教室」「保護者教室」などが持たれていますが、じつは、子育てが保育園と保護者の共同作業であるならば、保護者の子育てについての再教育が絶対に必要と考えます。保育園とは、実は保護者の学びの場でもあることが望ましいのです。

一例をここにあげます。Y市の保育園で園児が他の園児の顔をひっかいて傷を負わせました。この傷は3日もすれば完全に治癒する程度のひっかき傷（医師の診断けんかをしたり）でありましたが、傷を負わされた園児の保護者は、園に対して「この傷の保障をしろ」とねじ込んでくるし、傷を負わせた園児の保護者に対しては、毎日のように電話で「抗議」を繰り返し、抗議を受けてい

る保護者はノイローゼに陥っています。この抗議なるものが毎日毎日執拗に繰り返されるので、園はY市に善処方を依頼したが、Y市は園と保護者の関係だから園で解決してほしいというだけでまったく頼りにならない状態です。園の保育士たちは、「あの子の担当になるのであればこの園を退職したい」と言い出す始末、まさに園は崩壊状態です。

　子どもがその発達過程で喧嘩をしたり、相手に些細なけがを負わせることもまま起こり得ることです。子どもの些細な喧嘩で小さなひっかき傷を負わせたくらいで、このように執拗な「抗議」をされたのでは園はたまったものではないし、正常な保育が継続できない状態に陥ってしまいます。ここに園児を割り振ったY市もまったく知らぬ顔で責任の一端さえも取ろうとしない「事なかれ」主義では困ったものです。

　さて、この事例から学ぶべきことはいくつかあります。

　その1つは、子どもの成長過程を、特に、保護者がよく理解し子育てに当たることです。この事例のように、子どもがその成長過程で、一度もけがをしたことが無い、一度も喧嘩をしたことが無い、こんな子どもはどんな大人になっていくのだろうか想像もできません。子育てとは、子どもがいろいろな経験や体験をしながら成長していく過程をじっくりと見守ってやることではないでしょうか。

　もう1つは、子育ては、園と保護者の共同作業であることは論を待ちませんが、これを行政が側面からサポートすることを怠ってはなりません。行政は、規定・規則で物事を進めるのはもちろん、この事例の場合でいえば、園の苦渋を助ける役割も持っているのではないか、と考えます。そう見ると、子育てとは、園と保護者、それに行政が関与した三位一体で進める壮大な事業であるといえます。

第3節　子育てと保育園の立ち位置

　子どもは、将来の日本を担う宝であります。いうまでもなく、子育ては壮大な事業の一つといわざるを得ません。その一翼を担っているのが保育園です。

　平成24年4月1日現在、保育園数は23,711カ所、利用児童数は2,176,802人です（厚労省）。

（1）　幼児の3人に1人が保育園を利用

　日本の0歳から5歳までの幼児数は6,355,237人（平成10年・人口問題研究所の推計）であり、保育所利用幼児数は2,176,802人で34.5%、実に3人に1人強が保育園で日中の生活を送っていることになります。さらに、保育園に入園できない入園待機児童が41,118人（厚労省調査）いるとされ、これらの幼児がすべて保育園を利用するとなると、利用割合はさらに高くなります。保育園は、日本の幼児期の子どもの3分の1以上の養育に責任を負っているということです。

　人間の発達過程において幼児期は最も大切な時期とされています。したがって、専門教育を受けた保育士が保育に安心して当たれる環境、労働条件の整備は最も急がれる課題であります。

（2）　保育園は、「働く保護者を支援」することが第一の目標なのか、「幼児の人間形成を促進する」ことが第一なのか改めて考えてみることが必要ではないか

　なぜ、この問題を提起したかを説明したいと思います。

　その1つは、多様な保育の展開とその弊害です。多様な保育とは、厚労省は、平成20年6月9日、「保育対策等促進事業の実施について」都道府県知事、各指定都市市長、各中核都市市長あてに通知を行いました。この通知の中で、特定保育事業（パート勤務等就労形態に対応した保育）、休日・夜間保育事業、病児・病後児保育事業、待機児童解消促進等事業、延長保育事業等の円滑な実

施を上記当該首長に通知しました。

　通常保育の枠からはみ出た、いわば、保護者の就労状況に合わせた保育事業の実施を促す施策は、標題の「働く保護者を支援する」ことを第一義とした保育政策に他なりません。幼児は、病気であっても、病後まだ回復していない時期であっても、保護者、とりわけ、母親の看病すら受けられない状況をどうみたらいいのか。また、休日も保護者と生活できない、朝から夜遅くまで保育園での生活を余儀なくされる幼児たちを「正常な親子関係」「正常な生活環境」といえるでしょうか。

　厚労省は、労働政策を進める専門部署でもあります。真に児童の健全な発達、親子関係の醸成を第一と考えるならば、保護者（親）がもっと児童の養育に時間をかけられるよう保護者の働き方そのものを改革する政策を打ち出すべきではないかと考えます。

　子どもが乳幼児期に親の手によって養育されることが最も必要なことではないかとの考えは、「3歳児神話」といって時代錯誤的な育児認識と解され、進歩的「文化人」から批判されるおそれは十分にありますが、子どもが、特に幼児期の子どもが、親の愛情を強く求めるときに、その親が結果的にその子に手を差し伸べてやれない状況は不正常な状況といえないでしょうか。

　日本の場合、父親の育児休業の取得率はわずか1.23%で、一方仕事を持つ女性のほぼ70%が第1子の妊娠・出産で離職する現状があります。その原因はいくつかありますが、その1つに、育児休業中の社会保険からの支給額が休業全賃金の50%のとどまっていることです（これは、平成27年6月30日に施行された「改正・育児介護休業法」により67%にまでひきあげられた）。

　ちなみに、スウエーデンでは80%。2つ目には、育児休業を取得することで会社での地位が揺らぐ、エリートコースから外れるのではないかといった不安など、権利として育児休業を取得でき、周辺もそのことを当然と認識するような環境がまだ未成熟であること。3つ目には、男性の育児休業取得が極端に少ないのは、夫婦共働きであっても、夫の給与が妻の給与より高い場合が多く、夫が育児休業を取得すると家庭収入が大きく下がることも原因していると思われます。

　結論的に言うと、子どもが十分な親子関係の中で育まれることが、ひとりの人間として成長していく上では絶対に必要なのではないかということ。保育園は、あくまでも、親の養育を側面的に援助する立場であり、親の養育に代わるものではない、といえましょう。

　保育園を経営する関係者は、子ども、特に幼児期には、できるだけ長く親の養育に委ねることが、その成長過程で大切なことを社会に訴えていく役割を担っているのではないか、と考えます。

　その2つには、幼児を劣悪な保育環境で保育することは国としても、社会としても容認してはならないということです。

　地方自治体の首長は、保育園入所待機児がいることをできるだけ早く解消することを緊急の課題であるとして、保育園まがいの施設経営を認可したり、営利法人の保育園経営参入を安易に認可したりして対応することは許されることではありません。日本の将来を担う子どもたちには、何をおいても最上の保育環境を提供しなくてはならないと考えるからです。

（3）　地域の子育て支援センターとして期待される保育園

　保育園の立ち位置として期待されるのが、地域の子育て支援センターとしての役割です。

　1960年位までは、日本の家族構成も3世代同居が比較的多くありました。（1960年には30.5%）。家族構成が夫婦とその親ということであれば、子育ては両親とその親（子どもから見れば祖父母）が共同して子育てに当たる構図が描けます。ところが、日本が経済の高度成長期に入ると、若者は親の元を離れて田舎から都市部に流れ込み、そこに定着し、結婚し子をなす、いわゆる、核家族化が進行しました（『厚生白書平成10年版』によると、核家族世帯は、1960年の1,179万世帯から、1995年2,576万世帯と2倍以上に増加）。

　その結果、子育てに悩む親が増え、それに対応する社会的施策の遅れとも相まって歪んだ親子関係の事象が社会問題化するようになりました。歪んだ親子関係の問題は学校教育の場でも受け止めることができず、行政の児童福祉専門機関においても同じでありました。

　ちなみに、児童福祉法以外で、子育て及び子育て支援に関わる関係法律を見てみますと、

　「次世代育成支援対策推進法」（平成 15 年 7 月 16 日、法律第 120 号）

　「少子化対策基本法」（平成 15 年 7 ア月 30 日、法律第 133 号）

　「子供・子育て支援法」（平成 24 年 8 月 22 日、法律第 65 号）

　「保育所保育指針」（平成 20 年 3 月 28 日、厚労省告示第 141 号）

といった具合で、いかにもわが国は子育て支援に力を入れているかを誇示しているようにも見えます。しかし、こうした法律が次々に策定され公布・施行されたが、子育ての状況が改善された兆しはいっこうに見えないのはどうしたことでしょうか。

　まず、「次世代育成支援対策推進法」並びに「少子化対策基本法」は、いずれも急速に進行する我が国の少子化に歯止めをかけないと、将来の日本は「国民が豊かで安心して暮らせる社会の実現は困難」という危機感が最大の動機となっている、といえませんか。

　子を産み育てる営みは、本来、人間の本能的欲求です、この本能的欲求が沸き起こらない状況を打ち破らないと少子化現象は延々と続くのではないか、と思われます。これらの法律は、個々にその内容を見てみると頷くこともできますが、全体としてみると虚しく感じるのは筆者だけでしょうか。どうも、子どもを産み育てるという壮大な営みを、さまざまな法律を作ることで前進させたかのような錯覚に陥っているのではないかと思いたくなります。

　さて、本来の子育て支援に話を戻すと、保育園の役割を明確に指示しているのが「保育所保育指針」です。その第 6 章「保護者に対する支援」3 の「地域における子育て支援」において、次のように規定しています。その（1）では、「保育所は（中略）その行う保育に支障がない限り（中略）地域の保護者等に対する支援を積極的に行うよう努めること」として、次のことを掲げています。

　　ア　地域の子育ての拠点としての機能

　　①　子育て家庭への保育所機能の解放（施設及び設備の解放、体験保育等）

　　②　子育て等に関する相談や援助の実施

③　子育て家庭の交流の場の提供及び交流の促進

④　地域の子育て支援に関する情報の提供

イ　一時保育

しかし、こうした指針を示すことでどれほどの成果を上げているのか疑わしい。

それはどうしてか、この事業は「保育に支障がない限り」という制限つきです。その根本の考えは、職員は現有勢力で地域の子育て支援を行え、ということなのです。現に、多くの保育園は保育士不足で十分な保育ができないと悩んでいるのです。その中で、地域支援のために人材を割けと指示しているのです。今日の厚労省は、「予算は付けない」からすべて現状で対応しろ、という方針である、考えられます。

地域の子育て支援を本気で進めようとすると、一つの園で、保育士資格・社会福祉士資格を持った職員を、そのためだけに配することは最低条件であると思われます。上記アの②③④の事業活動を成果あるものにするためには社会福祉士資格をもったコミュニティ・ソーシャルワーカーくらいは配さなければならないでしょう。国の本気度が見えないと地方はもっとひどいことになります。地方は、美辞麗句を並び立てた子育て支援に関わる推進計画は作成するが、それでおしまいです。

地域の子育て支援を進めるには、まず、保育園の本気度が見えないと地域の多様な支援を得ることは難しい。国は、各保育園が本気で子育て支援に取り組むような経営環境を急いで創るべきではないでしょうか。

（4）保育園は、保護者（父母）の子育て学習の拠点であること

保育園は、地域の子育て支援のセンターとしての役割を担うことの期待については、すでに述べてきたところですが、この子育て支援をより有効なものにするためには、保護者に対する子育てについての学習の機会を与えることはどうしても必要だと考えます。

まず、保護者は自分の子どもの養育の大半の部分を保育園に委ねることで、子どもの養育の基本や子どもの発達を深く理解することまで保育園に委ねてし

まうことになりかねません。実際に、自分の手で四六時中育てていると、いろいろな壁に当たり悩むとともに子どもを深く理解せざるを得なくなります。子育て支援の事業はこうした悩みの相談に乗りその解消を図っていきますが、一方、保育園に子どもを預けている保護者が自ら子育てについて学習し、保育園の保育方針を理解し、保護者としての高い自覚を得るために、保育園が保護者に学習の場を保障し、「賢い」保護者を育てることが強く求められているのではないかと思います。

（5） 地域の貧困児童に対する生活支援

　現在、全国の児童の6人に1人が、「空腹で夜眠れない」（平成25年国民生活基礎調査）貧困状態にあると報告されています。また、地域に学童保育の施設がないため「鍵っ子」と呼ばれる児童が増えているとか、保護者が残業等で夜遅くでないと帰宅しないため、夕食も十分に摂れない児童とかの問題が取り沙汰されています。

　保育園は、こうした地域の隠れた貧困児童に対しても支援の手を差し伸べる必要があるのではないでしょうか。

　保育園の、保育理念をどこに置くかの問題、さらに、保育園の児童福祉の中における「立ち位置」の問題提起をこの章で行いました。

　保育理念の根源は、児童をどうとらえ、どのように保護育成するか、その理念をどこに置くかを前段で提起してみました。

　また、日本の児童が置かれている現状や、児童福祉施策がその現状にどのように対応しているかも見てきました。その中で、保育園はどのような立ち位置にあるのかも筆者なりに提起してきた積りです。しかし、いまの保育園の経営事情からみると、かなり無理な問題提起になったかもしれないと考えています。

　日本の児童が置かれている現状を福祉的な視点からではありますが俯瞰すると、国の対応も地方の対応も決して十分とは言えません。それが単なる不十分というなら分かりますが、そうではなく、いろいろな児童に関わる法律を作ることで、また、中央省庁の通知通達を出すことで児童の福祉を十分に考えた

政策を打ち出したと錯覚しているのではないかとさえ思えてくるのです。

　本書では、第2章から第4章のなかで「社会福祉法人みかり会」の保育園経営を理事長はじめ職員の立場から紹介していただきます。読者には、その経営内容と方向をしっかりと学んでほしいと強く望みます。それは、この法人の保育園経営が、抜きんでて素晴らしいと思うからです。その質の高い保育サービスを提供するために、理事長はじめ、役職員がいろいろな工夫と創意をこらしながら日々の保育にあたっている様子を見ていただきたいからです。

【参考文献】
戸倉直美監修、戸江茂博編著『現代保育論』　聖公会出版　2009・3
森上史郎監修、大豆生田啓友・三谷大紀編著『最新保育資料集』　ミネルヴァ書房　2013.4
おおしまやすこ『三歳児神話に勝った育児支援制度』　みずほ総合研究所　2010.9
高玉和子「子どもを伸ばす適正な保育環境」『駒沢女子短大研究紀要』第39号　2010.7

第 2 章
保育園を取り巻く現状とその分析

第1節　子ども・子育て新制度の概要

（1）制度改革の背景

　平成24年8月、日本の子ども・子育てをめぐるさまざまな課題を解決するために、「子ども・子育て支援法」という法律ができました。この法律と、関連する法律に基づいて、幼児期の学校教育や保育、地域の子育て支援の量の拡充や質の向上を進めていく「子ども・子育て支援新制度」が、消費税増税分の財源が充てられ平成27年4月よりスタートしました。

　解決すべき課題の中心は少子化対策です。このままでは、人口減少により"支えて"がなくなり、この国の社会保障制度が成り立たなくなります。また、労働力人口も減少し経済も弱体化します。わが国は明治政府以降、人口を増やす目的で、「専業主婦政策」を進めましたが、世界においても欧米など共働き諸国の方が、出生率が高いことがわかり、180度政策を転換し、働きながら安心して産み育てることができる社会づくり「ワーク・ライフ・バランスの確立」を進めています。それをさらに推進していくためには、かかるコストをも含め、新たに子育て支援の仕組みを構築する必要がありました。

（2）"子育ての社会化"確立のため改革がスタート

　平成12年には、介護保険制度が始まり、介護を必要としない人も含めすべての国民に広く負担をいただく仕組み、いわゆる"介護の社会化"が成功し、

それに続けと、子どもがいない人も含め社会全体で費用の負担をしてもらう仕組み、"子育ての社会化"にむけ制度改革が始まりました。

　ただ、当時の社会背景は、小泉政権下で、三位一体改革（平成 14 年〜）や、聖域なき改革として毎年、社会保障費が 2 千億円ずつ削減される（〜平成 21 年）など緊縮財政にあり、子育て支援に関する新たな恒久的財源、つまり、景気等に左右されず、就学前の教育・保育及び子育て支援にしか使わない"専用の新たなお財布"をつくることが必要で、そのことを目的に平成 15 年にスタートしました。

（3）　すべての人が利用できる仕組みづくり

　結果、前述のとおり法律ができ、消費税増税分の財源が充てられ"子育ての社会化"が確立したのですが、すべての国民に負担してもらうためには、すべての国民が利用できる仕組みが必要であって、その象徴が、専業主婦家庭も、また、その施設に通っていない地域の子どもも、すべての子どもが利用できる幼保連携型認定こども園です。

　改革が始まった当初の構想は、幼稚園制度も保育所制度も整理し、現実的には、幼保連携型認定こども園に一本化することを目標に進めてきましたが、それぞれの事業者等の意見がまとまらず、結果的に、次の施設の種類で平成 27 年 4 月からスタートすることになりました。

　ただし、政府は今後も、"子育ての社会化"の仕組みを維持・継続していくために、当初の構想どおり、認定こども園の普及を図るため、幼稚園、保育所からの移行を政策的に促進することにしています。

（4）　教育・保育施設の種類（図 1 参照）
　①　認定こども園（幼保連携型・幼稚園型・保育所型・地方裁量型）
　　教育と保育を一体的に行う施設（下記の幼稚園と保育所の機能や特徴をあわせ持ち、地域の子育て支援も行う施設）
　　・幼保連携型認定こども園 ―― 幼稚園と保育所の両方が認可された認定こども園

- 幼稚園型認定こども園　——　幼稚園の部分のみ認可された認定こども園
- 保育所型認定こども園　——　保育所の部分のみ認可された認定こども園
- 地方裁量型認定こども園 —— 国の基準は高いので、地方で基準を決めて設置された認定こども園

② 幼稚園

　小学校以降の教育の基礎をつくるための幼児期の教育を行う学校

③ 保育所

　就労などのため家庭で保育のできない保護者に代わって保育する児童福祉施設

④ 地域型保育（家庭的保育・小規模保育・事業所内保育・居宅訪問型保育）

　施設（原則20人以上）より少人数の単位で、0-2歳の子どもを預かる事業

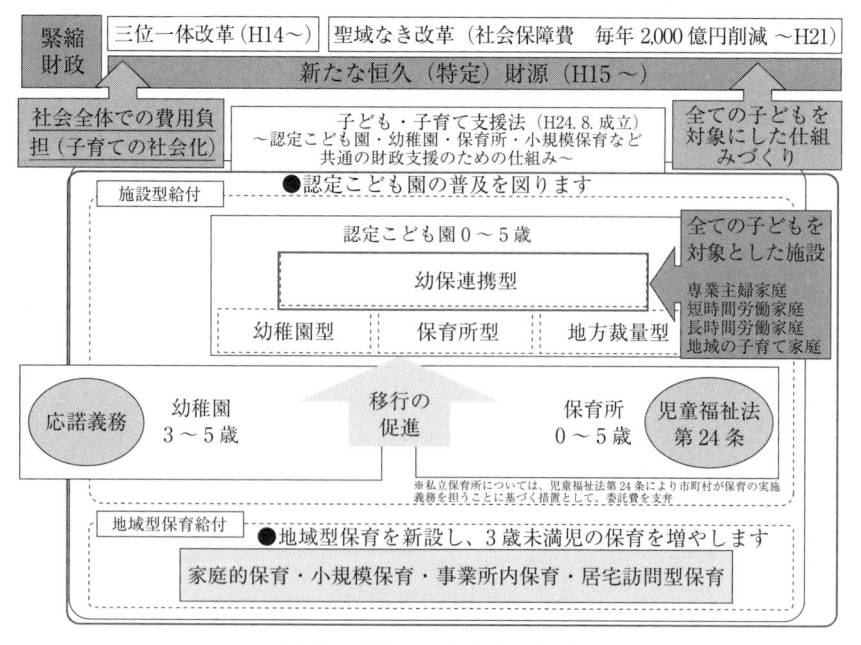

図1　教育・保育施設の種類
（谷村　誠　作）

第2節　幼保連携型認定こども園の役割　　【教保要第1章第1】

（1）　幼保連携型認定こども園の役割は、子どもの心身の発達の助長と、保護者に対する子育ての支援

　幼保連携型認定こども園教育・保育要領（平成26年4月30日大臣告示）第1章 総則第1-1「 教育及び保育の基本」では、『幼保連携型認定こども園における教育及び保育は、就学前の子どもに関する教育、保育等の総合的な提供の推進に関する法律（以下「認定こども園法」という）第2条第7項に規定する目的を達成するため（略）』と記述されています。

　認定こども園法（平成18年法律第77号）第2条第7項には、『この法律において「幼保連携型認定こども園」とは、義務教育及びその後の教育の基礎を培うものとしての満3歳以上の子どもに対する教育並びに保育を必要とする子どもに対する保育を一体的に行い、これらの子どもの健やかな成長が図られるよう適当な環境を与えて、その心身の発達を助長するとともに、保護者に対する子育ての支援を行うことを目的として、この法律の定めるところにより設置される施設をいう』とされています。

　よって、幼保連携型認定こども園の目的は、①子どもの心身の発達を助長することと、②保護者に対する子育ての支援を行うこと、です。そして、その目的を達成するための手段は、「義務教育及びその後の教育の基礎を培うものとしての満3歳以上の子どもに対する教育並びに保育を必要とする子どもに対する保育を一体的に行い、これらの子どもの健やかな成長が図られるよう適当な環境を与えて」ということになります。

　あらためて整理しますと、①0歳から就学前までの子どもに対しての教育・保育、②保護者に対しての子育て支援、③地域に対しての子育て支援が、幼保連携型認定こども園の役割です。

（2） 幼保連携型認定こども園は、法律上の「学校」であり、「児童福祉施設」

さらに第2条第8項では、『この法律において「教育」とは、教育基本法（平成18年法律第120号）第6条第1項に規定する法律に定める学校（第9条において単に「学校」という）において行われる教育をいう』とされ、同法第9項において、『この法律において「保育」とは、児童福祉法第6条の3第7項 に規定する保育をいう』と定められています。

よって、幼保連携型認定こども園は、幼稚園として"小学校以降の教育の基礎をつくるための幼児期の教育を行う学校"であり、保育所としての"就労などのため家庭で保育のできない保護者に代わって保育する施設"であって、即ち、学校プラス児童福祉施設として法律の上で位置づけられています。

（3） 幼保連携型認定こども園と他の認定こども園との違い

認定こども園は、幼保連携型認定こども園の他に、幼稚園型認定こども園、保育所型認定こども園、地方裁量型認定こども園の4種類があります。地方裁量型は文字通り、国の定める基準ではハードルが高いので、その市町村の裁量で施設の基準を決め、コストも自前の負担で設置する施設です。特に待機児童の多い都市部にあります。

幼保連携型は、幼稚園としても保育所としても認可されている施設であるということに対して、幼稚園型は幼稚園の部分だけ、また保育所型は保育所部分だけ認可されているという違いです。

例えば幼稚園型では、保育所の一部の機能を有していても、夏休みなど長期の休みを設けていたり、給食を提供していなかったり、また、保育所型の場合は、幼稚園としての教育を行っていても、園庭の基準に沿わなかったり、地方自治体（公立）、また、社会福祉法人、学校法人しか設置できない幼保連携型に対し、株式会社等の事業者である場合など、それぞれの施設によって事情が異なります。

（4）　幼保連携型認定こども園と保育所との違い

　保育所との違いは4つです。1つ目は、「すべての子どもに保育サービスを提供」できる幼保連携型認定こども園に対して、保育所は、専業主婦家庭（1号認定）は利用できない、ということや、年度途中で保護者の就労状況が変わり、保育を必要としなくなった場合、退園となることに対して、幼保連携型は通いなれた園を継続して利用できます。

　2つ目は、保育所の場合、相談事業や一時保育等の地域の子育て家庭を支援するための子育て支援事業の実施が任意であるのに対して、幼保連携型認定こども園は必須です。

　3つ目は、平成27年4月からの制度改正で保育の仕組みが変わり、介護保険等と同様に保育サービスも個人に対しての給付となり、行政が大きく関与するので「公的契約」と呼びますが、仕組みの上では「直接契約」です。よって、保育所は今までどおり市町村と契約し、保育料を市町村に支払いますが、幼稚園や認定こども園は、事業者（施設）と契約し、事業者（施設）に支払います。

　4つ目は、保育所は、「児童福祉施設」であるのに対し、幼保連携型認定こども園は、「3歳以上の幼児教育を教育基本法に規定する学校教育として位置づけ」られ、先述のとおり法律上の「学校」であり、あわせて「児童福祉施設」だという違いです。

（5）　幼保連携型認定こども園も保育所も、また幼稚園も教育の中身は同じ

　ただし、教育の中身は同じです。保育所は児童福祉法を根拠とする保育所保育指針に基づき保育、すなわち、「養護」と「教育」を行い、幼稚園は、教育基本法に定める学校教育法を根拠とする幼稚園教育要領にて「教育」を行ってきました。我が国の課題として、長年その一元化を図ろうと試みがなされてきたのですが、うまくいかず、ひとまずは中身だけでも、と平成2年の保育所保育指針改定時に、幼稚園教育要領の「教育」との整合性を図りました。よって、保育所の「教育」は幼稚園の「教育」と認可施設であれば公立私立問わず中身は基本的に同じです。

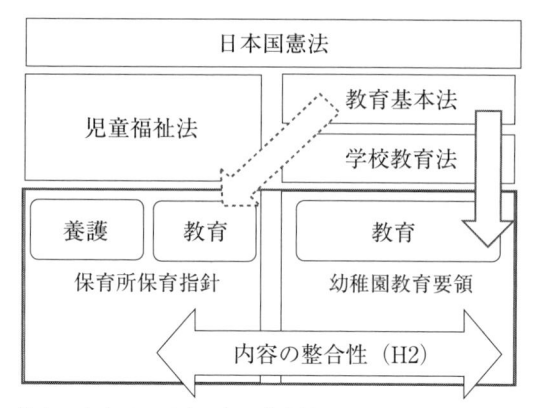

教育の中身は、平成2年に整合性が図られたが、保育所
保育指針と「教育基本法」との関係の整理がなされてい
ないため、同じ内容の教育を行っているにもかかわらず、
未だに保育所は「教育」をしていないかのような評価を
うける。

図2 保育所保育指針と幼稚園教育要領
(谷村 誠 作)

　幼保連携型認定こども園は、「幼保連携型認定こども園教育・保育要領」に
法律上定められていますが、幼保連携型認定こども園も保育所も、また幼稚園
も教育の最終目標は「そのものに取り組もうとする心情、意欲、態度を培うこ
と」です。まず、心情、意欲、態度を培うことで、技術やスキルは後でしっか
りと獲得できる、という考えです。そして、就学前までに育つことが期待され
る生きる力の基礎として、心身の健康に関する領域「健康」、人とのかかわり
に関する領域「人間関係」、身近な環境とのかかわりに関する領域「環境」、言
葉の獲得に関する領域「言葉」及び感性と表現に関する領域「表現」につい
て、それぞれにねらい（目標）と指導（援助）事項が定められています。

　そのようなさまざまな経過を経て、平成27年4月より、改定認定こども園
法に基づく新幼保連携型認定こども園が誕生することで、制度上も一元化時代
がスタートすることになりました。

（6）　幼保連携型認定こども園と幼稚園との違い

　幼稚園は、法律上「学校」としての位置づけであるのに対して、幼保連携型認定こども園は、「学校」であり、さらに、「児童福祉施設」であるという違いです。ただ、そのことで保育の方法に違いが生じます。幼保連携型認定こども園の「保育」とは「養護と教育」とされていますが、幼稚園には「養護」として明確に位置づけられていません。

　保育制度は、とりわけ、乳児から就学に至るまで、比較的長時間、あるいは長期間にわたって家庭から離れて集団生活を送っている乳幼児の実態を考え、保育所ではまず、「心のケア・体のケア」が重要であるとしました。いずれ幼稚園での「保育」も「養護と教育」として整理されるのではないかと考えています。なぜなら、例えば、上司と部下の関係で、OJT など日常の教育を行うのには、コーチング技法などにも見られるよう、受容・傾聴・共感など心のケアが土台とならないと、指導や教育はできません。同様に子どもの教育もまっ

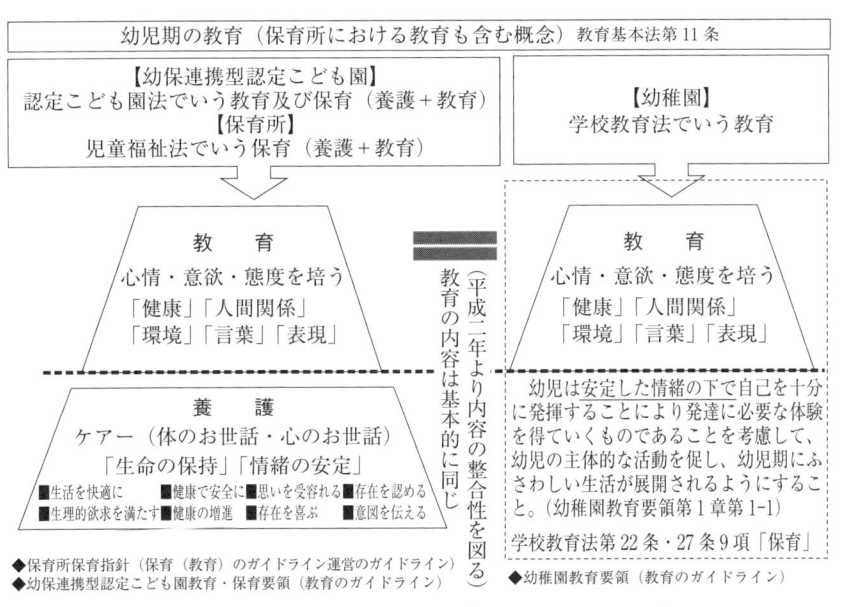

図3　教育と保育（養護と教育（学校教育を除く））
（谷村　誠　作）

たく同じことが言えます。

（7） 小学校との円滑な接続　　　　　　　　　　【教保要第3章2-10】

　幼保連携型認定こども園は、教育・保育要領第3章第2-10において『園児の発達や学びの連続性を確保する観点から、小学校教育への円滑な接続に向けた教育及び保育の内容の工夫を図るとともに、幼保連携型認定こども園の園児と小学校の児童の交流の機会を設けたり、小学校の教師との意見交換や合同の研究の機会を設けたりするなど、連携を通じた質の向上を図ること』とされ、小学校との円滑な接続に努めることになっています。さらに、その連携は単な

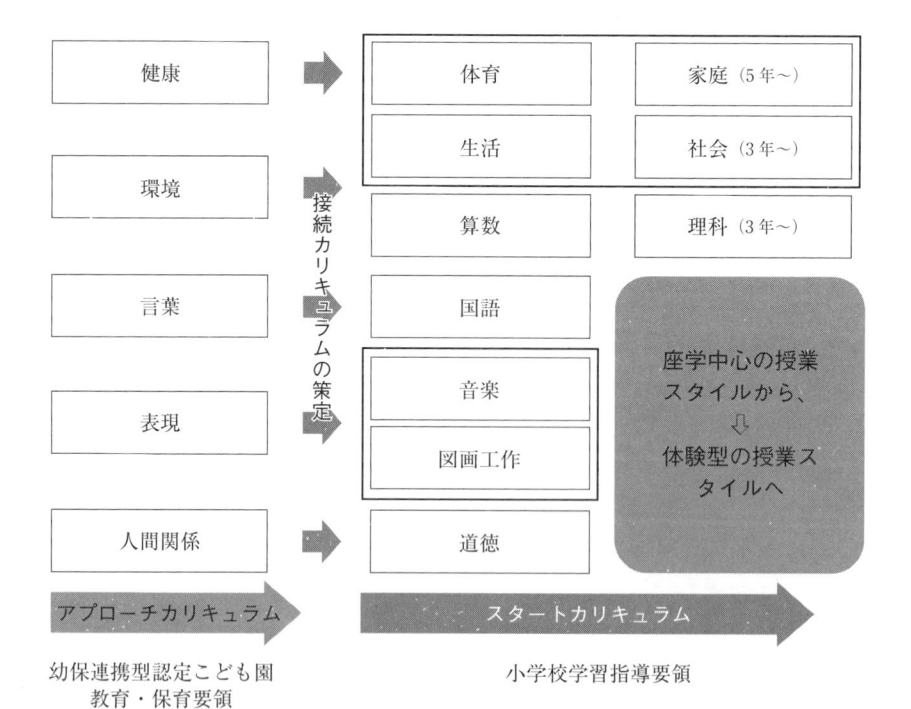

図4　幼保連携型認定こども園・保育要領と小学校学習指導要領との関係
（教育・保育要領　第3章　第2-10）（谷村　誠　作）
幼保連携型認定こども園教育・保育要領解説
第3章　第2節　7　小学校以降の生活や学習の基盤の育成

る研究会などにとどまらず、協同での「接続カリキュラム」の策定まで求められています。

　小学校での座学中心の授業に円滑に移行するため、保育所や幼稚園のような体験型重視のカリキュラム（スタートカリキュラム）を策定して取り組んでいる市町村があります。また、保育所、幼稚園側も小学校への円滑な接続ができるように接続カリキュラム（アプローチカリキュラム）を策定しているところもあります。今後は、幼保連携型認定こども園の場合、園と小学校が協同して接続カリキュラムの策定をすることになります。「幼保連携型認定こども園教育・保育要領」の教育・保育の各領域（健康、人間関係、環境、　言葉、表現）から小学校学習指導要領の各教科に円滑につなげられるよう努めていきたいと考えています。

（8）０歳から就学前までの乳幼児期の人間教育の確立　【教保要第3章1-7】

　「幼保連携型認定こども園教育・保育要領」第3章第1-7には、『幼保連携型認定こども園においては、その教育及び保育が、小学校以降の生活や学習の基盤の育成につながることに配慮し、乳幼児期にふさわしい生活を通して、創造的な思考や主体的な生活態度などの基礎を培うようにすること』と書かれています。本園の教育・保育の理念である "人としての素地を培う" は、その内容を十分に含むものです。

　本園は、『「5分の5」ではなく、「一生分の5」の保育』というスローガンのもとに保育を行ってまいりましたが、あらためて改正後の「幼保連携型認定こども園教育・保育要領」を確認し、今までの実践が間違っていなかったと確信しています。単に小学校への "養成期間" というような保育、また、保護者が喜ぶためだけの保育ではなく、子どもが一生の間、"幸せに生きていく" ために、今、この時期に何が大切なのか、また、何を学ぶことが必要なのかをしっかりと見つめ、人間としての基礎・基本、"人らしさ" を培う人間教育を追求していきたいと考えています。

第3節　社会福祉法人を取り巻く環境

（1）　制度改革の流れ

　平成18年には、公益法人制度改革が行われ、一般社団・財団法人と公益性の認定を受ける公益社団・財団法人に区分し、後者について法人の目的・事業内容・組織・財務・財産等に関する公益認定を課することにより公益性の高い法人類型として位置付けられました。

　一方、平成26年に閣議決定された規制改革実施計画は、社会福祉法人の在り方を踏まえ、他の経営主体のイコール・フッティングの観点から、社会福祉法人制度の改革を求めたものでした。組織強化、情報開示の推進、内部留保の明確化、社会貢献活動の義務化、行政による指導監督の強化など、社会福祉法人が備えるべき公益性・非営利性を徹底し、本来の役割を果たすことを求められたものでした。

　そのような中、平成26年7月に、厚生労働省の「社会福祉法人の在り方等に関する検討会」において、地域における公益的な活動の推進、法人組織の体制強化、法人運営の透明性の確保などについて意見が取りまとめられ、それを受けて、社会保障審議会福祉部会において、議論が重ねられ、平成27年2月に、「社会福祉法人制度改革について」の報告書がまとめられ、同年4月に社会福祉法等の一部を改正する法律案が国会に上程されました。

　平成28年4月からは、地域公益活動の推進など福祉サービスを提供するにあたっての責務、また、事業運営の透明性の向上などが施行され、平成29年4月からは、経営組織の見直し、社会福祉法人の財務規律の強化の中の、役員報酬基準の設定と公表や、再投下財産の明確化及び社会福祉充実計画の作成などが施行される予定となっています。

（2）　問われる社会福祉法人の存在意義

1）　社会福祉法人の本旨

　地域全体を支え合う「互助」の再生や、福祉課題を地域で解決していくには、社会福祉事業の主たる担い手としての社会福祉法人の果たすべき役割は大変大きなものです。

　社会福祉事業法が、2000 年に社会福祉法としてリニューアルされ、特に、利用者本位や住み慣れた地域という観点から、「地域福祉の推進」が加えられました。その理念を受け、地域社会の一員として自立した日常生活を営むことを支援する「社会福祉を目的とする事業」をも含め、社会福祉法人の本業ではないかとあらためて問われているところです。

　社会福祉法人改革の一連の流れにおいて、私たちに対しては、「仕事もせず、守られながらお金を貯めこんでいる」、また、「何をやっているのかわからない」と世間の風は非常に厳しく、あらためて「あなたたち本業を忘れてしまったのではないですか？」と問われているのでしょう。また併せて、それに対して「反応が鈍い」と指摘されています。措置の受け皿として主役であった社会福祉法人が、今や市場におけるサービスの供給体の一つでしかないという、すでに世間の視線が大きく変わっていることにも気付いていないと言われても致し方ない状況かもしれません。

　そして、社会保障審議会福祉部会の議論においては、社会福祉法人は、社会福祉法第 24 条を根拠として、社会福祉事業にかかる福祉サービスの供給確保の中心的役割を果たすだけではなく、既存の制度の対象とならないサービスに対応していくことを本旨とする法人として解されている、とあらためて強調されました。社会福祉法人への課税の議論と併せ、地域公益事業の義務化に関しても法に位置づけ、平成 28 年 4 月施行に向け、その詳細も検討されているところです。

2）　「国の責任論」との整理

　一方、生活困窮者に対する支援等は、そもそも国の責任であり、社会福祉法人の公定価格内で得た収入の一部を使って対応せよなどという話は理屈に合わない、との指摘もあります。確かにそうだとも思うのですが、この度の社会保

障審議会福祉部会での議論は、社会福祉法人の存在そのものの是非から始まりました。結果は、今後もこの国には、社会福祉法人が必要だとされたわけですが、要は、国の責任であることには違いないのですが、国が責任を果たす手段はいくつもあるわけで、公務員の数を増やし、自らの手で対応する方法もあれば、その果たすための方法はいろいろと考えられます。

そこで結論は、国は社会福祉法人を使ってその責任を果たそうということに決めたのだと私は理解しています。ですから、社会福祉法人の存在を是として、あらためてその存在意義を示したのが、社会福祉法第4条第2項だと整理しています。

3）イコール・フッティング論

規制緩和の潮流の中で、長年にわたり指摘され続けてきたことが、ここ数年、さらに厳しい声となりました。社会福祉法人は、公益法人として施設整備補助金や退職手当共済制度、また特にその恩恵を受けていると言われるのが、法人税・県市民税・固定資産税・事業税すべてにおいて非課税だとの主張です。

社会福祉法人は、民法34条に基づく公益法人から発展した特殊法人で、民法上の公益法人の基本的要件である①営利を目的としないこと（非営利性）②公益に関する事業を行うこと（公益性）③主務官庁の許可を得る、という3本の柱を有するからこそ恩恵を受けているのであって、その要件を満たせていないとの見方が、イコール・フッティング論につながっています。

私たちからすれば、事業を廃止した残余財産は国庫に帰属し、資産保有・組織運営に一定の要件も課せられ、収益事業からの収益は、社会福祉事業または一部の公益事業のみに充当するなどの規制があり、十分に非営利性は担保されている、と考えますし、また、適性を欠く場合は、所轄庁による措置命令、業務停止命令、役員解職勧告、解散命令等の監督を受けているのだから当然、との反論もあるのですが、もはや通じなくなりました。とりわけ、非課税等の優遇措置を受ける公益法人の基本的要件である公益性に関してまったく不十分だとの指摘です。

行政より委託を受け、中間的就労事業に取り組んでいる株式会社もある中で、「岩盤規制をぶちこわせ」との勢いで、社会福祉法人・株式会社・NPOが

同じ土俵でサービスの質を高め合い、提供するための環境づくり（イコール・フッティング確立）を強く主張され、社会福祉法の改正に至っています。

　また、企業などとのイコール・フッティング論と併せ、公益法人改革後の一般社団法人及び一般財団法人などとの比較においても問われ、法改正においてもそれとの整合性が図られました。

4）　社会福祉法人の本業

　そもそもこのことは、制度創設のはじめから、地域の福祉課題を掘り起し、それを実践的対応とともに制度化しきたという、社会福祉法人の本業であったはずですが、社会福祉事業振興会による低利融資制度や、社会福祉施設整備費補助制度、また、措置費制度が確立し、公的な支援策の充実による運営の安定化が図られたのと裏腹に、自主的な創意工夫による先駆的な福祉サービスに取り組むという側面は後退した、とも言われています。

　民主党政権時には、NPO法人を中心に据えるとする「新しい公共」の議論、また、社会保障制度改革国民会議、規制改革会議、社会福祉法人の在り方等に関する検討会、そして、社会保障審議会福祉部会等の議論からすれば、今や、他の供給体と同じような事業を実施しているだけでは、国民の理解は得られないと認識すべきで、福祉サービスの主たる担い手として行動に移すべき時が来ているのでしょう。

　努めているつもりが、世間はそうは見てくれていない、となるとやり方を考え直す必要があります。地域の福祉ニーズを把握する手法さえ確立しているとは言い難い状況において、福祉サービスの主たる担い手として、継続して社会の要請に応え続けていくためには、今一度、経営の在り方を見つめ直し、本業を全うしていかなければならないのだと考えます。

（3）　制度改革の本質

　新聞報道をはじめ、一連の社会福祉法人を取り巻く状況に対し実態はどうなのか、という観点で、兵庫県社会福祉法人経営者協議会（以下、兵庫経営協という）にて、兵庫県包括外部監査人より、県内社会福祉法人の包括外部監査結果の報告をいただきました。結果、334法人のうち237法人（71％）は、サー

ビス活動収益が5億円未満、20億を超える法人はわずか11法人（3%）で、小規模運営法人が圧倒的に多く、内部留保が1億円未満（マイナスを含む119法人35.5%）で、余裕のない財政状態である法人が多いという状況でした。

また、141法人（42%）は、運用財産（現金預金＋積立資産＋有価証券）が0円〜1億円で、これらは外部借入に依らなければ、設備投資や大規模修繕を実施することは難しい等の見解で、一部新聞報道の「多額の内部留保をため込み蓄財している」などという実態は経営者の姿勢をも含め認められず「誤解」であり、逆に事業存続自体が懸念される法人も少なくはないとのことでした。

今、賃上げの議論ともに、企業も同じように内部留保を問われ、それに強く反論していますが、社会福祉法人も、内部留保の定義が不明確なまま、新聞報道を含めた世論等の勢いに押されてしまった感は否めません。現在、事業継続に必要な最低限の財源の額（控除対象財産額）の算定方法が議論されているところですが、おそらく、兵庫県包括外部監査の報告の通り、再投下財産額がある法人が多く存在するとは考えにくく、むしろ、今後も継続し使命を果たしていけるかどうか、が懸念される法人も少なくないのではないか、とも想像します。

このたびの福祉部会での議論の本質は、「社会福祉法人が国民に理解いただく仕組みづくりの検討」だと捉えています。使命を果たすには、「信頼関係」が構築されていることが前提です。社会の変化に対応するため、改正後は、法に従い一部の誤解を解き、あらためて社会福祉法人を理解いただくことにエネルギーを注ぐことになるでしょう。そのためには、さらなる質の向上を図り、ガバナンスを高めていくことが重要だと考えています。

第4節　保育園を取り巻く課題

（1）子どもの貧困の問題

生活保護受給者および生活保護に陥るリスクのある、いわゆるボーダー層の増大に対して、社会保障審議会に「生活困窮者の生活支援の在り方に関する特別部会」を設置し、2013年1月25日にその報告書が提出されました。

　また、貧困状態にある子ども等の健やかな成長や教育の機会均等を図るため、6月19日に「子どもの貧困対策を推進するための法律案」が可決・成立しました。子どもの貧困対策についての基本理念を定め、国等の責任を明確にして、子どもの貧困率・進学率の調査や、子どもの貧困対策計画の策定等がなされることとなりました。

　子どもの貧困率は2009年の調査では15.7%で、OECD諸国中、アメリカに次ぎ2位で、6人に1人が貧困状態で、これもOECD諸国の平均（14.1%）よりも高くなっています。特に、日本の特徴は、母子世帯の貧困率が突出して高く、無職の一人親家庭よりも、母親が働いている母子世帯の貧困率が高いことが指摘されています。

　「親の階層によって、子どもの学力のみならず、意欲にまで格差が生じている（苅谷剛彦東京大学教授　調査）」「親の収入が低いほど、子育ての相談相手もいない、困った時に助けてくれる人もいない、といった孤立状態に陥りやすく、子どもとゆっくり過ごす余裕が持てない、といった傾向が見られる。（松本伊知朗札幌学院大学教授　調査）」「貧困家庭では、虐待も起きやすい。（東京都福祉保健局　2005年調査）」など、調査結果がでており、まさにこれらは、貧困家庭に育つことの"不利"とされています。

　日本の教育システムは、公的負担よりも私的負担に大きく依存しているとし、その改善に動き出してはいますが、経済的な理由により進学をあきらめ、そのために就労の機会は激減し、そして低収入に陥り、その子どももまた貧困になる、という貧困の世代間連鎖への対応はこれからです。生活困窮家庭の子どもたちや若者の未来を開くための学習支援や進学支援、また、幼児期から学習する意欲や能力を培うための支援が必要とされています。

（2）子育て環境の変化
1）自分に自信が持てない人が増えている
　人の成長には、人との関わりが大切ですが、その現実は、子ども達にとって良い環境にあるとは今や言えなくなりました。昨今、残念ながら交通事故でなくなる方よりも自殺者の数が増加しています。また、自傷やひきこもり、ニー

ト現象など、若者の中にも自分を肯定できない、自分に自信を持てない人が増えています。

その原因ひとつに、「育てる営み」が壊れてしまったことが一つの要因として指摘されています。人が成長するために必要な「子育て」、つまり育てる営みの基本は、「愛すること、信頼すること、受容れること、認めること、支えること」です。これは、上司と部下との関係など、大人の世界も同じですが、長い歴史の中で、その基本が崩れてしまったことに大きな原因があるとも言われています。

２）育てる営みがなぜ壊れたのか —「結果」が「目標」に

なぜ崩れてしまったのでしょうか？　一つは、「発達」という、単なる育ちの「結果」であったものが「目標」になってしまったことだとの指摘があります。そもそも「発達」という概念は、人間の成長を年齢に区分し、平均値をとったものであり、言い換えれば、育ちの「結果」を年齢に沿って配列したものが「発達」です。

しかし今では、それを目指して育てるという、いつの間にか親や、教育に携わる者にとっての目標になってしまったことにより、心の成長やその状況に目が届かず、常に行動に対して、できる、できない、また、その目標に到達するのが早いか、遅いかという視点で子育てを行うようになり、そのために、させる、与える、せかす等、営みの基本が今や壊れてしまったとの指摘です。

このように、行動ばかりに目が向けられ、大切な心の育ちに目がいかなくなったことが、子どもの育ちを歪めてしまっている現実があります。

３）少子化対策 —明治政府から始まった「専業主婦政策」からの政策転換

もうひとつは、「多様な関わり」が希薄化したことです。昨今、親の責任を果たしていないとか、子育て能力の低下を指摘する風潮にあります。確かに虐待など象徴する悲しい出来事もありますが、昔と比較して親の能力がそれほどに低下したのでしょうか。また、親の務めが果たせていないでしょうか。

何かしら、すべてが、専業主婦家庭の子育てスタイルを基本に論じられているような気がしてなりません。「専業主婦」は明治以降の言葉です。明治政府は、言わば女性を家に閉じ込める施策により、出生率を上げようとしました

が、今は、欧米諸国との比較で、その違いに気づき、少子化対策として「ワーク・ライフ・バランス」等、女性を家から外へ出す施策に大きく転換しています。よって、結果的に明治以前のライフスタイルに戻っているのかもしれませんが、その時代とでは子育て環境は大きく違います。

4）　誰かがいろいろな役割を担いながら、育てる営みを支えていた

　明治以前は、今で言う"共働き家庭"で、家内中が働き、その中で「子育て」がなされていました。現在となんら変わらない状況です。ただ違うのは、「若い夫婦だけでは子育てはできないもの」として、親だけではなく、祖父母、兄弟等の家族の責任において、また隣近所の人など、一人の子どもの子育ては、多くの人の手、多くの関わりによって営まれていました。

　厳しい親であったとしても、そばに無条件で受け容れてくれる祖父母の存在がありました。また、家族からは厳しい評価しかされない子が、隣近所には認めてくれる存在がありました。誰かがいろいろな役割をしながら、一人の子に対して「愛すること、信頼すること、受容れること、認めること、支えること」を実践していました。

5）　多様な関わりの希薄化

　しかしながら、第2次世界大戦の敗戦後は、町内会の解散など、地域のあらゆる共同体は解体の道をたどり、家庭や地域のあり様がすっかり様変わりしてしまいました。そして、高度経済成長の波に乗り、都市化なども手伝って、いわゆる核家族化が進行し、三世代同居などは減少の一途をたどっています。今や子育ては、若い夫婦だけで、また、一人で担っていかなければならないような環境になってしまいました。一人で、受け容れたり、認めたり、支えたり、と何役も演じることは、とても難しいことです。

　特に人間らしさ、また人間力の素地を培わなければならないこの時期は、多くの人の手で、多様な環境の中での子育てが不可欠であることを、私たち日本人は、あらためて認識する必要があると感じています。

第 3 章
これからの保育園経営の方向

第1節　日本の社会福祉政策の課題の整理と再考の視点

（1）　はじめに

　日本は経済的に、また社会的にも成熟期にあり、従来型の財政・金融政策もあまり功を奏しない感もある中で、この閉塞状況を打開するためには、社会保障を取り巻く課題にしっかりと対応していくことが、社会政策だけではなく経済政策としても求められているところです。

　そのような中、平成26年度内閣府「青年社会活動コアリーダー育成プログラム」の事業として、高い経済力と国民の幸福感が世界一だといわれるデンマークに派遣していただきました。いわゆる高福祉であるが高負担である国民が、それぞれの立場でどのように社会保障政策に向き合っているのかを確認し、わが国との比較において今後どうあるべきかを考察することを目的としました。

　結論として、社会保障制度の安定化のための財源のあり方、高齢化による生産人口の減少による労働力の確保、また経済成長など、抱えている課題は我が国と基本的に同じで、それに対し、私たちが日本においてこれより取り組もうとしている方向性も間違いはないと強く確信することができた視察であったと感じています。この派遣での学びから、日本の社会福祉政策の課題の整理と進むべき方向性を次に述べます。

（2）　日本の現状と課題 ―「互助」の再生

1）「地域包括ケアシステムの構築」を必要とするその背景

　日本は、諸外国に例をみないスピードで高齢化が進行し、65 歳以上の人口は、2042 年に約 3,900 万人でピークを迎え、その後も、75 歳以上の人口割合は増加し続けることが予想されています。一方、介護費用の推移は、2011 年で 8 兆 2 千億円となり、介護保険がスタートして 11 年間で約 2.3 倍に増え、2012 年度の社会保障給付費は、108 兆円で過去最高を更新しています。

　このような状況を背景に、2011 年には「介護サービスの基盤強化のための介護保険等の一部を改正する法律」が成立し、国及び地方公共団体に地域包括ケアシステムの構築が課せられ、介護保険法における「地域包括ケア」の理念規定が創設されました。

　そして現在、団塊の世代が 75 歳以上となる 2025 年を目途に、高齢者の尊厳の保持と自立生活の支援を目的に、可能な限り住み慣れた地域で、自分らしい暮らしを人生の最期まで続けることができるよう、地域の包括的な支援・サービス提供体制、すなわち、地域包括ケアシステムの構築を推進しています。今後、認知症高齢者の増加が見込まれることからもさらに重要となるでしょう。

　また、地域での福祉課題や生活課題は、何も高齢者分野の問題だけではありません。児童、障がい福祉分野等においてその問題は複雑に絡み合っているケースが多いのです。よって、福祉施設においては、種別にかかわらず、複合的に支援していく姿勢、また、利用者だけではなく、家族も含めた生活全体を支援していく姿勢が求められます。

2）　地域包括ケアシステムの目指すべき目標とその課題

　地域包括ケアシステムとは、できる限り住み慣れた自宅や地域で暮らし続けながら、必要に応じて医療や介護等のサービスを使い、最期を迎えられるような体制です。「本人・家族の選択と心構え」を基盤に「すまいとすまい方」が先ずあり、その上でしっかりとした「生活支援・福祉サービス」に基づいて「医療・看護」「介護・リハビリテーション」「保健・予防」が提供されるといった姿が想定されています。よって、介護保険制度等一つの制度の枠内では

完結せず、多様な関係主体がネットワーク化を図ることが必要不可欠で、このことが、日本においては大きな壁となり課題になっている地域も多いと考えます。

　財政的にも機能の多くを、公的サービスや単一の主体だけで担うことは困難で、高齢者の多様な生活ニーズに応えるには、「公助」「共助」だけでなく、「自助」を基本としつつ、多様な主体と自治体が協働しながら地域全体を支え合う「互助」の体制が必要となります。

　「介護」「医療」「予防」という専門的なサービスと、その前提としての「住まい」と「生活支援・福祉サービス」が相互に関係し、連携しながら在宅の生活を支える、という5つの構成要素の連携と「自助・互助・共助・公助」の、とりわけ、昔は無意識に行われていた横の関係においての住民主体の「互助の再生」が最も重要な課題だと位置付けています。

3）　生活困窮者の生活支援

　戦後ほぼ一貫して減少を続けてきた生活保護受給者数は、1995年を境に増加し、2011年には現行制度下で過去最高となり、2012年3月には約211万人と報告されています。しかも、生活保護水準以下の所得で暮らしながら生活保護を受給していない世帯も、かなりの数に上ると見られている中、2013年1月25日、厚生労働省社会保障審議会「生活困窮者の生活支援の在り方に関する特別部会」の報告書が発表され、それを受け、生活困窮者自立支援法が2015年4月1日より施行されました。

　経済的に困窮し、最低限度の生活を維持することができなくなる恐れのある人に対して、つまり、生活保護世帯ではなく、一歩手前の生活困窮者に対し、自立の促進を図るための措置を講ずることの対応が市町村に課せられたのです。

　生活困窮者には、貧困や本人の障がい、疾病、非行・犯罪、失業、家族の問題といった複数の課題が絡み合い、「複合的かつ多様な課題を抱える者」や「地域から孤立している者」が多いといわれます。ここにもまさに「互助の再生」が必要となります。

（3）　デンマークの社会保障政策の概要

1）　デンマークの概要

　ここで少し、デンマークの概要を説明します。デンマークの人口は、562 万人で兵庫県とほぼ同じ、面積は、43 万 km^2 で九州くらいに相当します。デンマーク的精神風土は、民主主義、平等、社会的連帯という意識が高く、一人当たりの GDP は世界第 10 位で（日本は 16 位）、世界競争力は日本が 8 位に対して 3 位（2007 年版世界競争力報告、世界経済フォーラム）という高い経済力があります。

　また、働きやすさ指標が 1 位、幸福度の世界マップが 1 位（英国レスター大学、社会心理学者アンドリアン・ホワイト、日本 90 位）と、国民の幸福感も高い国です。

　国の機関は、社会福祉、児童及び人権施策を所轄している統合省です。2007 年に 13 の県アムト（amter）を廃止し、5 のレギオン（region）という広域行政区に再編し、基礎自治体は 271 から 98 のコムーネ（kommune）に統合されました。

2）　社会保障政策と国民の意識

　男女共に働く社会で、所得税と住民税を合わせると約平均 50％、消費税は 25％で社会保障制度は、保険方式は無くすべて税方式で、国民負担率の各国比較の上においても高負担です。しかしながら、国民年金は、基礎年金の 9.3 万円にさらに加算があり平均 18 万円前後、障害年金は約 23 万円など、手厚い現金給付・現物給付がある。薬は一部負担があるが医療・介護は無料で、半数が受給を受けている家賃補助や 17 歳まで支給がある育児支援金など、いわゆる高福祉です。

　このようにデンマークの社会福祉政策は高福祉高負担で、大きな政府から小さな政府への転換を図ろうとする典型的な北欧型です。黒字を維持し健全であった政府財政は、2004 年以降金融危機を転機に赤字に転落、一時的には回復しましたが、プライマリーバランスの均衡を図るため、社会保障の見直しを中心とした財政再建を検討しています。

　介護サービス分野のコスト削減に関しては、国全体の共通認識で、民間参

入による競争原理も導入し、サービスの質の向上と人件費削減を目指し、併せて、すべて無料である在宅ケアサービスの利用者負担も検討されているところです。

　地方自治は、生活に近いところに「金」と「決定権」という方針があり、5つのレギオン（県）が主に医療と高等教育を担い、住民の福祉は、住民に近い98のコムーネ（市）が担っています。労働人口の約3割が公務員で、費用を伴うサービス提供は公共が担うのが基本です。親子間は精神的見守り程度であり、日本のように子が親の面倒を見るという文化はなく、家族介護は配偶者間のみで、公的セクターが中心となっています。また、保育所も同じく公立で公が担っています。

　そのような高福祉・高負担を支える国民の政治意識はというと、国会議員の約4割が女性で、「税金は預けるもの」「政治家は道具」で「政治の主役は市民・国民」だとして、選挙の投票率も80-90%と高い状況にあります。日本と違い、市会議員は兼業であり、市議会は夜に開催しますが、その意識の根底には、自立心を育てる幼少期からの教育に違いがあるといわれています。

（4）日本の社会福祉政策の推進のための再考の視点
1）公益法人の内発的意識改革が必要
　　　　── デンマークの中間的支援組織との比較において

　わが国では、公益法人改革がなされたところですが、デンマークでの中間的支援組織の活動との比較においては、いわゆる「業界団体」から脱皮し、真の公益法人として内発的な意識改革が必要と痛切に感じました。ロビー活動や政策活動においても、基本は、いかに当事者の声を反映するかであって、デンマークの場合は、組織を運営する財政もすべて当事者等の会費で賄われ公に依存せず、政治家との関係においては常に中立で、対等の立場として批判もします。

　環境の違いはありますが、あらためてわが国の公益法人は、本当に国民のため、また当事者のための利益を追求できているだろうか、事業者のための組織になってはいないだろうかと深く考えさせられました。

　児童ではなく高齢福祉分野ですが、「いかに当事者の声を反映するか」に努めているデンマーク組織の一例を紹介します。アルツハイマー協会は、1991年全国協会が設置され、活動費用はメンバーの会費が 3 分の 1、企業からの寄付が 3 分の 1、残りは、自治体からの助成金等で運営されています。主な業務は、認知症の本人・家族への支援、政府への政策提言、認知症に対する社会や地域での理解の促進などを行っています。

　本人・家族への支援においては、看護師やカウンセラー、作業療法士、心理学者等などの認知症に関しての専門家が相談を受け、不安の解消や適切な機関の紹介、また生活上のアドバイスなどを行います。政策提言に関して現在は、認知症が国内の死因の第 5 位を占める現状にもかかわらず、適切な治療への整備がなされていないことに対し、自治体に具体的な提案を行っています。

　また、認知症の理解の促進に関しては、イベントや雑誌の出版などの広報活動、併せて、自助グループの立ち上げや家族会の開催なども行っており、2010年には GPS が使えるように法の改正に取り組み、2011 年には認知症に対する診断を正しくすることを訴え、2012 年から 2014 年までは政策には至っていませんが、適切な治療を行うことの取組みをしてきました。これよりは、2016年に向かってデンマークは認知症にやさしい国だとのキャンペーンを行い、20万人に教育と啓発を考えているそうです。

　日本の保育業界には社会福祉法人全国社会福祉協議会全国保育協議会、社会福祉法人日本保育協会、公益社団法人全国私立保育園連盟の三団体があり、すべて公益法人です。よって、不特定多数の国民を対象に、その使命を果たしていかなければなりません。一連の保育制度改革や社会福祉法人改革において、メディアやマスコミをも含め、真に国民に信頼され、頼りにされているか、と振り返った時、あくまで主観的評価に過ぎませんが、まだまだ、業界団体の域を超えていないのではないかと感じるのです。子どもや利用者の声を国の施策として反映できているのかを検証する視点が、今まさに必要なのではないかと考えています。

2）「いかに当事者の声を反映するか」の仕組みづくり

　アルツハイマー協会や、後述するデンエージも独立した非営利団体として国にもまたコムーネ（市）にもさまざまな工夫を凝らし、当事者の声を反映することに努めています。そのことを法的な根拠をもって、仕組みとして構築されているのが高齢者住民委員会全国連盟、高齢者評議会制度ですが、高齢者自身が自らの生活にかかわる決定に対して影響力を持ちます。日本で言えば老人会組織がその自治体の政策決定に大きく関わるというようなことで、教育・保育でいえばPTAや保護者会が、自治体の政策決定に関わるというような仕組みとなりますが、類似する組織はわが国にはありません。

　高齢者自身が地域の政策決定に参画できる民主的な制度で、各基礎自治体には、60歳以上の高齢者によって組織された「高齢者評議会」の設置が義務付けられており、60歳以上の高齢者にはその選挙権・被選挙権が与えられます。選挙で選ばれた評議員は、政治家にアドバイスすることが役割で、1997年には法的な根拠も確立し政策策定に関わる仕組みとなっています。評議員に立候補する者の中には、以前政治家であったもの、介護関係の職員だったもの、学校の先生などが多いとされています。

　例えば、新しい介護住宅を建設する場合、場所の選定、対象者、家族との交通手段、庭園は等を話し合いに加わり協議します。また、最終、どれくらいのケアを受けるかなどのサービスの質の決定や、サービス基準の決定、また、予算の立案にも加わります。そのために、評議委員は、それぞれの介護住宅に出かけ、家族委員会と協議し、定期的な会合を介護住宅で開催し、その活動は基本的にボランティアで、交通費や必要な食費経費程度が支給されているだけです。

　さらにデンマークでは、市民のアイデアをどのように政治に反映するかが大切だとし、政治家側からの要望で、青少年協議会や障害者市民協議会も発足され、当事者からの意見を反映する仕組みづくりに努めています。

　日本において大胆な提言をすると、今やなり手がないとも言われる民生児童委員ですが、子どもからお年寄りまで幅広く担当し、地域の福祉課題やニーズを発見する一番身近な存在です。制度自体は、歴史もあり機能している地域も

少なくはありません。高齢者評議会のように自治体の政策決定に強く関わることができるような権限を与えるなど、「当事者の声を反映する」ために、各委員が主体的取り組めるような仕組みに発展させることができないだろうかと考えます。

（5）　地域包括ケアシステム構築のための提言 —「互助」の再生の視点

1）　地域が持つ福祉力の再生

そもそもわが国が持ち合わせていた地域の機能は、ニーズや問題に気づき、とりあえず緊急対応を行い、見守りや話し相手など、慣習として行われていた互助、共助としての「地域が持つ福祉力」がありました。

地域のあり様が変わった今、あらためて行政と住民、非営利活動、営利事業などが協働しながら地域の課題を解決する仕組みの再構築を図らなければなりません。仕組みづくりや再生は容易ではありませんが、まずは、①適切な圏域を単位とし、活動エリアを身近な場所から拡げるネットワーク化を図り、②町内会等の呼びかけにより、常に挨拶を交わす等の「見守り」や、異常や支援が必要な状態であることを気づくという地域の生活課題発見のための方策を持ち合せ、③その得た気づきの報告を受け止め、その情報の共有が図られ、どう対応するかを相談、検討する組織（行政、事業者、住民）があり、④それに対しひとまず、制度の枠にとらわれない柔軟なサービスを提供でき、そして、⑤地域の課題を地域福祉計画として提言するなどのような仕組みが必要だと考えています。

2）　元気な高齢者の「出番」づくりを強化する

日本と同様に社会保障費削減のために、元気な高齢者ができるだけ長く自立し活躍できるようにさまざまな取り組みがなされていますが、高齢者の「居場所」だけではなく「出番」づくりを強く意識した仕組みがあります。

デンエージは独立した非営利団体で、会員約70万人を有する大規模な団体です。会員は65歳以上または60歳以上の早期退職者で、活動に興味のある高齢者が加入する当事者団体です。1,600人がボランティア活動に従事し、その活動費など財政の大部分は会員からの会費です。会員の入会動機の多くは、

「高齢者をサポートしたい45%」ということで、高齢者を援助する考えに賛同する人が多くいます。

　「より長くよき人生を」を目標に、病気や要介護など保護の必要な弱い高齢者をサポートし、元気のある高齢者の能力をより強化するための活動に取り組んでいます。現在、26万人の高齢者が孤独だと感じている中で、5年間で半分にとの目標があり、ロビー活動にも力を注ぎ、政治家に依存せず、国会に積極的に働きかけ、コムーネの政策に対しても建設的な提案をしています。

　ボランティアはヘルパーの代行のような仕事はしません。活動内容は、独居老人や高齢者夫婦世帯に対しての支援で、毎朝に電話をかける安否確認、病院の同行や入院中の見舞い、栄養管理や水分補給の確認、散歩や犬の訪問、認知症高齢者の介護軽減、配偶者の死亡時などの慰め、スポーツトレーニングにおける介護予防、国内外の旅行も実施、必要に応じて弁護士などの専門職の紹介や自治体との意見交換と多岐にわたった活動を行っています。現在は、これよりすべての行政等への申請がデジタル化されるため、インターネット等のパソコン指導が盛んに行われています。

　日本においても、サポートが必要な高齢者に対し、元気な高齢者が援助する仕組みづくりがさらに必要ですし、"子育て"の分野にも高齢者にもっと参画いただけるような仕組みが必要です。特に、就学前の"人らしさ"を培う乳幼児期の成長には、お年寄りの存在が不可欠です。当然お年寄りは大切にされなければなりませんが、元気な高齢者の「出番」づくりを強化するために、お年寄りを「大切に」から「頼りにします」という新たな価値観の創造が必要だと感じています。

3）　縦と横との関係において、ニーズの漏れをなくす
　　　― 地域コミュニティの再考

　「シニアハウスオーデンセ」は、2005年にオーデンセ市において市民の意見を聞く会において市民から要望され、議会の議決を経て、自治体の建物が提供されて2011年に開設しました。シニアハウスは、60歳以上の高齢者の活動拠点として設置され、活動を通して仲良く暮らす、生活の質の向上を目指すことを目的とし、「ソファに座っている生活よりアクティブな生活を」という理念

に基づき、学習の機会の提供や、文化サービスの提供、ボランティア活動、趣味の活動を行う社交的な場として、また、いわゆる中間的就労ともいえるシニアボランティアが働く場として1日400名が利用しています。給料をもらっているのはゼネラルマネジャーのみで、あとはすべてボランティアで、建物の修繕などもシニアボランティアが行います。そこは高齢者の「居場所」であり、「出番」をつくる場でもあり、「地域の見守り」も兼ね備えたまさに「地域のたまり場」となっています。

アルツハイマー協会、関節炎協会、骨粗しょう症協会、職業別シニアの協会、高齢者が高齢者を助ける協会など12の協会、またその他にもフォークダンスのグループ、耳の不自由なグループ、音楽活動を行う4つの合唱団なども利用し、ビリヤードやミーティング、料理、手芸、オペラ、文学、散歩、講演などさまざまな活動に利用されています。そこには、各協会や利用者が相互に連携し助け合いながら、高齢者が活き活きと活動している姿がありました。

シニアハウスの利用者は、何かの協会やグループに属し活動しています。デンマークでは、それぞれの協会やグループは、自治体に申請をすると活動費の助成があり、はじめは日本のNPO法人に当たるものかと思いましたが、趣味のサークルなども含み、活動に公益的な要素がなくても良いのです。このようなコミュニティ活動の中に「見守り」機能が存在していることの確認ができました。

シニアハウスは、古くなった公共施設を再利用して高齢者の活動の場づくりをしている事例ですが、福祉ニーズや生活課題の発見、また、それ至るまでの予防と対応のための「見守り」「居場所」「出番」づくりには大いに参考になります。そこに、小学生に対して"文化を伝える場"であったり、中高生の居場所も兼ねるような機能が備われば、まさに理想的な地域コミュニティができそうです。

自治会組織などというと、堅苦しく感じたり、負担感があったりで敬遠されがちですが、趣味のように自分の好きなことであれば参加しやすいでしょう。日本においても地域コミュニティを再考し、自治会組織のような縦の関係だけではなく、気軽に趣味で集えるサークルのような横の関係のコミュニティに対

しても、公も関与する積極的なアプローチをし、縦と横との関係においてニーズの漏れをなくしていくという方法は、仕組みの構築の上で重要な視点ではないでしょうか。

（6） 地域福祉の更なる推進のために ― 社会福祉協議会との協働

　地域での気づきの報告を情報共有し、どう対応するかを検討する。それに対しひとまず、柔軟なサービスを提供し、最後には地域の課題を地域福祉計画などに反映していくというようなプロセスは、やはり、社会福祉法人が中心となって担うべきものだと考えます。施設経営を中心とする社会福祉法人と同様に社会福祉協議会の在り方も問われていますが、デンマークの中間的組織のように、行政に対し強く当事者の意見を反映していくというような対等な立場にはなく、現実的に行政からの請負業務も加わり、手が回らぬほど多忙を極めている現場が多いのも事実です。

　今後、地域福祉をさらに推進するには、社会福祉法人は企画し行動・実践する立場として、そして、社会福祉協議会は、それをコーディネイトし、人や組織や機関をつなぐ役割、また、一連のプロセスを検証し、次へつなげる役割を担うなど、役割分担を明確にしてパートナーとして協働すべきではないかと考えます。

　社会福祉法人は、公益的な取り組みを、各法人でできることに努めてはきましたが、結果と評価は前述のとおりで、地域全体の福祉課題にマッチングするまでには至らなかった、と言えるでしょう。それぞれの個々の活動だけでは、確実にニーズを把握することもできないし、対応しきれないという現実の中で、地域の社会福祉法人、また多様な関係機関、社会資源、組織等との連携・協働において進めていかないと地域全体の要請には応えられないということだと考えます。行政と住民、非営利組織などが協働しながら地域の課題を解決する新たな仕組みが必要で、その中心を担うのが社会福祉法人であり、その営みがまさに社会福祉法人の将来のための開拓であって、未来の創造です。

第2節　社会福祉法人として

（1）　社会変化への対応

　どのような職種・業種でも存在意義がなくなれば淘汰される原則は変わりません。私自身、30年前には携帯電話がこれだけ普及し、これ程にその存在が"なくてはならないもの"になるとは想像できませんでした。さらに機能は進化し続け、今やまさに"携帯できるコンピューター"として人の生活の上で不可欠な存在となっています。

　このように、企業は、経済や政治、また、価値観などのさまざまな社会変化に対応しながら、企業活動を通じ、継続して社会に貢献できるよう自分たちの存在意義を常に創造し続けているのです。そして、そのニーズが満たされれば、また、新たな創造を繰り返す。このことは、対価を求める側の義務であり責任なのでしょう。

（2）　地域で継続してミッションを果たしていくために

　いま私たちは、外部環境の変化に対してその対応が迫られています。認定こども園における収入も、サービスの「対価」として扱われています。当然のことながら私たち社会福祉法人もしっかりと対応し、新たな存在価値を生み出さなければ「継続」はありません。

　要は地域で困っておられる方を見つけ、いかに支えるかが我々の使命であり、その手段を工夫し創造することなのでしょう。そのためには、土台となる経営の営み、すなわち、継続して地域にお役に立てるための仕組みづくりを組織全体で進めていかなければなりません。

　地域の福祉ニーズを把握する手法さえ確立しているとは言い難い状況において、福祉サービスの主たる担い手として、継続して社会の要請に応え続けていくためには、今一度、経営の在り方を見つめ直し、質をさらに高めていく必要があると考えています。

（3） 社会福祉法人の「経営」とは

　社会福祉法人は、社会福祉基礎構造改革を機に「選ばれる福祉」を目指す新たな経営の展開が必要となり、そのために良質なサービスの提供は必須だとして、「運営」から「経営」への転換が求められました。組織を動かす「運営」、その運営を良い状態に保つための「管理」だけではなく、明確な目的を掲げ戦略をもって実行に移す、「経営の営み」が不可欠となったのです。

　さまざまな表現はあるものの、共通して言えることは、「経営とは、組織を継続し成長させること」です。社会福祉法人の持つ「非営利」の意味は、事業で得た適正利益すべてを社会福祉事業に充てるか、地域の生活課題や福祉需要に還元すること、という観点からすると、社会福祉法人の経営とは、その地域おいて、永続的に利用いただけるための仕組みづくり、言い換えると、継続して、「地域にお役に立てるための仕組みづくり」だといえます。

（4） ガバナンスの確立 ── 地域で継続してミッションを果たしていくために

　全国社会福祉法人経営者協議会（以下、全国経営協という）では、今、すべての社会福祉法人がすべきことは、「国民の共有財産を預かる民間組織として、透明性、公正性の高い組織統治をおこない、行政に先んじて、新たな福祉課題に先駆的、開拓的に取り組むこと」と整理をしましたが、その実践のためにはさらなる質の向上を図り、ガバナンスを確立することが重要です。

　ガバナンスとは、組織・共同体が自らを健全に統治し、法令を遵守した上で、効率的に業務を進めるメカニズムを組織の中に確立することです。継続のための再生産のコスト、そして、採算が取れない地域や制度化されていない福祉ニーズへの対応のためには、適正利益の確保は最重要課題ではありますが、使命を果たすために必要な「経営」とは、決してお金のことだけではありません。

　経営理念を定め組織の存在意義（目的）を明確にすること、経営戦略（方針・目標・計画）を決めて実行すること、組織を活性化する（組織の活性化・人材育成）こと、学習と成長の仕組みをつくる（技術）こと、緊密な利用者・地域との関係をつくる（信頼）こと、危機管理（安全）など、すべてが重要な

「経営」の営みです。それを、組織一丸となって進めることのできる風土づくりが、私たちにとっての課題だと考えます。

（5）　社会福祉法人の経営の質とは

その社会福祉法人の経営の営みの質を整理したものが、全国経営協の「アクションプラン2015」に掲げる「10の経営原則」であり、それぞれの法人が高めていかなければならない経営の質の評価指標だと位置づけています。そして、質の向上のためには、10の視点において自己評価を行い、強み弱みの課題を明らかにし、個人及び組織全体で目標を明確に設定して改善に取り組む、PDCAサイクルを実践することです。

1）　経営の質 — 効率性

ガバナンスとは、前述のとおり、組織・共同体が自らを健全に統治し、法令を遵守した上で、効率的に業務を進めるメカニズムを組織の中に確立することです。その要素である「効率性」と「健全性」の観点から「10の経営原則」を整理すると、先ず「効率性」では、①先駆性：地域の福祉需要、要援護者に対し、他機関・団体等に先立って援助を行うこと。②開拓性：生活課題、福祉需要の掘り起こしや、制度の狭間にあるもしくは制度化されていない福祉需要等に対応するとともに、制度化に向けた働きかけを行うこと。③非営利性：事業で得た適正利益のすべては社会福祉事業に充てるか、地域の生活課題や福祉需要に還元すること。④組織性：高い信頼性が求められる法人にふさわしい組織統治の確立、人材育成等、組織マネジメントに取り組むこと。⑤主体性：自主性および自律性を発揮し、自らの意志、判断によって事業に取り組むこと。⑥効率性：税、社会保険料等公的な財源を使用することから、より効果的で効率性の高い経営を目指すことなどです。

2）　経営の質 — 健全性

また、「健全性」の観点からは、⑦継続性：解散時の手続きや残余財産の処分等に関する規定によって、制度的にサービスの継続性が確保されていること。⑧透明性：公益法人としてより積極的な情報開示、情報提供を通じた高い透明性が求められること。⑨倫理性：公正、誠実な倫理観に基づく法人経営を

行うこと。⑩安定性：経営基盤の強化を図り、良質な福祉サービスを安定して提供すること、としています。

3) あらためて高めなければならない質（ガバナンスの健全性の観点から）

① 透明性 —「情報公開」に対しての姿勢

このたびの一連の社会福祉法人改革により、あらためて高めていかなければならない経営の質を次に整理してみます。まずは危機管理の上で重要な「透明性」です。事故等が発生した場合、円満な解決ができるか否かの結果は、事故発生時にすでに出ている、といわれます。日頃の信頼関係がないと問題が大きくなりやすく、要は関係者が敵になるか味方になるかはそれまでの印象が決めます。

印象を決めるのは職員の日頃の習慣がとても大切になります。同様に組織自体も、透明性を常に意識した日頃の営みの積み上げにより、"隠さない組織"として好感をもたれる組織風土を確立しておくことが、何か起こった時のまさに「保険」となります。

最低限のこととして、財務諸表等の公開は義務化され、このたびの改革において新たに役員報酬の規程や報酬の合計額などが付け加えられました。今や情報公開は、国民の信頼を得るための最低条件でしょう。そして、公開する対象は、利用者や地域などのステークホルダーだけではなく、「国民」であることの認識が大切です。

② 倫理性 —「苦情解決」に対しての姿勢

2つ目は、緊密な利用者・地域との関係をつくる（信頼）ための「倫理性」です。苦情解決に対する取り組みも、危機管理上必要なもので、苦情をいただいたとき、逆に対応によってはピンチをチャンスとして、まさに信頼を得ることもできます。併せて、サービスの質の向上にもつながります。「情報公開」と同様に「苦情解決」にも積極的な取り組みが必要です。

③ 透明性・倫理性 — 内部監査・監事監査・外部監査への取り組み

3つめは、安全と信頼を高める「透明性」と「倫理性」、その両面において必要な「監査」への取り組みも大切です。このたびの改革においては外部監査を実施しなければならない法人の会計規模などが示されましたが、内部監査な

どのしくみも積極的に確立していく努力が求められるところです。

　いずれにせよ、社会的な信頼度を高め、組織としての健全性を担保するためにも、コンプライアンスというテーマに基づいたPDCAのCの機会だと位置づけ、行政の指導監査なども含め、監査への前向きな姿勢が望まれるところです。

4）あらためて高めなければならない質（ガバナンスの効率性の観点から）
　① 組織性 ― 理事・監事・評議員、理事会・評議員会の機能の充実

　ガバナンス確立のためには、理事、監事、評議員、そして、理事会・評議員会の機能の強化が重要であることは言うまでもありません。健全性と効率性を高め機動力を発揮できる役員構成を行い、評議員会の議決機関として機能を強化する、このことは、経営層が積極的にすべきことです。

　執行責任者である理事会と議決機関としての評議員会、恐らくそのほうが実態に即し機動力が高まるのではないかと考えています。

　② 先駆性・開拓性・非営利性・主体性 ― 地域公益活動の実践

　特に社会福祉法人として今、力を注ぐべき営みは、「緊密な利用者・地域との関係づくり」であり、高めなければならない経営の質は、先駆性・開拓性・非営利性・主体性でしょう。

　ピーター・F・ドラッガーは、「経営とは、顧客の創造である」と説き、顧客が増え、繰り返し利用してもらえる仕組みづくりが「経営」であるとしました。その中で特に企業は、「個」客に対し徹底したサービスを行うことにより緊密な顧客関係を確立し、固定客を獲得してその地域において拡げていくという「顧客の拡大」を最重点課題としています。この営みはまさに企業の将来の開拓であって、企業の未来を創造することを意味します。

　私たちは、公益的な活動を、各法人でできることに努めてはきましたが、結果と評価は前述のとおりで、地域全体の福祉課題にマッチングするまでには至らなかった、といえるでしょう。

　それぞれの個々の活動だけでは、確実にニーズを把握することもできないし、対応しきれないという現実を知りました。やはり、地域の社会福祉法人、また多様な関係機関、社会資源、組織等との連携・協働において進めていかな

いと地域全体の要請には応えられないということだと考えます。行政と住民、非営利、営利組織などが協働しながら地域の課題を解決する新たな仕組みがそれぞれの地域において必要で、その中心を担うのが社会福祉法人であり、その営みがまさに社会福祉法人の"将来の開拓であって、未来の創造"だと考えます。

③　組織性・効率性
　　― 経営改善（経営計画の策定）に必要な第三者評価の受審

ガバナンスを確立するには、経営改善を含む経営計画（中期・短期計画）の策定は必須です。質の向上のためには、自己評価を行い、強み弱みの課題を明らかにし、個人及び組織全体で目標を明確に設定して改善に取り組む、PDCAサイクルを実践することです。

そのプロセスにおいての課題の明確化、すなわち、内部環境分析の手法はさまざまありますが、取り組みに関わる者すべての人材育成につながるものが第三者評価の受審です。私どもの法人では、「リーダー養成ツール」のひとつとして位置付け、毎年、法人内のいずれかの事業所が受審し、人材育成とともに法人全体で改善に取り組んでいます。

社会的養護関係施設は、平成 24 年度より受審が義務化され、保育所は平成27 年度より受審率の目標を設定し、普及を図ることとなっています。経営改善のための必須のツールとして、積極的な受審が望まれるところです。

④　継続性・安定性 ― 財務の中長期計画

そして、最後に「継続性」と「安定性」ですが、継続して使命を果たしていくには、当然ながら財務管理は最も重要なことです。中長期計画で大切なことは、必要な資金を計画的に積み立てることを並行して実施することで、財務管理の PDCA サイクル（資金繰り計画・要員採用計画・修繕維持計画・設備投資計画）とともに、計画的な積立が必要です。このたびの改革での再投下財産の明確化及び社会福祉充実計画の作成などが、財務の中長期計画策定のきっかけとなるだろうと考えています。

第3節　社会福祉法人立保育園・幼保連携型認定こども園の役割

（1）　専門性の発揮

　さまざまな社会的課題に対し、あらためて私たちが果たすべき使命は何か？　一つは、当然ながら、専門性を高め、充分にその能力を発揮していくことでしょう。

　養護と教育においての専門的知識・技術、いわゆる質を高め保育を実践すること、また、保護者に対しての支援や信頼関係の構築をもって、緊密な連携のもとに子どもの健全な育成に努めること、そして、地域のさまざまな社会資源

表1　「幼保連携型認定こども園」及び「教育・保育」の目的・目標

■ 幼保連携型認定こども園の目的	（認定こども園法第2条第7項）
子どもの心身の発達を助長する	保護者に対する子育ての支援を行うこと

■ 幼保連携型認定こども園の目標	
義務教育及びその後の教育の基礎を培うとともに、こどもの最善の利益を考慮しつつ、その生活を保障し、保護者と共に園児を心身ともに健やかに育成する（教育・保育要領　第1章　第12）	保護者及び地域の子育てを自ら実践する力を高める（教育・保育要領　第1章　第36）

■ 教育及び保育の目的：生きる力の基礎を育成する（教育・保育要領　第1章　第12）

生きる力
「自分で課題を見つけ、自ら学び、自ら考え、主体的に判断し、行動し、よりよく問題を解決する資質や能力」「自らを律しつつ、他人とともに協調し、他人を思いやる心や感動する心などの豊かな人間性」「たくましく生きるための健康や体力」　（文部省中央教育審議会答申：平成8年）

■ 教育及び保育の目標（認定こども園法第9条第1項）

第九条幼保連携型認定こども園においては、第二条第七項に規定する目的を実現するため、子どもに対する学校としての教育及び児童福祉施設（児童福祉法第七条第一項に規定する児童福祉施設をいう。次条第二項において同じ。）としての保育並びにその実施する保護者に対する子育て支援事業の相互の有機的な連携を図りつつ、次に掲げる目標を達成するよう当該教育及び当該保育を行うものとする。
一　健康、安全で幸福な生活のために必要な基本的な習慣を養い、身体諸機能の調和的発達を図ること。
二　集団生活を通じて、喜んでこれに参加する態度を養うとともに家族や身近な人への信頼感を深め、自主、自律及び協同の精神並びに規範意識の芽生えを養うこと。
三　身近な社会生活、生命及び自然に対する興味を養い、それらに対する正しい理解と態度及び思考力の芽生えを養うこと。
四　日常の会話や、絵本、童話等に親しむことを通じて、言葉の使い方を正しく導くとともに、相手の話を理解しようとする態度を養うこと。
五　音楽、身体による表現、造形等に親しむことを通じて、豊かな感性と表現力の芽生えを養うこと。
六　快適な生活環境の実現及び子どもと保育教諭その他の職員との信頼関係の構築を通じて、心身の健康の確保及び増進を図ること。

（谷村　誠　作）

との連携により、地域の子育て家庭に対する支援（相談・一時保育・利用者支援）等を積極的に行うことが、まず、私たちが第一義的に担わなければならないものです。併せて、その「専門性」を支える土台となる「組織性」の質を高める努力が必要です。

（2）　機能性・特異性の発揮（地域福祉ニーズへの対応と新たな福祉サービスの創造）

1）　種別の枠を超えて「地域生活支援機能」の視点

病児・病後児保育、一時保育、放課後の学童に対する支援などいわゆる 13 事業など、制度化されているものにも積極的に努めていくこと、そのほか、相談事業、妊娠期における支援活動などの「地域子育て支援センター機能」を自主的な事業として取り組む、また、子どもの見守り活動などの「子どもの安全・犯罪から守る機能」や、ボランティアの受け入れや学生の職場体験の受け入れなど「福祉教育機能」も併せて求められるところです。

また、地域の福祉課題や生活課題に対応していくためには、子どもや保育という種別にこだわらず、複合的に支援していく姿勢が求められます。高齢者・障がい児デイサービスといった「地域生活支援機能」の視点で地域の社会資源として機能性を発揮することが考えられます。現在は、高齢者の分野を中心に進められていますが、地域包括システムの構築の理念やその方策は、何も介護だけではなく、保育所・幼保連携型認定こども園も機能性を発揮すべきところです。常にニーズを把握し、掘り起こしていく姿勢を持って、家族も含めた生活全体を支援していく観点が必要で、そのようなニーズに対して漏れのない対応が、社会福祉法人が経営する保育所・幼保連携型認定こども園に求められています。

2）「生活困窮者自立支援法上」で必要とされる事業に積極的に取り組む

平成 27 年 4 月より生活困窮者自立支援法がスタートしました。これは、生活保護に至る前の段階の自立支援策の強化を図るため、生活困窮者に対し、自立相談支援事業の実施、住居確保給付金の支給その他の支援を行うための措置を講ずることを市町村に課せられた法律です。そして、委託事業として私たち

が請け負うことになります。

　専任の支援員が、さまざまなサービスや情報を提供し寄り添いながら自立に向けた支援を行う「自立相談支援事業」、住居を喪失またはその恐れのある方に家賃相当の給付金を支給し、就職に向け支援する「住居確保給付金」、生活困窮世帯の子どもに対し、高校進学を目的とした支援を行う「学習支援事業」、住居のない生活困窮者に対して一定期間宿泊場所の提供や衣食の提供等を行う「一時生活支援事業」、直ちに一般就労が困難であり、包括的な支援が必要な15 歳以上 65 歳未満の生活困窮者に一定の期間内に限り、就労に必要なそれぞれの状況に応じたきめ細かい支援を行う「就労準備支援事業」、事業者が生活困窮者に対し、就労に必要な知識及び能力の向上ために必要な就労訓練を実施する「就労訓練事業（中間的就労）」などがあります。

表 2　生活困窮者支援等の実践について
― 社会保障審議会「生活困窮者の生活支援の在り方に関する特別部会　報告書」―
平成 25 年 1 月 25 日

生活困窮者自立支援法（施行期日　平成 27 年 4 月 1 日） 　生活保護に至る前の段階の自立支援策の強化を図るため、生活困窮者に対し、自立相談支援事業の実施、住居確保給付金の支給その他の支援を行うための措置を講ずる
自立相談支援事業 専任の支援員が、様々なサービスや情報を提供し寄り添いながら自立に向けた支援を行う
住居確保給付金 住居を喪失又はその恐れのある方に家賃相当の給付金を支給し、就職に向け支援する
学習支援事業 生活困窮世帯の子どもに対し、高校進学を目的とした支援を行う
一時生活支援事業 住居のない生活困窮者に対して一定期間宿泊場所の提供や衣食の提供等を行う
就労準備支援事業 直ちに一般就労が困難であり、包括的な支援が必要な 15 歳以上 65 歳未満の生活困窮者に一定の期間内に限り、就労に必要なそれぞれの状況に応じたきめ細かい支援を行う
就労訓練事業（中間的就労） 事業者が生活困窮者に対し、就労に必要な知識及び能力の向上のために必要な就労訓練を実施する

（谷村　誠　作）

　特に社会福祉法人には、就労訓練事業（中間的就労）や、学習支援事業など
の取り組みを期待されているところですが、貧困の世代間連鎖は将来のこの国
にとって深刻な問題です。すでに、NPO 法人などが取り組んでいますが、生
活困窮家庭の子どもたちや若者の未来を開くための、学習支援や進学支援など
は、積極的な対応が望まれるところです。

　使途規制のない認定こども園の場合、学習支援事業などは、児童館で行って
いる中学生への支援などを少し工夫することで取り組める事業です。

3）　財源が制度的に保障されていない分野（制度の谷間）の事業に積極的に取り組む（地域公益事業）

災害時支援、組織化支援活動、ボランティアコーディネーターの配置、「総
合的な相談窓口（試食会・食事指導・介護、生活習慣病予防）」など、低所得
者、発達障がい児に対しての支援、さらに、「買い物支援（移動販売・コミュ
ニティバス）」「健康管理支援（IC カード管理システム）」などの独居老人の
見守りなどへの対応、また、「コミュニティカフェ（喫茶・食事・認知症カ
フェ・子育てサークル）」、また、「イベント（孤立化、引きこもり防止）」「子

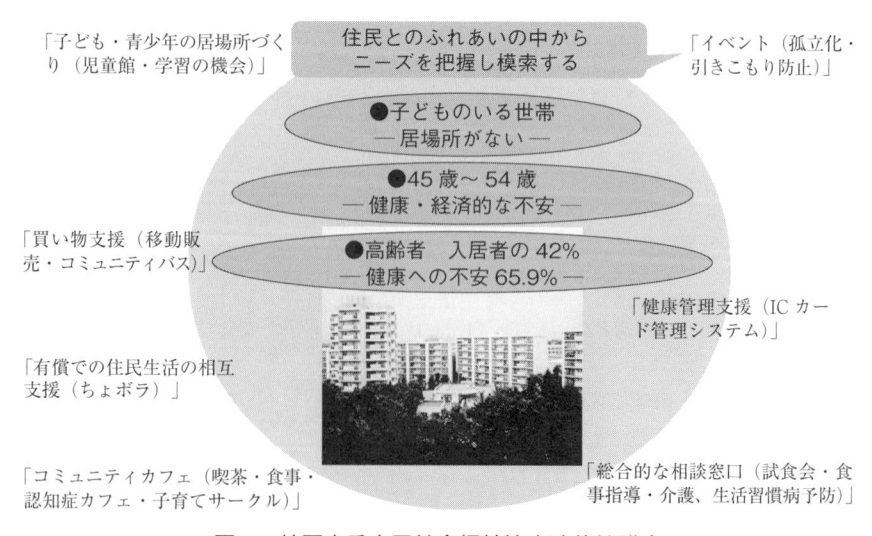

図 5　神戸市垂水区社会福祉法人連絡協議会
― 震災復興公営住宅の支援 CSW の実践のために ―（谷村　誠　作）

ども・青少年の居場所づくり（児童館・学習の機会）」「有償での住民生活の相互支援（ちょボラ）」等コミュニティの再生への支援や、ネットワーク化による拠点機能の発揮など、採算が取れない社会的ニーズへの対応も必要で、社会福祉法第24条第2項に掲げる、まさに社会福祉法人として取り組まなければならない使命です。

　また、多くの待機児童を抱える地域がある一方で、少子化による定員割れで、すでに赤字経営に陥っている保育所もあります。ニーズは減少しながらも、その地域には、まだ保育所は必要であり、単独で支援を行う市町村もありますが、今後ますます、地方分権が進み、さらなる市町村格差も予測される中、そのような少子化地域や僻地等の採算が取れない地域のニーズに応えていくことも求められるところです。

（3）　法人間の連携、共同による取り組みを促進する

　社会福祉法第24条に第2項が新たに加えられたということは、言い換えると、今まで第1種、第2種社会福祉事業を目的としていた社会福祉法人が、平成28年4月からは“困っている人を見つけて手を差し伸べる（支援する）ことが本業”と法律に位置付けられたことになると理解しています。

　ただ、残念ながら、社会福祉法人は、“困っている人を見つける”ノウハウを確立することができていません。せいぜい“アウトリーチ型（待っているのではなく、支援者から積極的に利用者につながろうとする取組み）での取り組みを”ぐらいの程度です。なぜなら今は、第1種、第2種社会福祉事業の制度の枠組みにあてはまる方をお待ち申し上げておれば使命を果たすことができるからで、地域の中に仕組みをつくり積極的に取り組まれている法人もありますが、国民全体の社会福祉法人に対しての評価は先述のとおりで、地域の課題にマッチングとまでは至ってはいません。

　そこに、ネットワーク化や連携の意義があります。一法人では把握することのできないことを、地域の社会福祉法人、また多様な関係機関、社会資源、組織等との連携により、困っている人を見つけるのです。さらにそこに、ニーズを一番よく知っている住民や行政が加わり、地域の生活課題を線ではなく面と

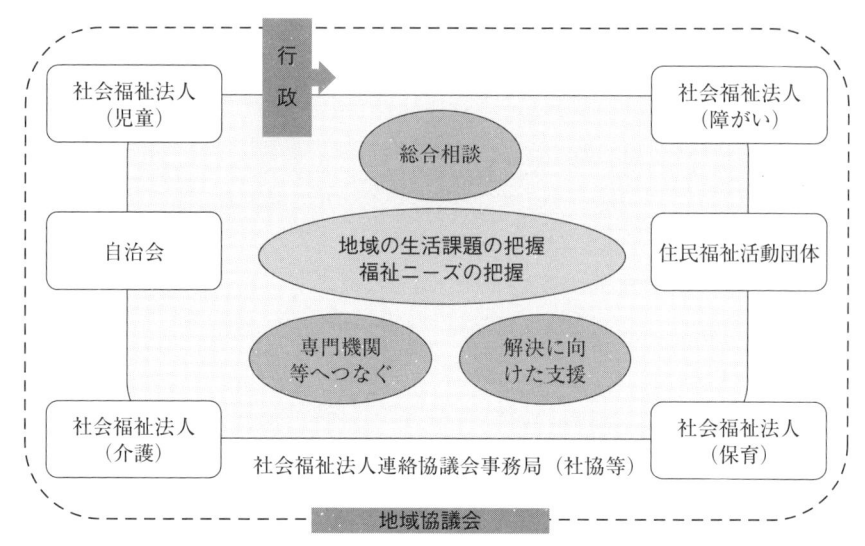

図6　社会福祉法人による連携のための組織化と地域協議会
― コミュニティマネジメント（地域での器づくり）・地域のシステム化 ―

して捉え、地域全体で対応していくのです。

　また、このようなネットワークや組織などは、今まさに検討されている「地域協議会」のあり方ではないでしょか。一行政区内には、類似する協議会や地域包括などの仕組みが多くあります。このたびの社会福祉法の改正は、社会福祉法人が連携し、イニシアティブを発揮して効率的に機能するように地域の仕組みを再編成する良い機会です。

　さらに必要であれば、決して簡単なことではありませんが、大阪で行われている「生活レスキュー事業」等の取り組みのように都道府県単位での広域で支援を行う体制づくりも進めることにより、一法人、また、一地域では取り組めない課題に対応でき、併せて、社会福祉法人の存在意義を認知いただくことにつながるのではないかと考えます。

（4）　社会福祉法人立保育園・幼保連携型認定こども園の将来像

　以上のような内容を 2004 年に、全国経営協では、次の図のとおり社会福祉法人立保育園の将来像を整理しました。約 10 年近く時が過ぎ、前述の繰り返しにはなりますが、あまり色あせていないと感じますのであらためてここで紹介させていただきます。

　これまでの保育機能として、さまざまなニーズに対して対応するために制度化されてきた延長保育・休日保育・一時保育・特定保育・夜間保育・乳児保育・障がい児保育・乳幼児健康支援一時預かり（病児・病後児保育）などがあります。今や基本的なサービスとして多くの保育園でも実施されています。

　さらに「保育に欠ける」という視点を広げ、地域のすべての子育てニーズに対応する視点を持った場合、これも既に実践されていますが、「子育て支援機能」として、地域子育て支援センター・つどいの広場（子育てサロン等）・子育て短期支援（ショートステイ・トワイライトステイ）・放課後児童クラブ・育児支援家庭訪問（ホームヘルプ）・ファミリーサポートなど、いわゆる 13 事業と呼ばれるものもあげられます。これらの事業を積極的に取り組む姿は、平成 27 年 4 月、まさに今始まった改正幼保連携型認定こども園です。

　そしてさらに、社会福祉法人立保育園・幼保連携型認定こども園としてその使命を果たし、地域になくてはならない存在になっていくためには、2 つの柱を築き上げることが必要だと整理しました。その一つは、「地域への視点」で、“子育て”のみならず、地域の福祉ニーズに対応する視点を持ち、子どもの安全を守る「犯罪から守る機能」、福祉教育・コミュニティ再生・ネットワーク化による拠点機能等の「地域貢献機能」、また、災害時支援・高齢者デイサービス・障がい者デイサービス・低所得者支援・専門外分野に関する相談窓口・虐待防止・独居老人見守り等の「地域生活支援機能」です。

　もう一つの柱は、「他機関との連携・ネットワーク化への視点」です。連携やネットワークは、短期間で確立できるものではありません。すでに保育園は、長年の間、顔の見える関係において、地域での信頼関係を築いています。これは今後、さまざまな供給体との競争時代に入ると言われる社会福祉法人立保育園・幼保連携型認定こども園にとっては、大きな“強み”です。

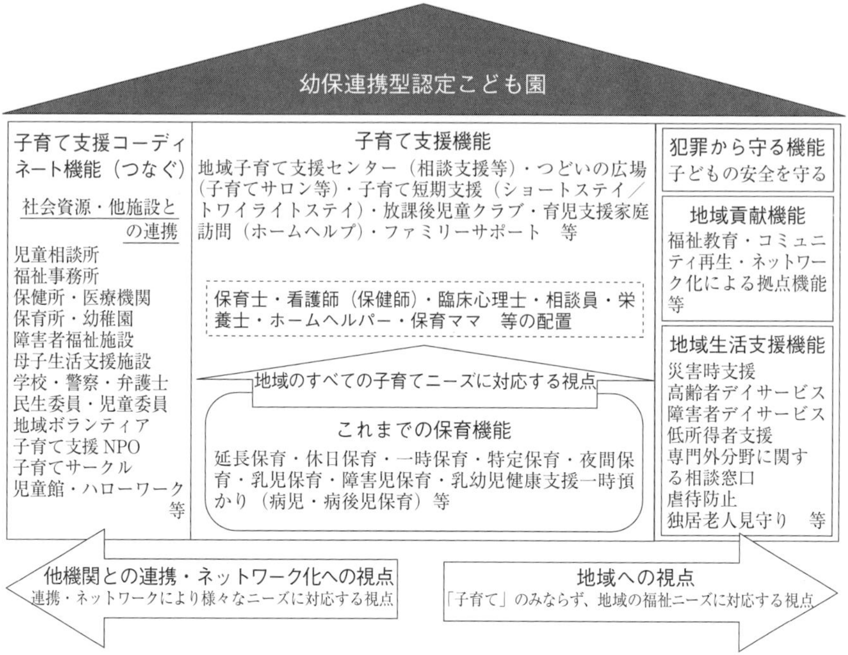

図7　社会福祉法人が経営する幼保連携型認定こども園の機能とサービスの将来像
(谷村　誠　作)

　幅広くさまざまなニーズに対応できるよう、児童相談所・福祉事務所・保健所・医療機関・他の保育所・幼稚園・障がい者福祉施設・母子生活支援施設・学校・警察・弁護士・民生委員・児童委員・地域ボランティア・子育て支援NPO・子育てサークル・児童館・ハローワークなどの社会資源や他施設との連携をさらに強化していくことが重要です。

第4節　地域で継続してミッションを果たしていくためにすべきこと

（1）　使命に応えるための私たちの課題は

　社会福祉法人立保育園・幼保連携型認定こども園は、使命を確実に果たしていくために、あらためてガバナンスを確立していかなければなりません。組織

表3　経営　＞　運営　＞　管理

■経営とは
　　明確な目的を掲げ、それを達成するために、計画的・継続的に意思決定を
　　行って実行に移し、事業を管理・遂行すること

■運営とは
　　機能を発揮させるため組織を動かしていくこと

■管理とは
　　計画し、実行を促し、コントロールすること
　　良い状態を保つようにすること

を動かす「運営」、その運営を良い状態に保つための「管理」のみならず、明確な目的を掲げ戦略をもって実行に移す、まさに「経営」が必要となります。当然ながら、経営には適正利益の確保は大切ですが、使命を果たすために必要な「経営」の営みはお金のことだけではありません。

　経営理念を決めて組織の存在意義（目的）を明確にすること、経営戦略（方針・目標・計画）を決めて実行すること、組織を活性化させる（組織の活性化・人材育成）こと、学習と成長の仕組みづくりをする（技術）こと、緊密な利用者・地域との関係をつくる（信頼）こと、危機管理（安全）、すべてが使命に応えるための重要な営みです。それを、組織一丸となって進めることのできる風土づくりが、私たちにとっての課題です。

（2）法人内での「共通理解」のための整理

1）「経営」の定義を整理する

　　　　―「経営」はお金のことだけではない、ということ―

　「経営」は、理事長や園長だけがするものではありません。むしろ、副園長、主任など中堅職員と呼ばれる方々の役割が重要で、組織内で「経営」とは何かを整理し、個々の役割をあらためて確認することがまず必要です。保育園の主任など、いわゆる企業でいう中間管理職層に対し、「経営」という言葉のイメージを尋ねると、一番に「お金」という答えが返ってきます。恐らく経営と

いうと、財務中心の営みだと、現場では受け取られているのでしょう。

　まず、組織内において社会福祉法人としての「経営」の営みを具体的に整理し、「経営」はお金のことだけではないという「共通理解」が必要です。

2）「経営」の中での役割を確認する

　　　―「経営」は理事長（施設長）だけの仕事ではない、ということ ―

　続けて、「それでは、経営は誰がするの？」と尋ねると、その多くは、「理事長」や「園長」という答えが返ってきます。しかし経営の実践のためには、むしろ中間管理職層の働きが重要であって、副園長や主任クラスは、職員とともに日常の「作業」と呼ばれる業務にも直接携わりながら、それを「管理」し、併せて、職員集団の先頭に立って組織を動かすという「運営」も熟しているわけですので、まさに「経営」の営みには欠かせない立場であって、その自覚を促すことが大切です。

3）「経営」の目的を明確にする

　　　―「段」が「目的」にならぬように共通理解を図る ―

　今では少なくなりましたが、若い時には妻と一緒に買い物に出ることもあり

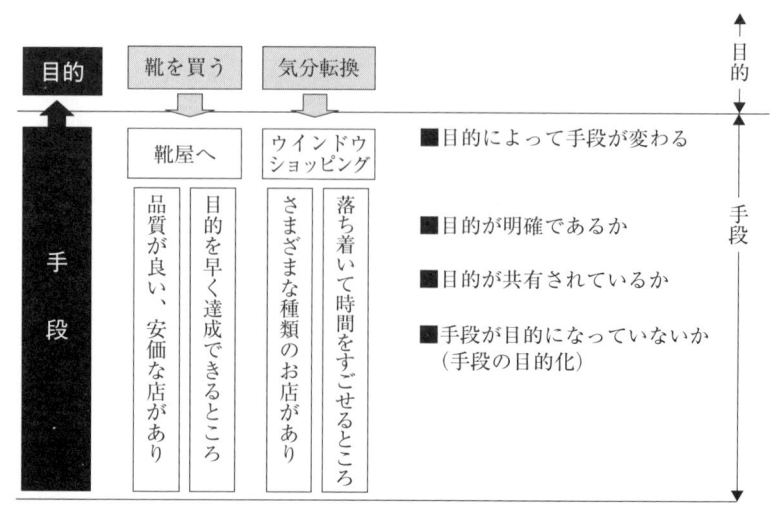

図8　目的を明確にし、共有する
（谷村　誠　作）

ました。だいたいいつも妻が先に歩き、私が後を付いていくという構図です。私の買い物の定義は、靴を買うとすれば、靴屋さんにまっしぐら、なのですが、妻の場合は、靴を買うのかと思ったらその隣の洋服屋さんへ、服を買うかと思ったらその隣のかばん屋さんへ、といった具合で、後から付いて行く者にとってはとても疲れるのです。

その時にこんなことがふと頭をよぎりました。職員の皆さんも、このような心境になっていないだろうか、と心配になったのです。何を目指そうとしているのか、どこに行こうとしているのかわからない者の後ろを付いていくことのしんどさ、主体的ではなく、常にやらされている状態で疲弊しているのではないだろうかと。そもそもこの例で言えば、よくよく考えてみると彼女の目的は、買い物することではなく気分転換であり、目的自体を共有できていなかったということ、そして、目的が違えば手段も変わってくるのは当然で、気分転換であれば、その手段はウインドウショッピングとなるわけです。

目的によって手段が変わる、ということの共通認識。また併せて、その目的が明確であるか、また、組織内で共有されているか、ということが大切です。そして、手段が目的になってはいないか（手段の目的化）、というチェックも経営の営み中で本質を見失わないようにするためには必要なことだと考えます。

（3） 効率的で健全な法人経営のためのガバナンスの確立

ガバナンスとは、自治体の運営や会社の経営などに用いられる用語で、組織・共同体が自らを健全に統治し、法令を遵守した上で、効率的に業務を進めるメカニズムを組織の中に確立すること、です。次表（図表 -1）は、社会福祉法人としての営みを具体的に挙げ、それをガバナンスの要素である「効率性」と「健全性」に分類し、7つのカテゴリーとして整理した一例で、ここからは、その7つの営みにおけるポイントを述べていきます。

1） 経営理念を決め、組織の存在意義（目的）を明確にする

① 経営理念はなぜ必要か

松下幸之助氏は「企業経営の成否の50%は経営理念の浸透度で決まり、30%

表4　効率的で健全な法人経営のためのガバナンスの確立

効率性				健全性		
①経営理念（目的）を決め、組織の存在意義（目的）を明確にする	②経営戦略（方針・目標・計画）を決め、実行する	③組織を活性化させる（組織の活性化）	④学習と成長の仕組みづくり（人材育成・技術）	⑤緊密な利用者・地域との関係をつくる（信頼）	⑥危機管理（安全）	⑦財務基盤の安定（安全）
経営理念の設定 経営理念の明確化と周知 業務執行機能の強化	経営理念を実現する経営戦略（経営計画）の策定と明確化 （PDCA）の仕組みに基づいた、実践、評価、改善 目標を設定する（組織・個人） 情報を共有する（プロセスの共有）	参画意識を育てる（任せる仕組みづくり） 満足度を高める（認める仕組みづくり）	サービスの標準化と充実（SDCA） キャリアパスシステムの確立 職員の教育・研修の充実 評価・改善の仕組みづくり 人権を尊重した仕組みづくり	利用者との信頼関係の構築 保護者等との信頼関係の構築 信頼を得るための情報発信 地域に開かれた法人づくり 地域に対する理解の促進 まちづくりへの貢献 多様な主体との連携・協力	コンプライアンス体制の整備 安全で快適な生活環境の確立 安全で健全な職場環境の確立 点検・評価・監査等のチェック体制と牽制機能の整備 予防（発生確率の低減）する 被害規模（ダメージ）を小さくする クライシスマネジメント ビジネスコンティニュイティ・マネジメント（BCM）	適切な会計処理と資金の運用 無駄をなくし経営の合理化を図るコスト意識の醸成 適切な収益の確保（適正利益）

表5　ミッション・ビジョン・バリュー

理念の内容		もし、理念がなければ…	
■ミッション	使命	職員が何のために働いているのかがわからない	存在感の喪失
■ビジョン	目標	この法人がどうなっていくのかがわからない	将来性の喪失
■バリュー	価値観	何を判断基準として良いかわからない	判断基準の喪失

は社員のやる気を出す仕組みづくりで、20％は戦略・戦術である」としました。経営者層は、まず、経営理念の明確化を図り組織内に周知し、浸透させる役割があります。

　ではなぜ経営理念が必要であるのか、その意義の一つは、職員の価値観を統一するためです。社会福祉法人も含め、企業など多くの組織は共通して理念に、ミッション（使命）、ビジョン（目標）バリュー（価値観）を掲げていま

す。もし理念がなければ、職員が何のために働いているのかがわからないし、この法人が将来どうなっていくのかもわかりません、また、何を判断基準として良いかわからないということになります。

　もう一つは、人材確保を含めた組織の信頼性を高めるためです。保育においても供給量が増えるにつれ、今後さらなる人員不足が予測される中で、就職希望者は、事前に理念などを必ずチェックしています。また、地域社会や施設利用者・利用希望者との関係においても明確な経営理念は不可欠です。

　そして、理念を明確にし、組織全体で取り組む企業は業績も良く、世界の企業を20年間調査した結果、経営理念がある企業の経常利益額は、7.8倍にまで業績を上げましたが、それに対して、理念なき無き企業は3.6倍にしかなりませんでした。つまり、理念を明確にし、それを追及している企業の方が利益を上げているということです。

　②　経営理念を浸透させる

　自法人では、経営理念は浸透していますか？　一度自己評価してみてください。保育理念はあるけれど、経営理念がないという場合もあるかもしれません。また、経営理念はあるけれど掲げているだけ、という園があるかもしれません。また、経営理念はあるが、理事長・施設長など幹部だけが共有しているところもあります。やはり、組織全体で共有し職員の業務や価値判断の基礎、行動の基準になっていることが理想でしょう。

　なぜ、経営理念が浸透しないのかと考えてみると、見たことがない、聞いたことがない、意味がわからない、経営理念と日常の業務がつながらない、誰

表6　なぜ？　経営理念が浸透しないのか

■見たことがない	⇒ 見える化
■聞いたことがない	⇒ 繰り返し発信
■意味がわからない	⇒ 定義を整理・共有
■経営理念と日常業務とのつながりがわからない	⇒ 目的と手段を整理
■誰かに聞かれたことも、説明したこともない	⇒ 仕組みをつくる

かに聞かれたことも説明したこともない、などが挙げられます。そんなことは「自法人ではあり得ない」という法人も、組織風土診断など行うと、意外に非正規職員が該当したりもします。見たことがないには、「見える化」を、聞いたことがないには聞いたことがない、さまざまな機会に意図的に「繰り返し発信」、意味がわからないには、新人研修などで「定義を整理・説明・共有」、経営理念と日常の業務がつながらないには、法人内研修を通じて、自身の日常業務の一つひとつが理念のワードのどの部分にあたるのか「目的と手段の整理」のためのワークショップを開くなど、誰かに聞かれたことも説明したこともないには、そのような機会が得られるよう、経営理念を誰かに聞かれたり、説明したりするような機会をつくることです。例えば、新人研修の講師を務めるなど「組織内に仕組みをつくる」などが効果的です。また、例えば、3年目の職員に、意図的・計画的に見学者に対しての案内役を体験させる。そこに上司が付添い、PDCA の要素を取り入れることにより、研修（OJT）としての位置づけをする、という具合です。

　③　今一度、経営理念を見直してみる

　経営理念がない園については策定、また、今一度、経営理念を見直してみようという場合のポイントを次に整理してみます。前述のとおり、企業など多くの組織は共通して理念に、ミッション（使命）、ビジョン（目標）バリュー（価値観）を掲げていますが、ミッション（使命）は、目的ですが、ビジョン（目標）バリュー（価値観）は手段です。できれば理念は、組織内で「目的」と統一し、内容も「目的」だけに絞って掲げるか、「経営の目的」と表現を変えた方が良いのではないかと考えます。その方が、職員自身が目的と手段が明確になり理解しやすくなります。

　ボトムアップ方式と呼んでいるのですが、要は下から考えていくのです。まず、「目標」から考えていきます。「理念の浸透」「職員の教育・研修の充実」「キャリアパスシステムの構築燃」「福祉に対する理解の促進」「地域とのつながりの構築」「リスクマネジメント」など、職員全員で法人としてやるべきことを具体的に挙げていきます。ここでは、質より量を意識して、一度出し切ってみるということが大切です。出そろったら、それを分類分けし「学習と成長

の仕組みづくり」「緊密な利用者・地域との関係をつくる」など表題をつけていくとこれが「方針」となる、といった具合です。前述の通り、"押してもだめなら引いてみな"と手段は柔軟に考えるべきことです。よって、目標は毎年、定期的に組織全体で見直す機会を持った方が良いでしょう。

そして、最後に理念は、目標、方針を整理したうえで、そのすべての意味を包含する言葉を整理するのです。ここでのポイントは、すべての意味を包含しようとして、だらだらと何を言っているのかわからないような長い文章にならないことです。だれもが理解しやすい、分かりやすい文章に整えることです。そして最後に、その文章を一言でまとめます。もし、一言でまとめられないのであれば、文章の整理からやり直してみてください。物事の本質は、短い言葉で表現できるはずです。

④　保育理念を見直す

保育園理念を見直す場合のポイントも述べておきます。要領は、基本的に同じですが、保育すなわち養護と教育と、それを支える「運営」にかかわることを整理し明確にすることから始めます。養護と教育に関わるものとそうでないものを仕分けし、保育の理念（方針、目標）と運営理念（方針、目標）といった具合です。他の法人で時々見受けられるのは保育も運営も混ざり合って表現されている場合がありますが、この場合、職員は理解しにくくなります。よって、保育と運営は分けて表示することがポイントです。

次に大切なことが、幼保連携型認定こども園教育・保育要領または、保育所保育指針との整合性を図ることです。ご存じの通り、双方ともに告示化されていますので、例えば保育所保育指針に明記されていることを行っていなければ理屈の上ではコンプライアンス違反となります。よって、それぞれに明記されていることが、網羅されているかの確認が必要です。

そして、理念・方針・目標の関係は、図9のとおりです。山登りに例えているのですが、「体を鍛える」という目的に対して、方針・目標・計画は手段となります。方針は「どのルートから登るのか？」、目標は「どこまで登るのか？」であり、最終の目標とプロセス（過程）の目標があります。最終の目標のことをビジョンと呼びます。プロセス（過程）の目標には、○月○日まで

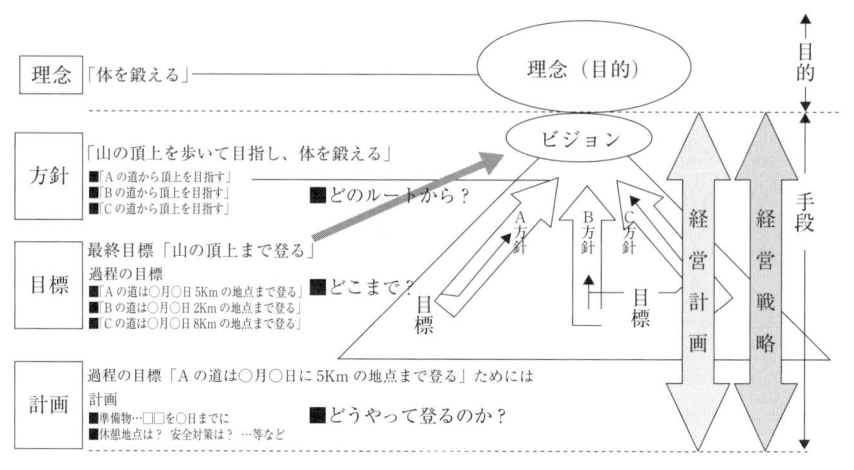

図9　理念・方針・目標の関係

に、また○km 地点まで、というように数値化をして目標を定めていきます。計画は「どうやって登るのか？」ということで、「A の道を○月○日までに○km 地点まで登るためには」という視点で、準備物や休憩をどこでとるのか、安全対策は？　など具体的に企てることです。

　理念、方針、目標の関係は本来このようになるのですが、保育の方法を、方針として整理されている園もあります。ただ、例えば、保育の理念、保育の方針、保育の目標など、前につく言葉が同じであれば、やはり図のとおり整理した方が解りやすいでしょう。よって、先ほどの園の場合は、「保育の方法の方針」とされた方が混乱せず理解しやすくなります。目標は培うべきことを職員全員で出し合い、それが教育の目標となり、あとの要領は同じです。

　2）　経営戦略（方針・目標・計画）を決め、実行する

　①　理念・方針・目標・計画

　次頁の表は、理念、方針、目標、計画のそれぞれの定義を整理したものです。理念は目的であり存在意義として基本的に変わるものではありませんが、方針・目標・計画はその目的を達成する手段ですので、柔軟に取り組むことの共通認識が、組織内において必要です。時に職員からすると「園長の考えはコロコロ変わる」というような非難を受けぬよう、それが手段であるならば、む

しろさまざまな方法を用いて目的を達成すべきでしょう。

② 経営計画の作成

経営計画（方針・目標・計画）を決め、実行するプロセスにおいて重要なのは Plan（計画）Do（実行）Check（評価）Action（改善）（PDCA サイクル）の実践です。すでに認可保育所の場合、2008 年に告示化された保育所保育指針において、それを実施しなければならないと示されていますので、実行しなければ理屈の上ではコンプライス違反となります。その実践によって、業務改善や質の向上を図ることが目的ではありますが、その取り組みのプロセスにおいて、保育士の専門性の向上や、職員間の共通理解が図られることの意義も大きいのです。

併せて、第7章（職員の資質向上）では、「職員の共通理解を図り、協働性を高めていくこと」「保育所の自己評価等を踏まえ、職員が保育所の課題について共通理解を深め、協力して改善に努めることができる体制をつくること」が示されています。よって、委員会の設置など、PDCA サイクルの実践が自主的に行われる組織体制づくりが必要となります。

表7 経営戦略

事項	定 義	説明	目的手段	こだわり柔軟性	不変・可変	本質本流	経営用語での同意語	
理念	目的のことであり、存在意義である	一生（長い期間を）かけて目指すもの	目的	こだわり執念	不変：基本的に変わるものではない	本質	■経営理念 ■ミッション	
方針	目的を達成するための行動や方策の基本・目指すべき方向のこと	目的を達成するためには一方向とは限らない	手段	柔軟に	可変：時代に合わせて見直すべきもの	本流		■バリュー
目標	目的を達成するために設けた「めあて」	具体的に表現するもの。「最終目標」と「過程の目標」がある。「過程の目標」は、数字や期限等が入る	手段	柔軟に	可変：年度毎（月・日）に見直すべきもの	本流	■経営計画 ■経営戦略	■ビジョン（最終目標）
計画	「目標」に方法・手順を考え、企てたもの	目標を達成するために、具体的な方法とその手順を示したもの	手段	柔軟に	可変：常時見直すべきもの	本流		

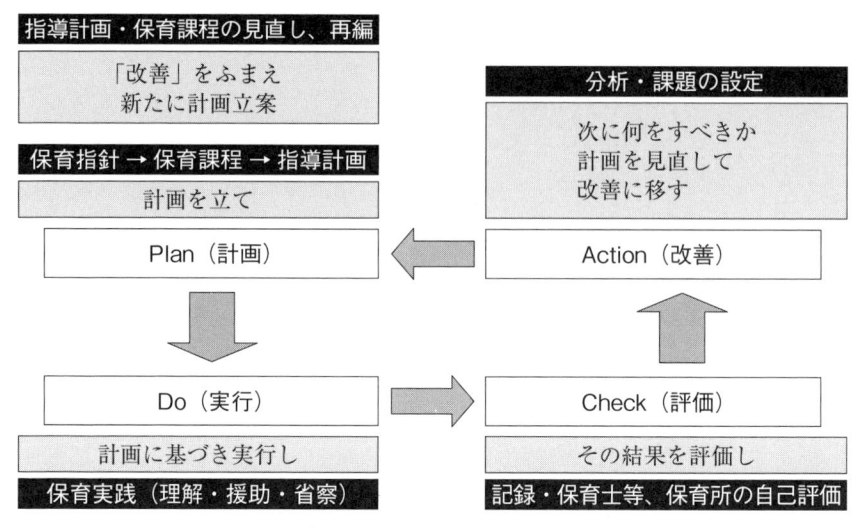

図10 保育所保育指針と保育の計画及び評価

　そして、一連のプロセスにおいて特に大切なのは、しっかりとしたCheck（評価）です。適当な評価では、的確なAction（改善）も、Plan（計画）も立てることができません。逆に、しっかりとしたCheck（評価）を行うには、Plan（計画）時において、できるだけ具体的（数値化または見える化した明確な内容、期限、評価指標、目標値、責任者等）に設定することが大切です。

　ちなみに、幼保連携型認定こども園教育・保育要領は、保育所保育指針に書かれていた事項の中で、他の基準や規則に謳われていれば教育・保育要領に明記されず省かれているのですが、「保育所の自己評価」も、学校評価ガイドラインに記載があるため記載されていません。しかしながら、保育教諭等の自己評価や、園の経営・運営・管理においてPDCAサイクルはとても重要なことですので、幼保連携型認定こども園に移行されても忘れてはならないことだと考えます。

　③　経営計画の作成 — PDCA サイクルの意義

　次頁の表は、平成20年の保育所保育指針改定の折に、厚生労働省より出された資料から抜粋したものですが、PDCA サイクルの意義を整理したもので

表8　PDCA の意義

①項目		②キーワード（要約）	③指針・解説書・Q&A の内容	
編成作業（PDCA）の意義	1	保育での PDCA とは	P　【保育指針－保育課程－指導計画】⇒ D　【保育実践（理解・援助・省察）】⇒ C　【記録・保育士等、保育所の自己評価】⇒ A　【分析・課題の設定】⇒ P　【指導計画・保育課程の見直し、再編】	厚生労働省 説明資料
	2	PDCA の組織的な取組が重要	PDCA の組織的な取組が重要。また、その取組が、保育士の資質向上や保育所の説明責任の一層の発揮に資するものとなると考える	Q&A
	3	PDCA の取組が、保育士の資質向上に資するものとなる		
	4	PDCA の取組が、保育所の説明責任の一層の発揮に資するものとなる		
	5	PDCA がより意識的に、体系的になされることで、保育士の専門性、保育の質の向上が図られる	保育課程を編成する際にも、保育の着眼点や評価の視点が踏まえられたものになる。今回の改定により、さらに全職員で保育課程を編成し、その内容に基づく指導計画、指導計画に基づく保育実践を振り返り、自己評価することが重要となった。保育課程に基づく指導計画、保育実践、自己評価、そして、指導計画や保育課程の見直し、再編がより意識的に、体系的になされることで、保育士の専門性、保育の質の向上が図られると考えている	Q&A
	6	全職員で協議して編成していくそのプロセスが大事	全職員で協議して編成していくそのプロセスが大事であり、保育所の特性や地域性などを生かして創意工夫を図っていくことが重要。その取組の中で、保育を捉え直したり、職員間の一層の共通理解を図っていくことが保育の質の向上につながると考えられる	Q&A
	7	プロセスにおいて保育を捉え直したり、職員間の共通理解を図っていくことが質の向上につながる		

（厚生労働省資料引用）

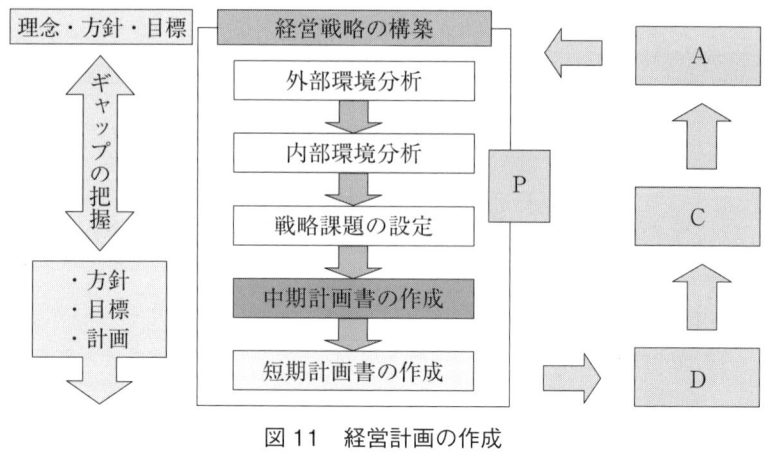

図11　経営計画の作成
― 経営計画作成のプロセス ―（谷村　誠　作）

す。PDCA サイクルで経営の営みを実践することにより、業務の改善と質の
向上につながることはもちろんのこと、その営みのプロセスにおいて、職員自
体の質の向上が図られる、という意義があると整理されています。

④　経営計画の作成 ― 経営計画の作成のプロセス

経営計画の作成のプロセスは、図のような流れが一般的です。

まず、外部環境分析を行い、自園の今おかれている環境がどのような状況に
あるのかを把握します。併せて、内部環境分析を行い、自園の強み弱みを整理
します。

それをもとに、戦略課題の洗い出しと設定を行い、課題が設定できれば、そ
れに基づき中期計画書の作成、そして、短期計画書の作成をします。

⑤　経営計画の作成 ― 現状分析

現状分析は、経営計画作成の上でとても重要なプロセスになります。言い換
えると、自園の立ち位置を確認するということですが、地図があっても、現在
の自分のいる場所がわからないと目的地に進めないということと同じで、現在
の状態が、どのようにあるのかをまずは明確にしないと将来を決める経営計画
は作成できません。

図は、山登りに例えたものですが、外部環境分析というのは、山頂の天気

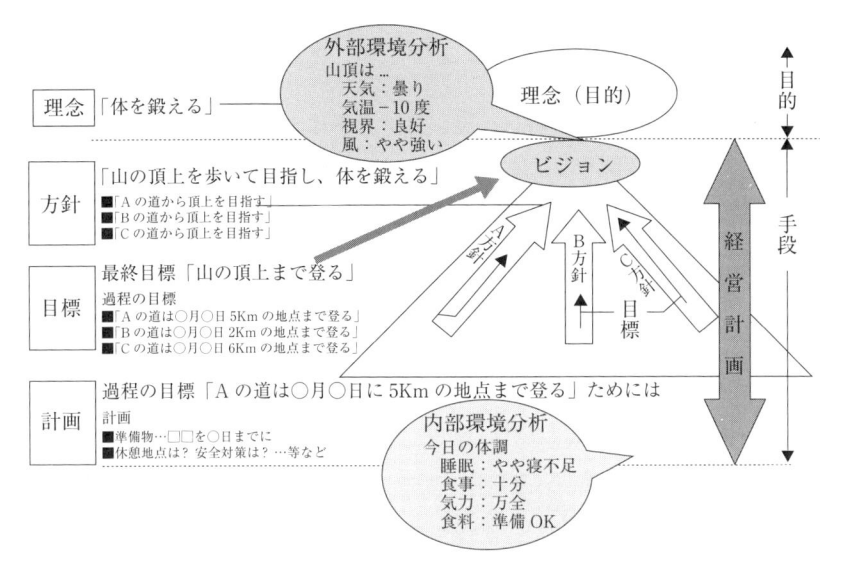

図12　現状分析（内部環境分析・外部環境分析）
（谷村　誠　作）

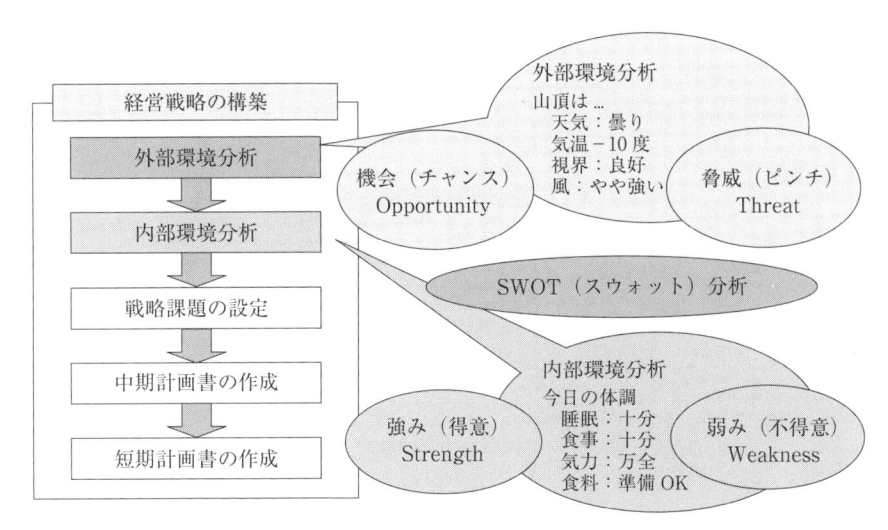

図13　経営計画の作成
― 経営計画作成のプロセス ―（谷村　誠　作）

は、気温は、視界は、風は？ など、今から登る山頂の状態をしっかりと把握することです。

それに対し、内部環境分析は、睡眠は、食事は、気力は、食糧の準備は？ など今から登る自分自身の状態をしっかりと把握することです。

外部環境分析は、機会（チャンス）Opportunity と脅威（ピンチ）Threat、内部環境分析は、強み（得意）Strength と弱み（不得意）Weakness を把握します。それぞれの頭文字をとって SWOT（スウォット）分析と呼ばれています。

⑥　経営計画の作成 ― 現状分析（外部環境分析）

政治、経済、人口動態、法律、制度、地域の動向、利用者、競合施設などの観点から、自園を取り巻く環境がどのような状況にあるのかを職員とともにしっかりと把握し共有します。機会とは、社会福祉法人（施設）の存在意義の向上やサービスを改善するような環境要因、脅威とは、社会福祉法人（施設）の存在意義を減少させるような環境要因のことです。

例えば、今は、周りに競合施設はないけれど、3年後には2カ所できる予

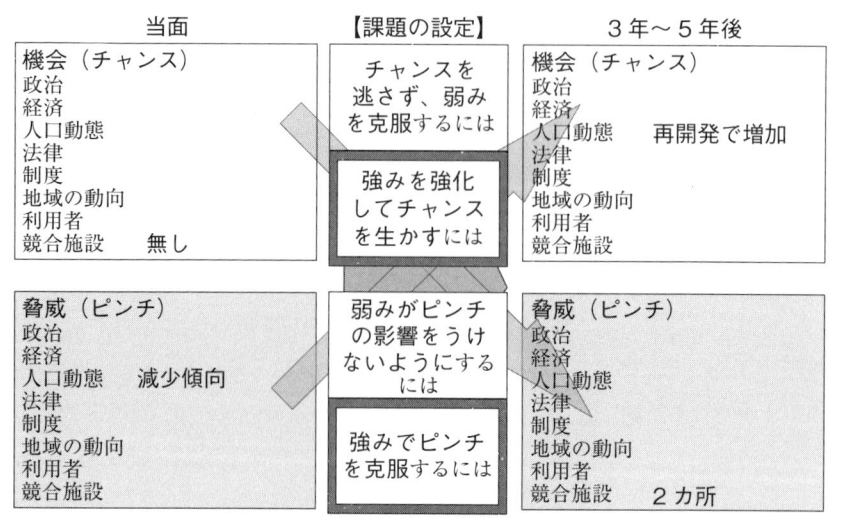

図14　経営計画の作成
― 外部環境分析 ―（谷村　誠　作）

表9 経営計画の作成
— 外部環境分析の例 —

	高齢者施設	障害者施設	保育所	措置施設
機会	・再開発により人口が増える ・市の増床の計画がある ・要介護認定者数は増加傾向である ・待機等ニーズは増加している	・障害にニーズは膨らんでいるが、市内において事業者は少ない ・特別支援学校が老朽化により、近くに移転してくる ・障害福祉に関する地域の支援者が多い	・市において600人の待機児童解消計画がある ・公立保育所の民間移管が進んでいる ・再開発により人口が増えている ・若い女性が働きに出るようになっている	・市の単独補助により、職員に対する新たな処遇改善費が見込まれる ・老朽化対策に対しての補助金の上積みが市で予定されている
脅威	・市内に特養が2か所増える計画がある ・景気が良くなり、人員募集をしても反応がない ・業界のイメージが3Kである ・報酬改定による減収が見込まれる	・IPO等、関連する事業者が増えている ・高齢者施設や保育所も障害者を対象とした事業を始めた ・制度の改正により減収も見込まれる	・制度改正により保育所が良いのか子ども園へ移行するのが良いのか不明である ・無認可保育所が周りに増えてきている ・保育所を始める高齢者施設が増えてきている	・生活保護費の抑制が、措置費に影響を及ぼす ・措置費の切り下げの可能性がある ・地域移行にかかる委託金の打ち切りが予想される

定であれば、現在は機会（チャンス）の位置にあっても、3年後は、脅威（ピンチ）になる、といった具合です。また、現在は、まわりの人口は減少気味であるが、5年後には再開発の予定があるとなると、今は、脅威（ピンチ）であるが、5年後には機会（チャンス）が来るということになります。

そして、その状況を把握できたら、それに対して課題の設定を行います。課題の設定の視点は4つです。1つ目は、「チャンスを逃さず弱みを克服するには」、2つ目は、「強みを強化してチャンスを生かすには」という視点。3つめは、「弱みがピンチの影響を受けないようにするには」、4つ目は、「強みでピンチを克服するには」という視点です。

特にその中で、「強みを強化してチャンスを生かすには」と「強みでピンチを克服するには」という視点での課題の設定が有効であるといわれています。"長所進展法"というような言葉もありますが、弱みを克服することにエネルギーや時間を費やすよりも、強みや長所を伸ばせていくことに力を注いだ方が効率的であり、まだ同時に弱みも克服することができるという考え方です。

⑦ 経営計画の作成 ― 現状分析（内部環境分析）

内部環境分析は、するべきことや求められていることなど、あるべき姿を物差しにして、自園の現状を計り、そのギャップが課題となります。図では、あるべき姿に対して不足分がギャップとなっていますが、あるべき姿より自園の方が優っている、すなわち、長所であり強みである場合は、その強みを生かしていくことが課題となります。

あるべき姿というのは、第三者評価項目や各種別協が示しているチェックリストなどを活用して物差しとします。保育所の場合、「保育所保育指針第4章2（2）保育所の自己評価」では、"適切に評価の観点や項目等を設定し"と明記されていますので、自園に評価項目を設定したチェックリストなどが存在しないと告示化されていますので、理屈の上ではコンプライアンス違反となります。

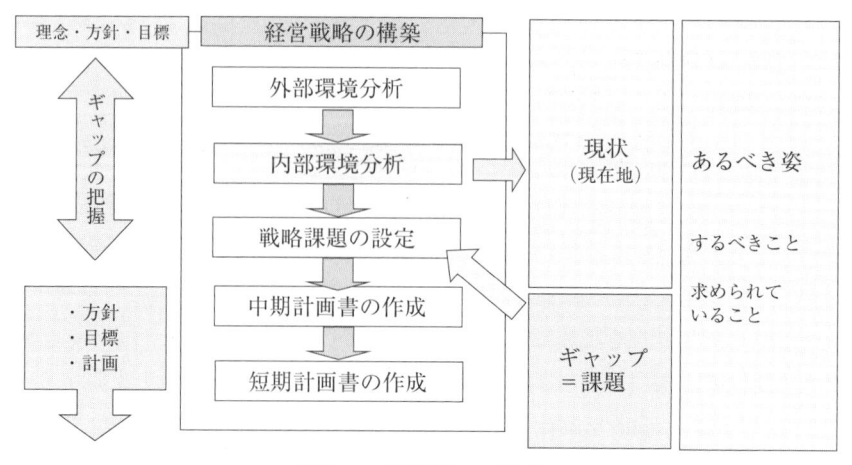

図15　経営計画の作成
― 内部環境分析 ⇒ 戦略課題の設定 ―（谷村　誠　作）

表10　経営戦略作成シート（内部分析の例）

項目	現状の姿	
	強み（できている）	弱み（できていない）
経営理念	経営理念の設定はできている	経営理念の明示と周知徹底ができていない。理念を浸透させる仕組みづくりが必要
経営戦略（方針・目標・計画）	理事会・評議員会は役員の見直しなど図り、機能の強化が進んでいる。法人全体の経営計画の策定・実行・評価・見直し（PDCA）また評価・分析に基づいた経営計画（長期・中期・短期）の策定などが自主的に行われ風土化されている	法人本部機能の強化が図れていない。競合他社（企業、NPO、他の社福）に関する情報の収集・把握、制度に関する情報の収集・把握、行政との連携及び情報の把握ができていない
組織の活性化・人材づくり	経営計画に基づいた目標の設定（組織）やキャリアバスの明確化、またキャリアバス、研修計画に基づいた目標の設定（個人）は明確になっている	組織風土診断により、コミュケーションが取りやすい組織風土づくり及び経営計画の周知徹底と組織全体での共有化がなされていない。また、職員参加による改善の取り組みが更に必要
技術力	キャリアパスシステムの確立とサービスの標準化と充実（SDCA）及びサービス提供方針の明確化はできている	研修体系の確立（OJT・OFF-JT・SDS）及び個別研修計画の作成、また、評価・改善の仕組みづくりと実践ができていない
信頼性（利用者・地域・関係機関・行政）	人権を尊重したサービスの提供、利用者との信任関係の構築及び保護者等との信頼関係の構築はそれぞれに計画通り進められている	地域に開かれた法人づくり、信頼を得るための情報発信、福祉に対する理解の促進、地域のつながりの構築、まちづくりへの貢献及び多様な主体との連携・協力が確立されていない
安全性	予防（発生確率の低減）する、また、被害規模（ダメージ）を小さくする、の活動は意図的、計画的に風土化されつつある	安全で健全な職場環境の確立及びクライシスマネジメントは不十分である

（谷村　誠　作）

　あるべき姿から現状を計る方法はさまざまありますが、「保育所の自己評価」を例にとると、法人に複数の施設がある場合は、各施設より職員を出し合って評価者になり、自分たちで作成したチェックリストをもとに、一つの園を1日かけてチェックし評価します。そして、評価結果を報告し合い強みと弱みを把握します。評価を受けた園は、課題を設定し改善を目指し新たな目標を設定します。そして、次回の開催日には、その改善報告をします、というような流れです。法人に1施設の場合は、お互いに賛同できる園が集まり実施すればよいでしょう。

　評価者も保育士だけではなく、調理師や他の職種の者に、また、法人内に介護施設がある場合は、介護士に評価者を務めてもらうのもよいでしょう。例えば、以上児、未満児などはいわゆる業界用語であって、一般には使われない言葉です。専門家として努めているうちに、常識的な視点から外れているようなことに気がついていないことも時にはあります。むしろ、そのような方のほうが、利用者や保護者に近い目で評価することができます。また、民生委員など地域の方々や小学校の先生方にも評価者として参加いただくのも、園が質の改善を目指して努力している姿を認識いただける機会にもなります。

　そして、併せて評価者側は、目を肥やすトレーニングにもなり質を高める機会ともなります。研修カリキュラムの一つとして位置付けることにより一石二鳥となります。

　そのほか、定期的な利用者アンケート、意見箱、行政指導監査、監事監査、そして第三者評価の受審なども「現状を計る方法」の一つとして積極的に取り組みたいものです。

　⑧　経営計画の作成 ― 現状分析（内部環境分析の具体例）

　次の表は、第三者評価項目を物差しとして評価を行った例です。「ときには戸外で食べるなど、さまざまな食事のスタイルの工夫がある」という項目を自己評価してみて、自園は、テラスで四季を感じながら食事をしたり、時には近くの森に出かけてみたり、そしてそのことを保護者も喜んでくれている。よって、この項目に関しては「強み」として整理しよう。

　また、「子どもが育てた野菜などを料理して食べることがある」ことに関し

項目			評価の着眼点	評価
A－1　子どもの発達援助	1－（2）健康管理・食事	⑤食事を楽しむ事ができる工夫	216 食事をする部屋としての雰囲気づくりに配慮している	○
			217 子どもが食べ物に関心を持つよう工夫している	▲
			218 個人差や食欲に応じて、量を加減できるように工夫している	○
			219 子どもの負担になるほどに、残さず食べる事を強制したり、偏食を直そうと叱ったりしていない	○
			220 子どもが落ち着いて食事を楽しめるように工夫をしている	○
			221 時には戸外で食べるなど、さまざまな食事のスタイルの工夫がある	◎
			222 子どもが育てた野菜などを料理して食べる事がある	×
			223 子どもが配膳や後片付けなどに参加できるよう配慮している	○
			224 調理作業をしている場面を子ども達が見たり、言葉を交わしたりできるような工夫を行っている	○

項目	現状の姿		現状の課題
	強み（できている）	弱み（できていない）	
子どもの発達援助		子どもが食べ物に関心を持つよう工夫している	
		子どもが育てた野菜などを料理して食べることがある	子どもが野菜作りをしたこともないし、それを料理して食べる体験の機会もない
	時には戸外で食べるなど、さまざまな食事のスタイルの工夫がある		

図16　経営計画の作成（演習）
― 内部環境分析 ⇒ 戦略課題の設定 ―（谷村　誠　作）

ては、まったく取り組みをしていないので、「弱み」である、といった具合に現状の姿を評価し確認し合います。そして、取り組むべき優先順位をつけて「現状の課題」として設定します。ここでは、「子どもが野菜作りをしたこともないし、それを料理して食べる体験の機会もない」ということを現状の課題として設定しました。

⑨　中期計画書の作成

現状の課題が設定できれば、その課題解決のために計画書を作成するのですが、まず、3年から5年のスパンで中期計画を作成した例です。

「将来の姿」すなわち、5年後の目標（ビジョン）を「自分たちが育てた野菜を、料理して食べる体験を、保育に取り入れる」としました。目標は、可能な限り具体的に設定します。数値化する、または、できたかできなかったのかを目でみて確認できる（見える化）具体的な目標を設定することが必要で、数値化や見える化ができない目標は設定しないことです。

続いて、ビジョンを達成するための方法（方針）を職員全員で出し合いま

中期計画書

現状の課題	将来の姿 —ビジョン— 5年後の目標・最終の目標	ビジョンを達成するための方法（方針）	期限	責任者	スケジュール				
			期限と責任者は必須		24年度	25年度	26年度	27年度	28年度
子どもが野菜作りをしたこともないし、料理して食べる体験の機会もない、それを	自分達が育てた野菜を、料理して食べる体験を、保育に取り入れる	職員自身が野菜作りに関し、知識を得る	H26.3	野菜いもこ		→			
		職員自身が野菜を使った料理に関して知識を得る	H26.3	知識 得子		→			
		子どもが栽培の楽しさを知る	H29.3	栽楽 知子			→		
		子どもが料理に興味を持つ	H27.3	興味持太郎		→			
		子どもが食物の育ちや素材の味を理解する	H29.3	素材 育子			→		
		子どもが野菜で作った料理に興味を持つ	H27.3	興味 持子		→			
		家庭でもクッキングを体験し、興味を深める	H29.3	興味深太郎			→		

可能な限り具体的に

図17 経営計画の作成（演習）
— 中期計画書の作成（3〜5年）—（谷村 誠 作）

す。ここでは、質より量の観点でバズ討議やポストイット（付箋）などを使ったできるだけ多くの意見が出される会議の方法がよいでしょう。

　出された意見をもとに優先順位なども考慮しながら方針として改善のための方向性を定め、次に大切なこととして、期限の設定と担当者を決定しますが、これは必須項目です。

⑩　短期計画書の作成

　ここでは（表）、中期計画書で設定した方針の中で、「職員自身が野菜作りに関し、知識を得る」を例で取り上げました。期限は平成26年3月までで、その方針を達成するために今年度は具体的に何をするのかを計画するのが 短期計画書です。

　具体的手段（過程の目標）を「実行計画」「目標値」「評価指標」の順で定めていきます。実行計画は中期計画書作成の要領と同じようにできるだけ多く

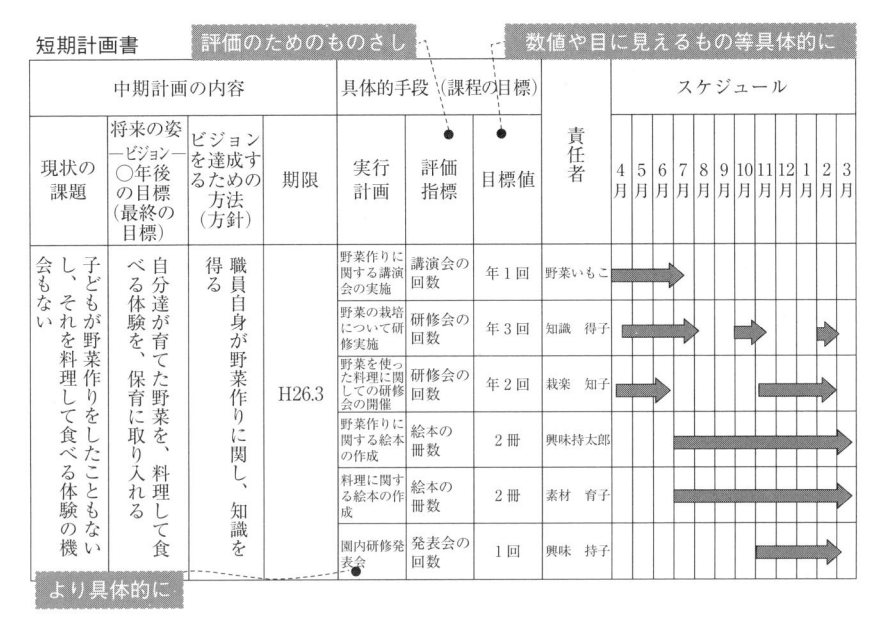

図18　経営計画の作成（演習）
― 短期計画書の作成（1年）―（谷村　誠　作）

の意見を出し合って、"より具体的な表現"で手段を決定します。次に目標値を決めるのですが、前述のとおり、数値や目に見えるものなど具体的に定めます。その具体的な視点とは、「観察することができるか（見える化）」または、「数えられるか（数値化）」ということです。そして、評価のための物差しが何なのかを「評価指標」に書き込みます。あとは、いつからいつまでに行うのか、のスケジュールを検討し出来上がりです。

⑪　PDCA の実践のポイント

PDCA サイクルの実践のポイントは Check （評価）をしっかりと行うということです。Check（評価）を、しっかりやらないと、的確な Action（改善）もできないし、Plan（計画）も立てることできません。ここを適当にやるのであれば、意味はなく時間の無駄です。「目標は理念に沿ったものであったか」「目標は実現可能なものであったか」「目標は全員で共有できるものであったか」「目標実現のために具体策は適当であったか」「目標は明確であったか」「実

88

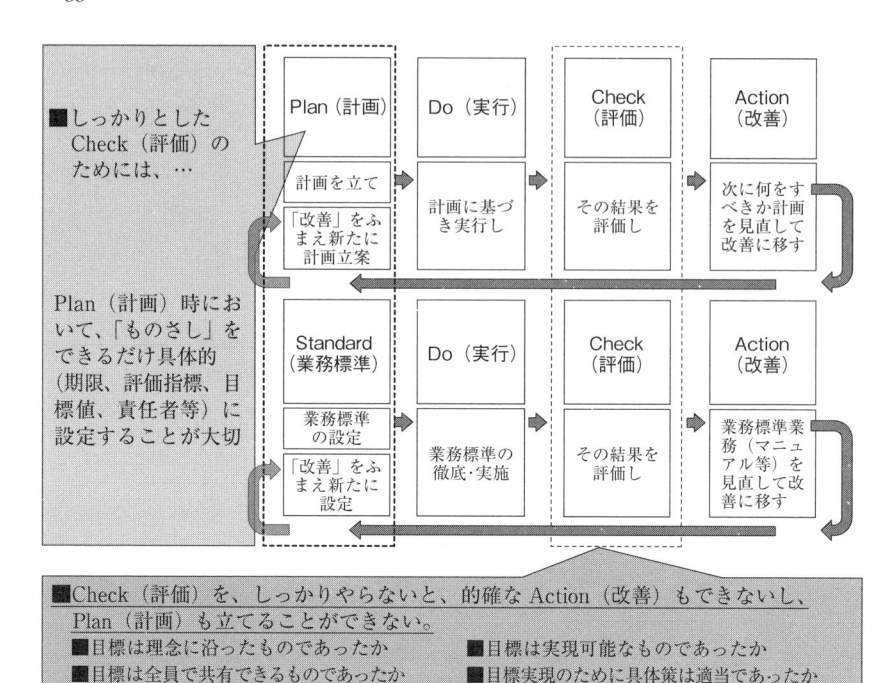

図19　PDCA の実践のポイント　プロセスにおいて成長するために
（谷村　誠　作）

行中のマネジメントは適切に行われたか」などの視点で、明確に評価しましょう。

　そして、しっかりとした評価をするためには、Plan（計画）時において、「ものさし」をできるだけ具体的（期限、評価指標、目標値、責任者等）に設定することが大切です。

　⑫　PDCA を風土化する

　業務のあらゆる場面で、職員の主体的な PDCA サイクルによる営みによりマネジメントされることが理想ですので、組織の中でPDCA の "風土化" を目指すことでしょう。

　日常の業務のあらゆる場面に PDCA の要素を組み込むために、記録や報告書などの様式を見直すことから始めてみることを提案します。おそらく、少し

― 日常の業務のあらゆる場面に PDCA の要素を組み込む ―

■記録・報告書等の様式を見直すことから始めましょう
　簡素に（無駄な項目は省く）
　すべての様式に PDCA の項目を入れる（できれば横書きで）

項　目	P	D	C	A

図 20　PDCA を風土化する

ずつ現場での業務の進め方なども良い方に変化してくるのではないかと想像します。見直しの1つ目は、できるだけ簡素に無駄な項目は省くこと、そして、様式の中に PDCA の項目を入れます。もう少し付け加えるとすると、できれば左から右に記入するような横書きの方がよいでしょう。縦に PDCA となる様式の場合、例えば一つの評価項目（C）が、どの計画（P）を指しているのかが分かりにくく、それに対して横書きの場合は一目見てわかります。できれば横書きをお勧めします。

　また、行事などの毎年繰り返しの業務は、同じファイルに綴ったほうがよいでしょう。前回の PDCA、特に、CA をすぐ確認できますので、つながりのあるマネジメントが可能になります。

　法人全体で風土化させていくには、それぞれの担当者や委員会などに1年間の報告・発表の機会があると、職員のモチベーションも上がり継続され、風土化されていきます。

　そのためには、法人の事業計画書や事業報告書を見直すことをお勧めします。その様式もやはり、PDCA の要素を取り入れることにより、法人全体の業務が変化していくものと想像します。理事会の議論においては、「安全性」「信頼性」「知識・技術」の 三要素は、議論され意思決定し役員の中で周知されてなければなりません。

　例えば「安全性」に関して、「どのような目標を立てて」「その目標は達成できたのか、できなかったのか」また、「なぜ、達成できなかったのか」「ではどのように改善するのか」「改善を踏まえ次の目標は」といった具合です。

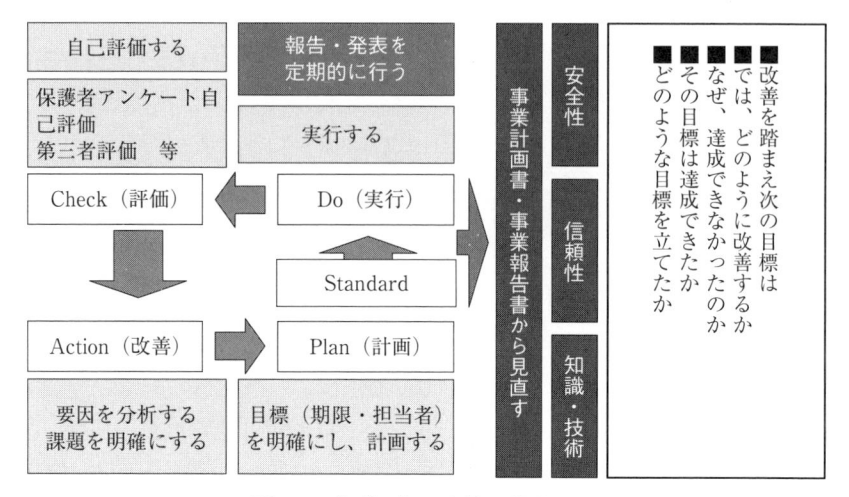

図21　まず、何から取り組むか？
― SDCA・PDCA サイクルを法人全体で風土化させる ―（谷村　誠　作）

このような視点で事業計画書及び事業報告書を見直していることにより、全体の業務のあり方も PDCA サイクルに沿った業務の展開に変わります。

3）組織を活性化させる（組織の活性化）

①　目標を設定する

組織を活性化するための条件の１つは、まず、個人及び組織全体で目標を明確に設定し、前述の PDCA サイクルを実践することです。その場合、活性化を図るには、すぐ手に届くようなものではなく、少し努力をしないと達成できないような目標（ストレッチという）を設定することがポイントです。ストレッチとは、ストレッチ体操からの言葉で、"心地よく無理をする"という意味合いです。困難なことや、壁を乗り越えていかないと成長はありません。すぐ、手に届くようなものではなく、少し背伸びやジャンプをしないと届かない目標を設定することが大切です。

②　情報を公開する

２つめは、コミュケーションが取りやすい組織風土づくりや組織全体での情報の共有化を図り、業務のプロセスを共有することです。

面接制度や専門委員会の設置など、コミュケーションの定例化を図り、コ

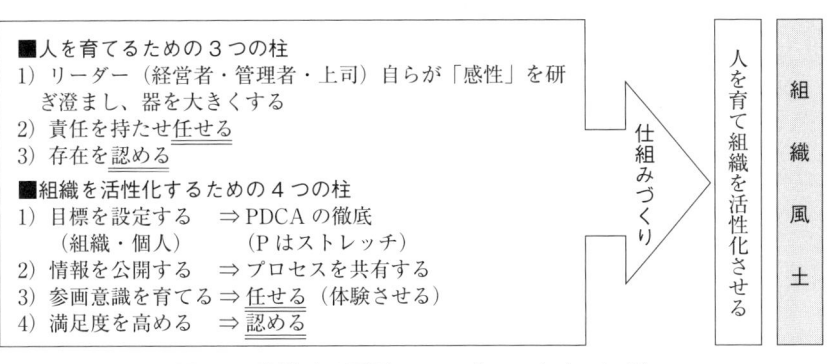

図22　動機づけ要因へのアプローチ（つなぐ）
（谷村　誠　作）

ミュケーションが取りやすい組織風土づくりに努めること、また、職員が主体的に取り組めるように、常に組織全体で情報を共有できる仕組みをつくり、業務のプロセスを共有することが大切です。

　プロセスを共有する、ということは、1から一緒に始めるということで、決まったことだけを伝えられ指示されるような上司と部下との関係では、やる気も出ませんし、そこには「成長」も期待することはできません。部下への指示は、まず、その業務の目的を伝えること、これは、すべての職員に共通することです。目的だけを伝えることによって、期待通りの業務をこなせる職員もいます。ここからは、それぞれの職員の能力に応じてということになりますが、次は目的を達成するための手段の方向性（方針）を示すこと、最後は、手段を具体的に示す、という順になります。

　③　参画意識を育てる

　3つめは、職員参加による改善の取り組みや、担当制、提案制度、委員会活動などの任せる仕組みづくりなどにより参画意識を育てることです。アブラハム・マズロー（1908－1970 アメリカ　心理学者）の説では、人間の欲求は5段階（①生理的欲求②安全の欲求③社会的欲求④尊厳欲求⑤自己実現欲求）のピラミッドのように構成されていて、低階層の欲求が充たされると、より高次の階層の欲求を欲するとされています。

　職員は組織に所属し、基本的には③社会的欲求までは充たされているとする

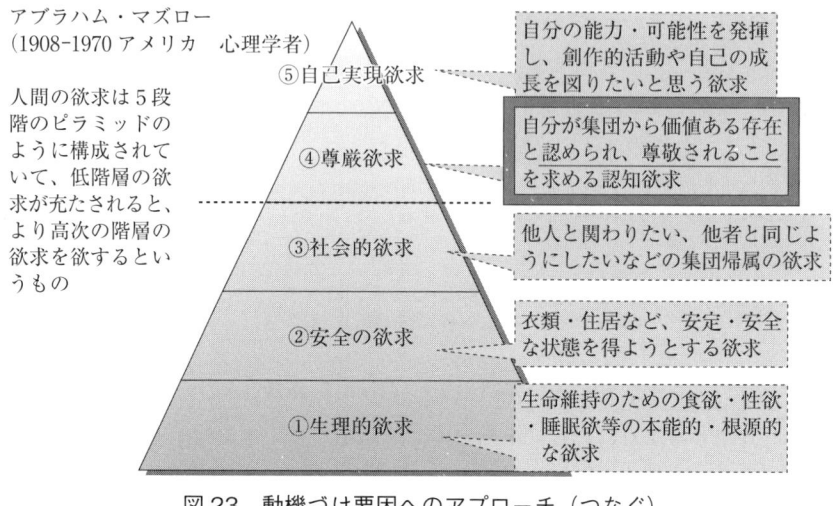

図23　動機づけ要因へのアプローチ（つなぐ）
ー やる気を引き出すには ー

と、次は、「集団から価値ある存在と認められ、尊敬されたい」という④尊厳欲求の段階となります。さらに、それが充たされれば、「自分の能力・可能性を発揮し、創作的活動や自己の成長を図りたい」とする⑤自己実現欲求へと移ります。

　マズローの説が真理だとすると、組織活性化の次の取り組みは、「参画意識を育てる（任せる）」ことで、職員参加による改善の取り組みや、担当制、提案制度、委員会活動などの「任せる」仕組みづくりにより参画意識を育てることが大切です。人は、任せてもらうことによって責任感が育ち、任せてもらうことによって、モチベーションも上がります。任せてもらっているから、"心地よく無理ができる"、すなわち、「ストレッチ」となり、成長できるのです。

　すべての業務を自分一人で抱え込み、他人に仕事を「任せられない人」の下では、人は成長できません。「任せられない人」の共通した考え方は、「こんなことを任せてもあの子はできない」と言いますが、言っている本人も、最初からできたのでしょうか、任せられたからできるようになったのであって、だれ

もが最初からできたのではありません。"任せる"、そして、参画意識を育てて
いこうとする風土づくりと仕組みづくりが大切です。

　そして"任せる"ためには、マニュアルの整備・周知などの標準化や、ミス
をなくすために、不必要な業務をなくし簡素化するなど、業務の単純化がポイ
ントとなります。

　④　満足度を高める

　4つめは、面接制度、評価制度、研究発表の場などの認める仕組みづくり
や、職員の定着率向上を図るための仕組みづくりなど、職員を認め、満足度を
高める仕組みづくりが組織の活性化には効果的です。

　大人も子どもも同じで、認められることにより自己肯定感を味わう体験をし
て自信をつけ成長できるのです。職員さんに長く勤めていただくためにも、業
務の中で、認められる機会が多くなるようさまざまな仕掛けや仕組みをつくり
ましょう。

4）学習と成長の仕組みづくり（人材育成・技術）

　①　人事・労務管理にあたっての基本的な視点

　社会福祉施設は、他業種とは違い圧倒的に女性が多い職場です。その特性を
改めて認識し、短時間勤務の導入や時間外労働の削減、時差出勤の免除など、
女性が仕事と生活の両立ができる働きやすい職場づくりに真剣に取り組まなけ
れば明日はありません。

　フレデリック・ハーズバーグ（1923-2000 アメリカ臨床心理学者）は、不満
要因（上司との関係・給与・処遇等）をいくら取り除いても、不満足感を減少
させる効果しかなく、満足感を引き出すことには繋がらない。仕事の満足感を
引き出すには動機づけ要因（達成感・承認・責任等）にアプローチしなくては
いけないとしました。

　よって、まずは、不満要因を取り除く努力は不可欠です。メンタルヘルス、
腰痛防止策、その他労働災害への対応やセクハラ・パワハラのない心身共に健
康で健全な職場づくりや、賃金水準、有給取得率、時間外労働時間数の指標化
による管理など、職員処遇の水準を定期的に評価し、改善する取り組みが必要
です。その上で、次に仕事の満足感を引き出すために、動機づけ要因（達成

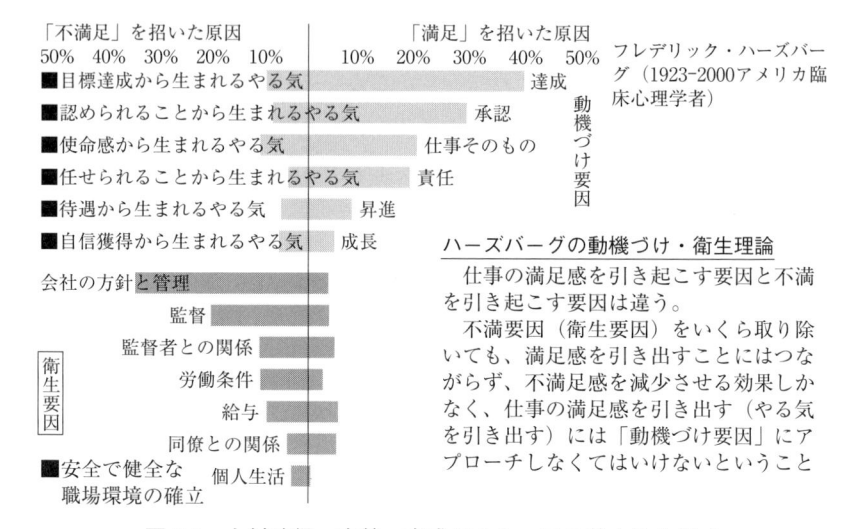

図24　人材確保・定着・育成にあたっての基本的な視点
（谷村　誠　整理）

感・承認・責任等）にアプローチすることとなります。

　②　福祉人材確保のポイント

　今や、日本全体の生産年齢人口も減少しています。さらに、福祉業界にいたっては、資格を持っていても就業しないものも多い状況です。併せて、離職者が多いとの指摘もあります。

　そのような中で、人材確保を行っていくには、2つの視点から進めていく必要があります。1つは、1法人だけではできないこと、これは、組織や行政も含め業界全体で取り組まなければなりません。養成校との連携・マッチングの強化・人材開拓、すなわち、福祉人材を増やしていくこと、また、人員配置などの改善と処遇の改善、いわゆる質の向上、そして、業界全体のイメージアップなど社会的な評価を高めていかなければなりません。

　もう1つは、それぞれの法人で取り組むべきこととして3つあります。1つは、採用の仕方に工夫を加えたり、一度離職した者を再雇用しやすくしたり、「集める」仕組みの強化です。2つ目は、前述のフレデリック・ハーズバーグ（1923-2000アメリカ臨床心理学者）の理論に基づき、不満要因（衛生要因）

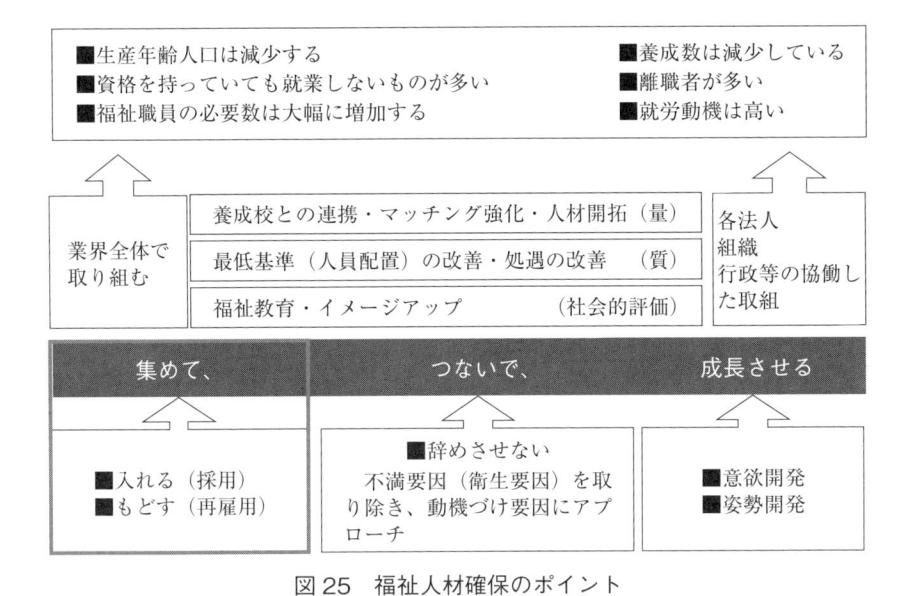

図25　福祉人材確保のポイント

を取り除き、動機づけ要因にアプローチする、辞めさせないように「つなぐ」ということ、そして、意欲開発、姿勢開発など「成長」の仕組みを強化する、ことです。

③　集める（入れる・もどす）

社団法人全国保育士養成協議会専門委員会の「指定保育士養成施設卒業生の動向及び業務の実態に関する調査」（平成21・22年度課題研究）によると、「現在の職場を選ぶ際に重視したこと」は問いに対して一位から、通勤の便利さ44.9%、雇用形態（正規雇用）32.5%、給与23.4%、仕事の内容21.6%、職場の人間関係20.1%、労働時間18.1…となっています。これらはすべて衛生要因です。よって、前述のとおり、まずは、不満要因を取り除き、心身共に健康で健全な職場づくりが必要であることは、「集める」ことにおいても大切なことと言えるでしょう。

求人・募集の方策として、人材センター・ハローワーク、求人広告、地域のミニコミ誌、求人サイト、ホームページ、就職セミナー、合同説明会、職員採用パンフレット、学校訪問、紹介、実習生・ボランティア、シニア世代へのア

求人・募集方法の工夫

■人材センター・ハローワーク

■求人広告

■地域のミニコミ誌

■求人サイト、ホームページ

■就職セミナー、合同説明会

■職員採用パンフレット

■学校訪問

■紹介

■実習生・ボランティア

■シニア世代へのアプローチ

■貸付事業（準備金・学費）

■組織（種別協）全体での取り組み求職者・求人の募集からマッチングまで（保育士・保育所支援センター）

離職率低下と相関関係が認められた方策
「めざせ人材定着」兵庫経営協H24.4

■就職フェアーでの「求職者用パンフレット」の配布

■リクルーター（新人採用担当者）制度の導入

■目的・計画を明確にした実習生の受け入れ

■実習の位置づけを高め、養成校との連携強化
■実習の長期化やインターンシップなどを活用し就職へのモチベーションを高める

図26　求人・募集の方策（集める）

プローチなどがありますが、各法人において、それぞれに工夫を加えることが大切です。

　兵庫県経営協の「めざせ人材定着」（H24.4発刊）の調査結果では、次のような方策をとっている法人は離職率が低いとしています。就職フェアーでの「求職者用パンフレット」の配布、リクルーター（新人採用担当者）制度の導入、目的・計画を明確にした実習生の受け入れ（実習の位置づけを高め、養成校との連携強化する・実習の長期化やインターンシップなどを活用し就職へのモチベーションを高める）などです。

　いずれにせよ、この日本では、約7割が潜在保育士として資格を持ちながら保育士として働いていないわけですので、その層を掘り起こすために、特に衛生要因などの職場環境を整え、今までの既成概念にとらわれず、短時間勤務や希望に沿える勤務時間帯の工夫や業務内容の設定など、1から考え直してみることも必要ではないかと考えます。

　潜在保育士の中には、一度も保育士として就職していない人もおり、その中には、実習において理想と現実のギャップを感じて就職をしなかった人も多い

表 11　都道府県別の潜在保育士数

		登録数（注1）	保育士数（注2）	潜在保育士数	潜在保育士率
1	北海道	46,524	12,208	34,316	73.8%
2	青森	15,431	5,791	9,640	62.5%
3	岩手	11,747	4,382	7,365	62.7%
4	宮城	18,682	4,339	14,343	76.8%
5	秋田	9,190	3,879	5,311	57.8%
6	山形	10,043	3,358	6,685	66.6%
7	福島	16,821	3,957	12,864	76.5%
8	茨城	22,035	7,656	14,379	65.3%
9	栃木	16,992	5,383	11,609	68.3%
10	群馬	19,326	6,709	12,617	65.3%
11	埼玉	57,619	15,794	41,825	72.6%
12	千葉	45,481	12,535	32,946	72.4%
13	東京	89,991	36,891	53,100	59.0%
14	神奈川	66,947	19,780	47,167	70.5%
15	新潟	19,681	9,645	10,036	51.0%
16	富山	10,863	4,618	6,245	57.5%
17	石川	12,745	5,598	7,147	56.1%
18	福井	8,657	3,763	4,894	56.5%
19	山梨	9,553	2,846	6,707	70.2%
20	長野	21,977	7,635	14,342	65.3%
21	岐阜	20,586	6,034	14,552	70.7%
22	静岡	28,957	9,391	19,566	67.6%
23	愛知	65,983	21,671	44,312	67.2%
24	三重	18,511	6,615	11,896	64.3%
25	滋賀	14,983	5,366	9,617	64.2%
26	京都	24,685	9,258	15,427	62.5%
27	大阪	71,477	24,927	46,550	65.1%
28	兵庫	48,683	14,031	34,652	71.2%
29	奈良	16,310	4,132	12,178	74.7%
30	和歌山	9,338	2,966	6,372	68.2%
31	鳥取	7,025	2,815	4,210	59.9%
32	島根	8,430	3,571	4,859	57.6%
33	岡山	20,361	6,951	13,410	65.9%
34	広島	28,948	9,800	19,148	66.1%
35	山口	14,570	4,260	10,310	70.8%
36	徳島	8,486	2,854	5,632	66.4%
37	香川	8,597	3,331	5,266	61.3%
38	愛媛	13,120	4,211	8,909	67.9%
39	高知	8,739	3,522	5,217	59.7%
40	福岡	50,478	15,997	34,481	68.3%
41	佐賀	9,587	3,201	6,386	66.6%
42	長崎	16,887	5,782	11,105	65.8%
43	熊本	19,519	7,828	11,691	59.9%
44	大分	11,580	3,747	7,833	67.6%
45	宮崎	13,327	5,386	7,941	59.6%
46	鹿児島	19,178	6,650	12,528	65.3%
47	沖縄	17,071	6,728	10,343	60.6%
48	全国	1,125,721	377,792	747,929	66.4%

（注1）平成 24 年 4 月 1 日現在　（出典）厚生労働省保育課調べ
（注2）平成 23 年 10 月 1 日現在　（出典）平成 22 年社会福祉施設等調査（厚生労働省統計情報部）
・平成 23 年は、東日本大震災の影響で宮城県と福島県の 28 市町村で調査未実施。
※潜在保育士＝保育士登録者数－保育所保育士数

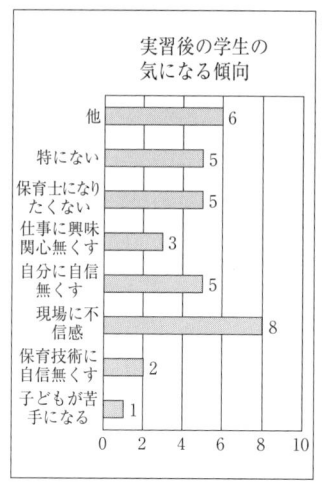

実習後の学生の
気になる傾向

項目	値
他	6
特にない	5
保育士になりたくない	5
仕事に興味関心無くす	3
自分に自信無くす	5
現場に不信感	8
保育技術に自信無くす	2
子どもが苦手になる	1

◆ 養成校側から

● 担当保育士からの助言の仕方で自信をなくしたり実習前のイメージと違うことで戸惑いを感じるケースがある

● 一部ではあるか、毎年職場の人間関係や子どもへの接し方に疑問を抱いて保育士としての就職を断念する学生がいる

● 不信感ということではないがクラスによって雰囲気が違うとか厳しい先生や優しい先生がいるという感想をもつ

● 保育士に向いているのかなど自分自身を見つめなおす機会になっている

● 社会に出ることの厳しさを感じる学生、やりがいを感じている学生一人ひとり違いますが、社会人としての自覚を促されるようである

● 実際に子どもに触れ合えたことが楽しかった。先生方に優しく指導していただいたり、厳しく指導して下さった園もあり、学生にとってはいずれにしてもよい出会いと感謝している

● 園によって同僚の悪口が聞かれる時が一番辛いようである

● 保育者同士あるいは上司の批判

● 教職員の仲が悪いとき不信感を持つようだ

図 27　保育園と養成校との連携の課題
（公社）神戸市私立保育園連盟　広報普及③委員会調査（2010.2）より

と養成校の先生方からも指摘を受けています。公益社団法人神戸市私立保育園連盟の調査によると、「担当保育士からの助言の仕方で自信をなくしたり、実習前のイメージと違うことで戸惑いを感じるケースがある」「一部ではあるが、毎年職場の人間関係や子どもへの接し方に疑問を抱いて保育士としての就職を断念する学生がいる」「園によって同僚の悪口が聞かれる時が一番辛いようである」など、現場への不信感が募り就職しなかったケースも少なくないようです。実習生を受け入れる段階から、目的を明確にし、その価値観を職員全体で共有して取り組まなければなりません。

　④　つなぐ（辞めさせない）

　福祉業界は、離職率が高いと言われますが、他の業界や全産業の平均をみますと、わが国では、大学の新規学卒者の離職率は、3年間の間に、約3割、短大卒業者の場合は、約4割、この状態がここ20年続いています。

　それに対して、社団法人全国保育士養成協議会専門委員会の「指定保育士養成施設卒業生の動向及び業務の実態に関する調査」（平成21・22年度課題研究）によると、保育士は54.9%離職しています。そして、退職の理由は、多い

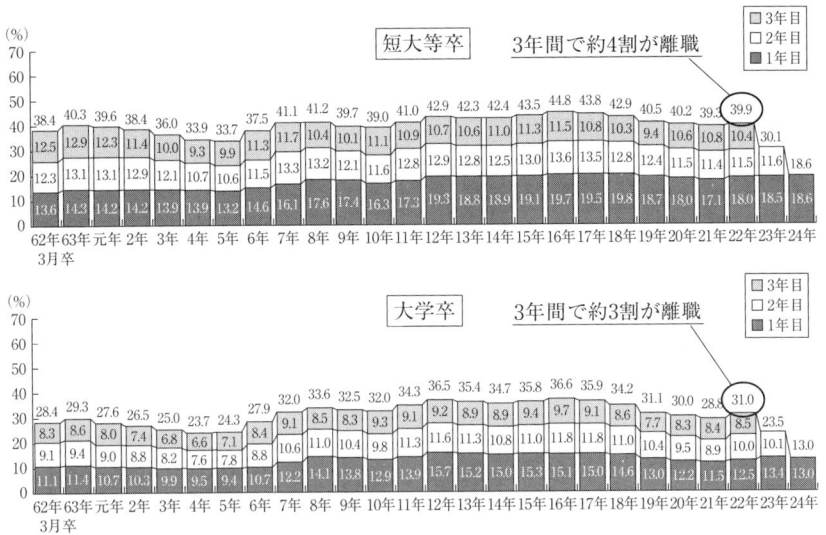

図 28 "離職者"が多いのは福祉の職場だけか？
新規学卒就職者の在職期間別離職率の推移

順に、「職場内の人間関係が嫌だと思ったとき」「仕事が多すぎて疲れを感じたとき」「園・施設の方針に疑問を感じたとき」「仕事に見合う報酬が保障されないとき」「勤務時間が長く休みが取れないとき」……と続きます。これらもすべて衛生要因です。よって、「つなぐ」においても健全な職場環境の確立が大切であることはこの調査からもわかります。

　ただ、このような状況にあるのは保育業界だけではありません。「若年者の離職理由と職場定着に関する調査」（現職　独立行政法人　労働政策研究・研修機構　平成 19 年）のとおり、全産業の傾向であり共通した課題なのです。

　また、国全体の傾向としては、出産前に仕事をしていた女性の約 6 割が出産を機に退職しているという状況が、ここ 20 年間続いています。いわゆる M 字型ですが、依然として女性の就業継続は、難しいということですが、特に、社会福祉施設においてはその大半が女性職員で占めており、女性が働きやすい

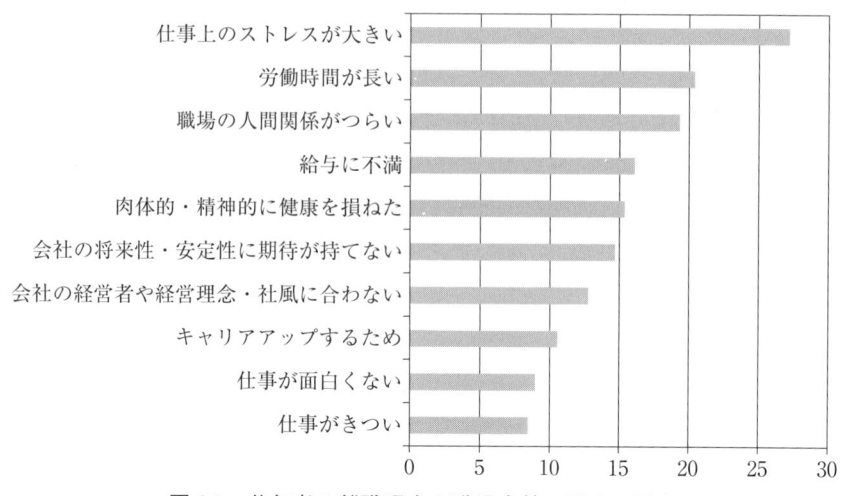

図29　若年者の離職理由と職場定着に関する調査
（現職、独立行政法人、労働政策研究・研修機構　H19）

職場環境にするには他の産業よりもかなりの努力が求められるところです。その中にあって、介護職員のデータではありますが、他の法人と比較において社会福祉法人は、離職率の低下に向けての努力がうかがえるところです。

⑤　つなぐ（辞めさせない）― 職場研修の方法

兵庫県経営協の「めざせ人材定着」（H24.4 発刊）の調査結果では、研修体系の確立ができている法人は離職率が低いとしています。

経済的、時間的援助や、テキストの購入、自主学習のための会議室の使用を認めたり、自主研究の推進や発表会の開催など、SDS（資格取得支援制度）のしくみを設けているところ、また、非正規職員に対する研修の機会を確保したり、新任職員1人に対して、先輩職員1名が、1年間にわたり指導を担当するなどの新任職員指導担当者（チューター制度の導入）を設定しているところ、そして、委員会活動の推進や第三者評価の受審を積極的に行っている法人の離職率が低いことがわかりました。

職場研修の方法は、「OJT」「OFF-JT」「SDS」の 3 種類とされています。「OJT」は、職務を通じての研修で、業務上で、個別に助言などを通じて訓練を行う個別指導と ケースカンファレンスや委員会活動時に指導するなどの集

○出産前に仕事をしていた女性の約6割が出産を機に退職しており、育児休業制度の利用は増えているものの、出産前後で就労継続している女性の割合は、この20年間ほとんど変化がない

○第1子出産前後の女性の就業状況の変化

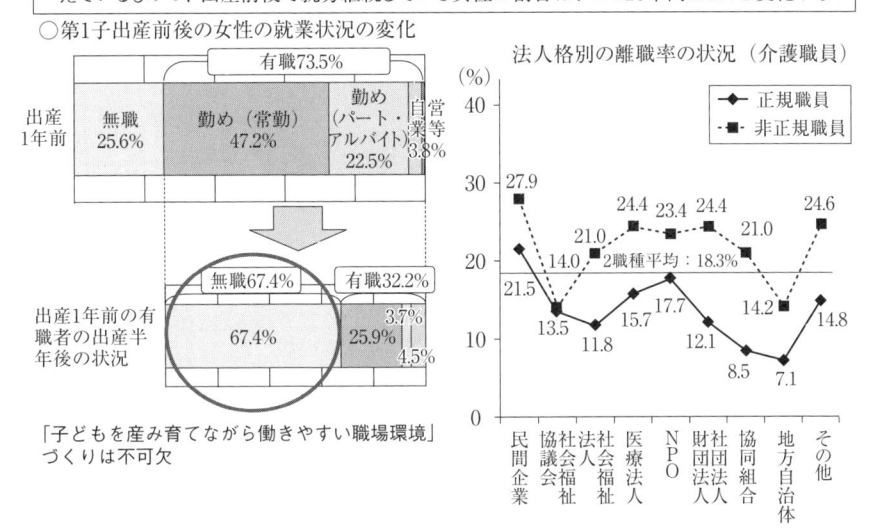

法人格別の離職率の状況（介護職員）

「子どもを産み育てながら働きやすい職場環境」づくりは不可欠

図30　結婚や出産をとりまく状況
― 依然として難しい女性の就業継続 ―
（資料）厚生労働省「第1回21世紀出生児縦断調査結果」（平成14年）

表12　離職率低下に効果のあった方策

■研修体系の確立（OJT・OFF-JT・SDS）
(1) SDS（資格取得支援制度）
　・経済的、時間的援助
　・テキストの購入、自主学習のための会議室の使用
(2) SDS（自主研究の推進、発表会の開催）
(3) 非正規職員に対する研修機会の確保
(4) 新任職員指導担当者（チューター制度の導入）
　・早期離職者の減少・先輩職員が育つ（OJT の本質）
　・新任職員一人に対して、先輩職員1名が、一年間にわたり指導
(5) 委員会活動の推進
(6) 第三者評価の受審

―「めざせ人材定着!!」兵庫県経営協　H24.4　より引用―

表13　研修体系の確立（OJT・OFF-JT・SDS）
― 職場研修の方法 ―

OJT	職務を通じての研修	個別指導	業務上の指導・助言・同行訓練・リーダー制度等	職務に必要な態度や価値観、知識や情報、技術や技能を習得する	意図的・計画的に指導・育成する	担当者任せにしない（定期的な報告）
		集団指導	ケースカンファレンスでの指導・委員会活動での指導等			
OFF-JT	職務を離れての研修	職場内	集合研修・定例学習会	職務に必要な態度や価値観、知識や情報、技術や技能を習得する	目的に応じたさまざまな研修技法により習得させる	受講報告・フィードバックの場を設ける
		職場外	都道府県実施の研修・種別協議会・団体及び地方組織の研修への派遣等			
SDS	自己啓発援助制度	職場内	職場内自主研究会や職員学習サークルの援助	職場が必要性を認めた職員の自己啓発活動を行う	経済的・時間的・物理的な援助を行う	
		職場外	職場外のさまざまな研修への自主的参加に対する援助等			

（谷村　誠　作）

団指導があります。職務に必要な態度や価値観、知識や情報、技術や技能を習得することが目的で、意図的、計画的に指導・育成を行います。ここでは、進ちょく状況など定期的に報告させるなど、担当者任せにしないことがポイントです。

　常に現場で目が離せない状況にある社会福祉施設職員は、職務を離れての研修（OFF-JT）が困難とされる中で、やはり職務を通じての研修（OJT）が効果的です。それを効率的に実践するには、外部からの視察時の説明や、実習生の担当などの業務に、PDCAの要素を取り入れ、意図的・計画的に指導するという、日常の業務のあらゆる機会をOJTとして位置付けることが、"時間がない、人がない"社会福祉施設の職場にとって有効です。

　「OFF-JT」は、職務を離れての研修で、集合研修や定例学習会などの職場

表 14　"つなぐ" ために―日常業務を OJT 化する
― OJT の実践のポイント ―

■ OJT を定例化する
　― 日常の業務のあらゆる機会を OJT として位置付ける ―

PDCA サイクルに沿って、「意図的」に「計画性」を持って日常の業務を指導		
利用者・保護者等との関わり	利用者・子どもとの関わり	苦情に対しての応対	利用者・保護者とのコミュニケーション
	利用者との契約	入園時の説明	保護者等の視察時の説明
上司と部下・スタッフ同士の関わり	OJT	自己評価事業の評価者	フィードバック研修の講師
	新人研修の講師	法人全体研修の発表者	人事考課・ミーティング
対外的な関わり	研究発表	実習生の担当・評価	ヘルパー研修の講師
	視察者への説明	地域へのプレゼン	第三者評価事実の受審

（谷村　誠　作）

内で行うものと、講演会などの外へ出かけて行う職場外があり、目的に応じた様々な研修方法により習得をさせることをねらいとします。受講報告やフィードバックの機会を設けることがポイントです。なぜなら、インプット（知識を得る・覚える）、アウトプット（説明する・発表する）とすると、アウトプットを前提にインプットするのと単にインプットするのでは、インプットの姿勢と結果が大きく違ってくるからです。よって、たとえ 10 分でも、出張の報告の機会があるなど、説明したり、教えたりするしくみがあれば効果的です。

　「SDS」は、自己啓発援助制度と呼ばれ、職場内の自主研究会や学習サークルの援助や職場外のさまざまな研修会へ参加するための経済的・時間的な援助を行います。

　⑥　つなぐ（辞めさせない）― 研修体系の確立 ―

　組織の活性化を図るには、まず「目標を設定する」ことから始めます。組織として、目的（経営理念）を達成するための手段である方針・目標（ビジョン）

表15 "つなぐ"ために ― 目標の設定
― キャリアパスシステムの確立・職員の教育・研修の充実 ―

職務階層	知的能力の要素	
	専門的知識	論理的思考力
スタッフ	●上司の一般的指示に基づいて、定型的業務を遂行する。	●法人・施設の理念・方針・目標及び上司の一般的指示を理解する。
リーダー	●上司の要点、指示に基づいて部分的に自らの判断により、日常業務を遂行する。	●法人・施設の理念・方針・目標を理解し部下、利用者等に確実に説明する。
マネージャー	●上司の要点指示に基づき、自らの判断に基づき確に処理する。	●サービス内容を高めるために、利用者のニーズを把握し、改善に努める。

■「育つ方向」の明確化（目指す職員像）

	新人職員	スタッフ	リーダー	マネージャー
専門的知識	●保育計画・指導計画に基づく	□新人研修講師（保育計画・指導計画）		●保育計画の策定・評価
	●指導計画の立案	●実習生の指導	□研究発表（外部）	●職員採用実務
	●記録のとり方・生かし方	□保護者への入園時説明・利用者との契約		●研究発表
論理的思考		□新人研修講師（マナー）		□内部評価事業受審
		□委員会委員	□委員会委員長	□人事考課ミィーティング
		■実習生の指導	□第三者評価事業受審	□第三者評価事業 全体責任者として受審

■「学ぶ内容」の明確化（研修カリキュラム）

（例）　　　　　　　　平成25年度　第1期　研修計画（個別）

職務（経験）	氏名	OJT ～職務を通じての研修～	OFF-JT ～職務を離れての研修～	SDS ～自己啓発援助制度～
マネージャー	田中英吾		■他分野の動向理解	□面接及び自己目標より
リーダー	早坂守子	□アドバイザー研修	■直近の制度、政策の理解	□科学的介護の実践
スタッフ	御狩通	□新人研修講師	■危機管理の理解	□OJTの研究
新人職員	●●●●	■指導計画の立案	■社会の動向、変化の理解	□介護士資格取得準備

（谷村　誠　作）

を設定し、それを実現するために、職員がどうあってほしいのかを明示するのです。すなわち、「育つ方向の明確化（目指す職員像）」です。目指す職員像の設定は、経験年数や職務階層別がわかりやすいでしょう。

　また、その作業に職員が参画すること、そして、定期的に見直す機会をつくることがポイントとなります。併せて、処遇と連動した制度の確立も必要です。よって、ここでの経営者層の役割の一つは、職員の「育つ方向の明確化（目指す職員像）」です。理想とする人材像の明確化や、処遇と連動した制度の確立などキャリアパスシステムの確立が必須となります。

　2つ目は、職員の「学ぶ内容の明確化」です。理想とする人材像を基に、新任、中堅、リーダーなどの職務階層別に法人の研修課程（カリキュラム）を策定し、研修体系を確立（OJT・OFF-JT・SDS）します。それに基づき、個別研修計画を立て、実践に移す。いずれも職員参画のもとに進めることと、定

表16　研修カリキュラム策定の基本的な視点

項目		人的環境（学習と成長）	組織・物理的環境
■質を高める（専門性と組織性の確立と充実）	専門性	■業種・職種固有の専門性 　事業や職種固有の専門性に関する知識や技術等 　・介護技術・保育技術・知識 　　保育内容・造形表現・音楽表現・身体表見・障害児保育・環境設定・自己決定利用者本位・自立支援に基づく介護 　・ケース本例　・制度や関係法令　など ■福祉職員共通の専門性 　福祉職場に従事するものとして、最低限理解しておくべき事項 　・対人援助技術　・家族援助技術 　・OA・パソコン操作技術 　・教養教育　・接遇・マナー　など	■物理的環境の専門性 健全で適切な物理的環境の確立 　・健康で安全な環境の確立 　・生活の場としての受容的環境の確立 　・適切な施設・設備・素材の充実
	組織性	■組織性（効率性と健全性） 　職業人・組織人として、組織活動を円滑かつ効果的に進めるために必要な知識や技術等 　・組織活動の方法 　・職場の問題解決法 　・コミュニケーションスキル 　・チームワークとリーダーシップ 　・自己啓発と人材育成の方法 　・目標管理（PDCA）技法 　・情報共有・記録・報告方法 　・危険管理（RM・CM） 　・コンプライアンス　など	■効率性 円滑（効率的）に業務を進めるメカニズムを組織の中に確立 　・経営理念を決め存在意義を明確にする 　・経営戦略を決め。実行する 　・組織を活性化させる 　・学習と成長の仕組みづくりをする ■健全性 組織を健全に統治する 　・緊密な利用者・地域との関係をつくる 　・危機管理　・適正利益を確保する

（谷村　誠　整理）

期的に見直すしくみをつくることがポイントです。

　研修カリキュラム策定の基本的な視点としては、造形表現や音楽表現などの知識や技術、いわゆる「専門性」と、その専門性を発揮するための土台となるコミュニケーションスキルやリーダーシップなどの「組織性」があります。

　勤務年数が浅い職員に対しては、できるだけ"引き出し"を多くするために

専門性を高めるトレーニングが必要でしょうし、一定の経験を積んだ職員に対しては、「組織性」を高めていかなければなりません。

　保育や介護は一人でするものではなく、チームで行っていくものであるにもかかわらず、現在は保育士や介護福祉士の資格取得には「組織性」に関する履修科目が含まれていませんので、組織として、職員同士が協力しあいながら進めていかなければならないという価値観やスキルを持ち合わせずに就職して、理想と現実とのギャップを感じてしまうという、"人間関係づくり"のプロとして資格を持ちながら、「人間関係」が理由で退職してしまう一つの要因かもしれません。「つなぐ」意味でも早急に見直していただきたいことです。

　⑦　つなぐ（辞めさせない）
　　　― 勤務年数が浅い職員へのサポート

　特に新任職員の場合、Stan-dard（業務標準）Do（実行）Check（評価）Action（改善）SDCA サイクルに基づいてのトレーニングが必要で、その前提となる、サービス提供方針を明確化することや、業務手順・マニュアルの整備など、サービスの標準化と充実は必須です。

　全国経営協の「社会福祉施設の人材確保・育成に関する調査報告書」によると、『現在あなたは上司や先輩に指導を仰がなくても、ほぼ独力で日常業務がこなせますか？　こなせるとすれば、就職後どれくらいの期間で日常業務をこなせるようになったと思われますか？』の問いに対して、老人関係施設は平均 1.34 年、障がい関係施設は、1.51 年、保育所は 2.38 年でした。

　また、全国保育士養成協議会の「指定保育士養成施設卒業生の卒後の動向及び業務の実態に関する調査」によると、

表17　社会福祉施設の人材確保・育成に
関する調査報告書（全国経営協）

【質問】
『現在あなたは上司や先輩に指導を仰がなくても、ほぼ独力で日常業務がこなせますか？
こなせるとすれば、就職後どれくらいの期間で日常業務をこなせるようになったと思われますか？』

【対象】			
老人関係施設	平均		1.34 年
障害関係施設			1.51 年
保　育　所			2.38 年

勤続3年までの間に、"保護者から感謝された"また、"職員から自分の保育を認められた"などの肯定的評価を体験した者はその後も継続して勤めているが、その体験が無い者は離職につながっているという結果があります。そのようなことから、特に就職後3年ぐらいの間は、丁寧にしっかりと、意図的、計画的に育てていくというサポート体制が必要であると言えるでしょう。

⑧　成長させる —— 大人も子どもも成長の仕組みは同じ

企業の人材育成は「能力開発」であり、能力開発のための目標は、意欲開発、姿勢開発を行うことで、自発性・主体性・責任感などの姿勢・意欲という土台を培っておけば、知識・技術は自ずから向上していく、という考え方です。それに対して、乳幼児期の教育の目標も、まさに、心情、意欲、態度を培うことですので、大人も子どもも同じです。よって、上司と部下や先輩と後輩などの関係で分からなくなった場合、子どもとの関係においては、どのように考えるだろうか、また逆に、子どもとの関係において、分からなくなった場合は、上司と部下のような大人同士ではどのようにしているかなど考えると迷った時、どうして良いかわからなくなった時のヒントになります。

「心情・意欲・態度」とは、好奇心・探究心・向上心、また知識や能力を継続的に高めようとする心もちや態度のことで、やがて能力という美味しい実を

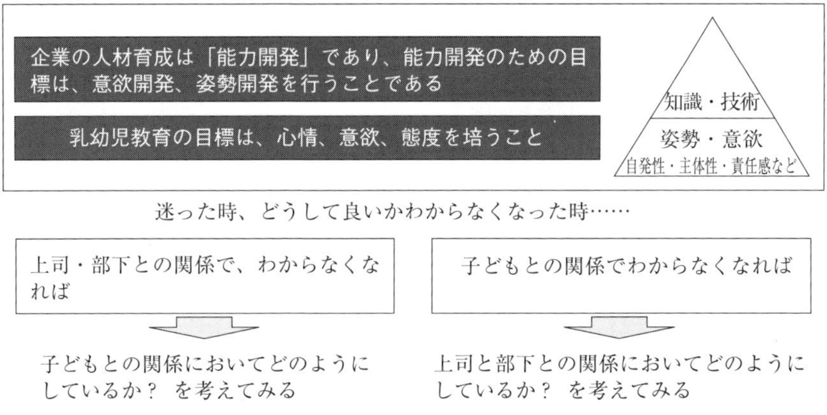

図31　「成長」のしくみは、子どもも大人も同じ
（谷村　誠　作）

つけるための養分を吸い上げる"根っこ"のことです。私たちは乳幼児期には
まず、その根っこを十分に育てることが大切だと位置付け、就学前教育の最終
の目標としています。よって、大人の場合も、心のケア（養護）を土台として
受容し存在を認め、「理解者」「共感者」、また、時には「共同作業者」となっ
て教育をすることが基本です。

⑨　成長させる ― 行動分析学

　大人の成長の仕組みも子どもと同じで「相互作用」によります。保育所保
育指針第二章に書かれているとおり、人は環境に特に人間となりますが、働き
掛けをし、その相手の反応や応答によって自信を獲得し、能力を培います。さ
らにその能力を持って働き掛け、相手の反応や応答により自信を獲得し能力を
得る、という人は意識、無意識にかかわらずこの繰り返しをして成長していま
す。

　よって、大切なことは相手の反応や応答です。言い換えれば、子どもの働き
かけに対して、どのような適切な反応や応答を保育士が返すことができるか、

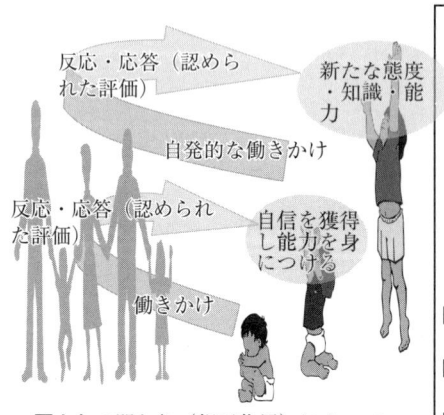
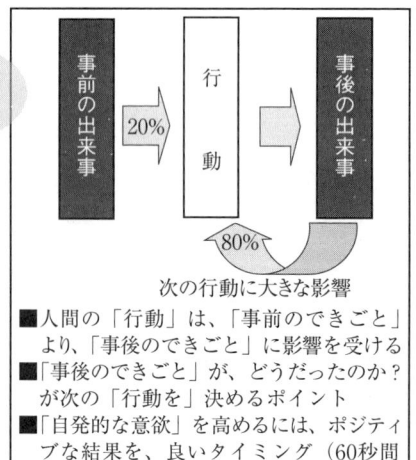

■人との関わり（相互作用）によって、
　人は成長・発達する。一生この繰り返し

■人間の「行動」は、「事前のできごと」
　より、「事後のできごと」に影響を受ける
■「事後のできごと」が、どうだったのか？
　が次の「行動を」決めるポイント
■「自発的な意欲」を高めるには、ポジティ
　ブな結果を、良いタイミング（60秒間
　ルール）で確実に与えることが必要

図32　動機づけ要因へのアプローチ（成長させる）
モチベーションが高まる風土づくり（行動分析学）
― 人の成長のしくみ ―（谷村　誠　作）

ということになるのですが、発達障害児の援助から企業でのマネジメント手法として使われている「行動分析学」が参考になります。

　人間の「行動」は、「事前のできごと」より、「事後のできごと」に影響を受ける、という基本的な考えに基づいて、「事後のできごと」が、どうだったのか？　が次の「行動を」決めるポイントとなります。「自発的な意欲」を高めるには、ポジティブな結果を、良いタイミング（60秒間ルール）で確実に与えることが有効だとの考えです。

　親は子どもに「我慢しなさい」（事前の出来事）と言います。そして、子どもは親の言われた通り我慢をします（行動）。この「行動」の後が大切になります。「行動」の事後の出来事が、その子どもにとって、ポジティブな結果だったのか、それともネガティブな結果だったのか、で次の行動が変わってくるのです。人は、事後の出来事よりも事前の出来事を意識します。上司と部下の関係であれば、どちらかというと仕事を指示する（事前の出来事）ことに力が入るわけですが、本来大切なのは、部下が指示通り仕事をこなした直後が大切なのです。「よくやってくれたね。僕も嬉しいよ」など部下にとって、ポジティブな結果により次の仕事へとつながります。「行動分析学」の基本的な考えは、望ましくない行動や欠点を補うことにエネルギーを使わず、できることを「強化」しながら長所を伸ばしていることにより、いずれ、望ましくない行動や欠点も補われる、ということです。よって、「できる」「今、できている」ことをしっかりと認め評価し、「しようとしている」ことを見ることのできる上司や先輩の存在が大切になります。

⑩　成長させる ― マネジメントスキルの基本

　組織は、チームとしての成果を出さなければなりません。そのチームの成果を出すためのスキルのことをマネジメントスキルといいます。チームの成果を出すためには、個人の成果を出すことが必要として人材を育成しようとするのですが、何でもできる優秀な人ほど壁にぶつかったり、「なぜ、これくらいのことができないの？」など、ジレンマに陥ることがあります。それは、できる自分との比較であるからです。

　マネジメントスキルの基本は、自分の"物差し"を外すことから始めます。

■マネジメント・人材育成

　チームの成果を出すこと＝個人の成果を出すことが必要

　ジレンマ「なぜ？　これくらいのことができないの？」＝自分はできること（自分との比較）

　チームの成果を出すためのスキル　　マネジメントスキル

　自身の"ものさし"をはずすことから　➡　　"ものさし"は以前のその人へ

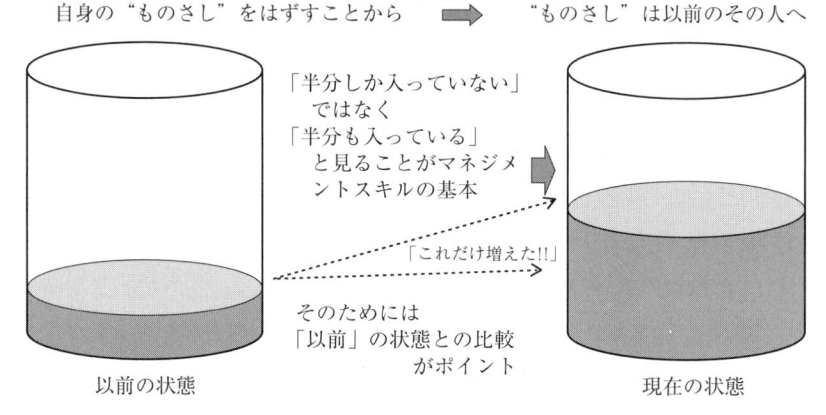

「半分しか入っていない」
　ではなく
「半分も入っている」
　と見ることがマネジメ
　ントスキルの基本

「これだけ増えた!!」

そのためには
「以前」の状態との比較
　　　がポイント

以前の状態　　　　　　　　　　　　　　　　　現在の状態

図33　マネジメントスキルの基本
— ものさしの起点は"以前のその人（子）"—（谷村　誠　作）

　そして、その物差しは"以前のそのひと"にあて、以前の状態から現在の状態まででどれだけ成長したのかを評価します。

　グラス半分の水に対して、「半分しか入っていない」と見るか「半分も入っている」と見ることができるか指導にあたる側の感性（価値あるものとものと気づく心の感受力）の違いによって部下（子ども）の成長が大きく変わります。

5）緊密な利用者・地域との関係をつくる

① 地域貢献を転換する社会福祉法人の共通項

　兵庫県社会福祉協議会（以下：兵庫県社協という）と兵庫県社会福祉法人経営者協議会（以下：兵庫経営協という）との共同研究で、「地域福祉推進会議」を立ち上げ（2012 ～）、社会福祉法人の今後の在り方についてあらためて整理をしました。その中で、兵庫県下の社会福祉法人が、制度の狭間の福祉ニーズにどのように応えているかの実態と、地域貢献事業等を展開している法人の共通点を見いだそうとの趣旨で調査を実施した結果、積極的に展開している法人は次のような共通項がありました。（兵庫県社協　新屋幸子氏整理）

1) 法人として、地域住民対象の何らかの相談窓口を開設している。

2) 職員が地域に出かける「しかけ」をつくっている。― 自治会等のさまざまな活動へ参加したり、地域の中へ「ブランチ」を設置するなど

3) 住民が法人に日常的に立ち寄る「しかけ」をつくっている。― コミュニティカフェの運営や住民サロンの開催、住民ボランティアセンターの運営、法人のハードの提供など

4) 自治会、民生委員等の地域住民と法人が「相談しあえる」関係を構築している。― 地域住民と「なじみの関係」になり、ちょっとした生活課題や、住民が自治・福祉活動を進める際の相談事も寄せられていたり、法人が事業や社会貢献活動を地域で展開する上で、関わりのある住民に意見を聴いたり、協力を求めるなど

5) 小学校区や中学校区など住民の生活に根差した圏域で活動している。

6) 住民や他の関係者との協働での取り組みを前提にしている。― 法人内で

表18　生活困窮者支援等の実践について

	■先駆的な法人に共通する特徴	■相談機能・窓口を設置・開設している法人（取り組みの傾向が顕著）
1	法人で、地域住民対象の何らかの相談窓口を開設している	●地域から寄せられたニーズに対して専門分野に関わらず対応している
2	自治会活動や地域行事に企画運営から参加する等、役職員が地域社会に参加している	
3	カフェ、サロンなど、住民が日常的に立ち寄る「場」を法人内につくっている	
4	自治会、民生委員等の地域住民と法人が「相談しあえる」関係を構築している	●地域のニーズの解決策を、ここ3年で事業化したことがある
5	住民の生活に根差した圏域（校区）で活動している	
6	住民や他の関係者との協働での取り組みを前提にしている	●地域住民との懇談会等で、ニーズを定期的に把握している
7	行政や社協が関わることで、負担を軽減しつつ継続性を担保している	
8	法人の参加性、財源・人的な負担については、明確にされていない場合がある	総合相談の窓口は必須

― 地域福祉推進会議（兵庫県社協・経営協　2012年　県内706法人対象回収率50.7%）調査より ―

の解決が困難な相談も受け、解決に向け連絡調整に努めていたり、課題解決につながるネットワークを形成、または参加していたり、また、地域住民も課題解決の主体となりうることを理解し、支援しているなど

7）第三者（行政、社協）が関わることで、負担を軽減しつつ継続性を担保している。

8）上記にかかる財源や人的な負担については、明確にされていない場合が多い。

といった具合でした。その中で特に相談機能やその窓口を開設している法人は、「地域から寄せられたニーズに対して専門分野にかかわらず対応している」「地域のニーズの解決策を、ここ3年で事業化したことがある」「地域住民との懇談会などで、ニーズを定期的に把握している」など、取り組みの傾向が顕著に表れていました。

各園において、総合相談の窓口を設けることはとても大切なことで、大阪府社会福祉協議会の保育部会で進められている「スマイルサポーター」のような子育てや保育の相談だけではなく、介護やかの問題もワンストップサービスのような態勢での包括的なサービスの提供が求められているところであり、目指すところだと考えます。

②　ミッションを果たすための社会福祉法人としての姿勢

上記の共通項を鑑み、社会福祉法人として地域でのミッションを果たしていくためには、（図34）のとおり、組織内において　1）制度で対応できないニーズに応えていく姿勢　2）ニーズを把握し、掘り起こしていく姿勢　3）種別に拘らず、複合的に支援していく姿勢　4）家族も含めた生活全体を支援していく姿勢を共通した価値観で持ち合せることが必要です。

積極的に展開している法人に共通するのは、前述のとおり、相談機能（地域包括・子育て支援センター・その他相談窓口）を備えており、児童館などの未就園児が集まる事業に出かけて行き、"出前相談"を受けるなど、その姿勢は、"待ち"ではなく、支援者から積極的に利用者につながろうとする取組み（予s防的な家庭支援への入り口）、いわゆるアウトリーチ型で展開しています。既存の制度やサービスに当てはまらないニーズや、貧困・低所得問題、稼

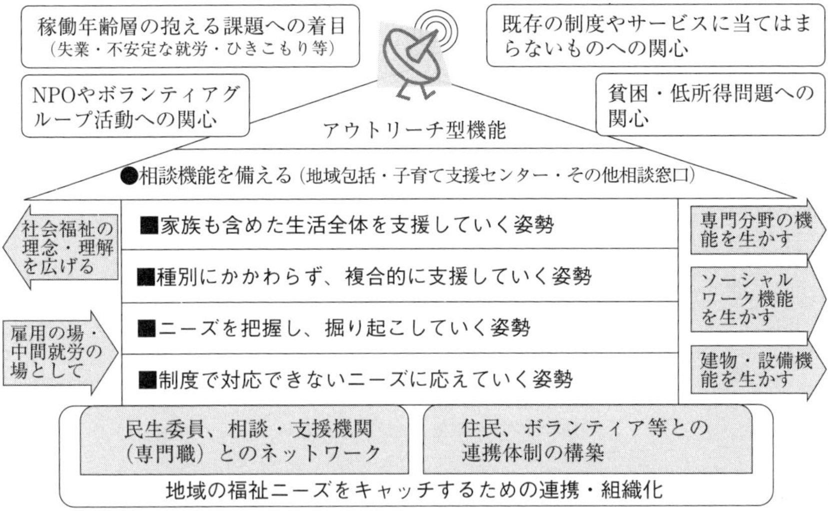

稼働年齢層の抱える課題への着目
（失業・不安定な就労・ひきこもり等）

既存の制度やサービスに当てはまらないものへの関心

NPOやボランティアグループ活動への関心

貧困・低所得問題への関心

アウトリーチ型機能

●相談機能を備える（地域包括・子育て支援センター・その他相談窓口）

社会福祉の理念・理解を広げる

■家族も含めた生活全体を支援していく姿勢

専門分野の機能を生かす

■種別にかかわらず、複合的に支援していく姿勢

ソーシャルワーク機能を生かす

雇用の場・中間就労の場として

■ニーズを把握し、掘り起こしていく姿勢

建物・設備機能を生かす

■制度で対応できないニーズに応えていく姿勢

民生委員、相談・支援機関（専門職）とのネットワーク

住民、ボランティア等との連携体制の構築

地域の福祉ニーズをキャッチするための連携・組織化

図34　地域公益活動の実践のために
― 組織としての風土の確立 ―（谷村　誠　作）

働年齢層の抱える課題への着目（失業・不安定な就労・ひきこもり等）また、NPOやボランティアグループ活動への関心など、アンテナを立て、福祉ニーズを確実にキャッチすることが大切です。

　そして、ニーズをキャッチし機能を発揮するには、1）専門分野の機能を活かす2）ソーシャルワーク機能を活かす3）建物・設備機能を活かす4）社会福祉の理念・理解を広げる活動を行う。また、今後その担い手として期待されている5）雇用の場・中間就労の場として展開するなどの視点を持って、さまざまな機能を発揮することが私たちの目指すところであり課題となのでしょう。そのためには、地域の福祉ニーズをキャッチするための連携や組織化が必要で、活動の土台となる民生委員や相談・支援機関（専門職）とのネットワークや、住民及びボランティア等との連携体制の構築が不可欠でしょう。

6）危機管理（安全）

①　危機事象と危機管理の定義

　よく安全と安心といわれます。これは、安全性を高め、安心して利用いただくという意味です。安心していただくには、そこに相互の信頼関係が成り立っ

```
┌─────────────────────────────────────────────────────────┐
│        安全を高め ⇒ 信頼 ⇒ 安心いただく                  │
├─────────────────────────────────────────────────────────┤
│ 危機事象とは                                              │
│                                                           │
│ ■ 自然災害… 地震・火災・台風・水害・雪害・雷害など        │
│                                                           │
│ ■ 人為的災害…交通機関・有毒ガス・テロなど                 │
│                                                           │
│ ■ 感染症災害…指定伝染病・新型インフルエンザ・ノロウイルスなど │
│                                                           │
│ ■ 事故… 園内、園外での保育中・登降園時・行事など          │
│                                                           │
│ ■ 事件… 不審者の侵入・関係者による不祥事                  │
│                                                           │
│         人格権侵害・コンプライアンス違反                  │
│                                                           │
│ ■ 経済的危機…資金不足・赤字決算・倒産         など        │
└─────────────────────────────────────────────────────────┘
```

図 35　安全性・信頼性を高める
（谷村　誠　作）

ていないと「安心」には至りません。よって、安全性を高める営みと信頼性を
高める営みは常にセットで並行して進めていかなければなりません。

　園を取り巻く危機事象には、地震・火災・台風・水害・雪害・雷害などの自
然災害、交通機関・有毒ガス・テロなどの人為的災害、指定伝染病・新型イン
フルエンザ・ノロウイルスなどの感染症災害、園内、園外での保育中・登降園
時・行事など事故、不審者の侵入・関係者による不祥事などの事件、人格権侵
害・コンプライアンス違反、また、資金不足・赤字決算・倒産などの経済的危
機など、多くのものがあります。

　それに対し、「危機管理」とは、上記のような人的災害や自然災害などの非
日常的な危機事態に対して組織が採る対策と手順の全般のことで、リスクマネ
ジメント（Risk management）とクライシスマネジメント（Crisis manage-
ment）を含む用語です。その中で、リスクマネジメントは、危機事態の発生を
予防するためのリスクの分析方法等が概念の中心で大別すると２種類あり、①
危害や損失などを回避、もしくは低減を図ったり、②また、各種の危険による
不測の損害を最小で効果的に処理する経営管理手法のことを指します。また、
クライシスマネジメントは、危機事態の発生後の対処方法に関する点が概念の
中心となります。

表19　安全性・信頼性を高める
― 危機管理 ―

⑥　危機管理（安全）								
リスクマネジメント								クライシスマネジメント
予防（発生確率の低減）する			被害規模（ダメージ）を小さくする					発生後に的確な処理をする
想定外をなくす	システム化	環境の改善	好感を持たれる組織風土の確立（事前説明・オープン）		事前準備・訓練（発生時における事前準備・訓練）	BCM（ビジネスコンティニュイティ・マネジメント）事業が中断しないように、また、中断のロスを最小化する		
・事故・ケガ・コンプライアス違反行為の抽出に気づき ・点検・評価・監査等のチェック体制と牽制機能の整備	・コンプライアンス体制の整備 ・規定化・マニュアル化及び改善 ・内部通報制度の整備 ・苦情処理制度の整備	・安全で快適な生活環境の確立 ・安全で健全な職場環境の確立	・ステークホルダーに対しての事前説明の徹底（事前説明）	・苦情、事故、財務等情報の公開等による透明性の確保（オープン）	・応急処置、避難等のマニュアル策定 ・応急処置、避難、対応の訓練	・保険加入の点検、見直し、ルールの改善等のシステム管理 ・BCP（事業継続計画）の策定・周知	・BCPに基づく訓練と改善	・的確な応急処置（あなかいかいほちょうれんこう） ・分析、公表 ・的確な事実関係の調査、評価、 ・クライシスマネジメントマニュアルの改訂・周知

（谷村　誠　作）

②　危機管理の基本的な視点

　危機管理の基本的な視点は二つです。前述のとおり、予防（発生確率の低減）と被害規模（ダメージ）を小さくするための営みです。AIU損害保険株式会社の調べによると、事故が一番多い遊具は滑り台だそうです。その滑り台のリスクマネジメントで説明しますと、職員が周りに付き添ったり、昇り降りのルールを決めるなどは、「予防」となります。また、滑り台の下にマットを敷き詰めたりするのは、被害規模を小さくするための営みです。日ごろの保護者との関係をよくしておくこともそれに当てはまります。このような2つの視点で考えていくことが危機管理の基本です。

　ちなみに、同社の調査によれば、滑り台での事故の発生の原因の1位は、足を踏み外し転落、2位は滑り台の周りを走っていて衝突、3位は逆から登って衝突、また、被害規模が大きい給付額が高額な事故は雲てい・のぼり棒と

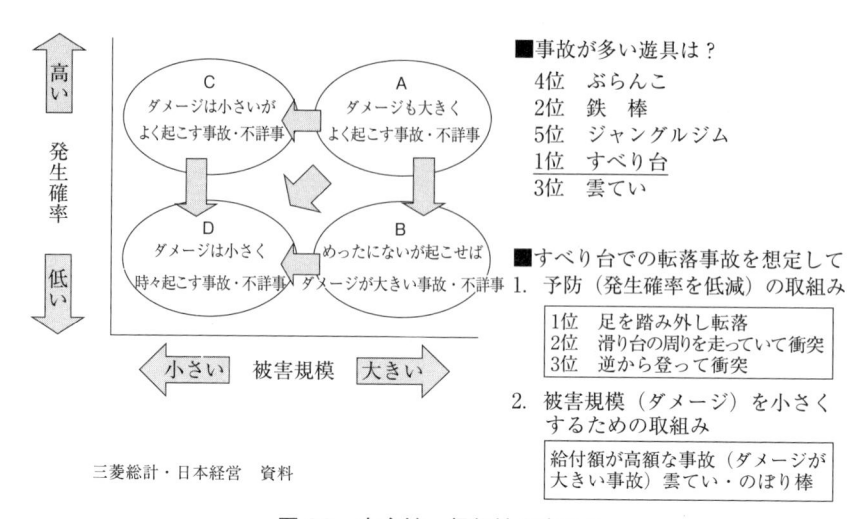

高い

発生確率

低い

小さい　被害規模　大きい

C
ダメージは小さいが
よく起こす事故・不詳事

A
ダメージも大きく
よく起こす事故・不詳事

D
ダメージは小さく
時々起こす事故・不詳事

B
めったにないが起こせば
ダメージが大きい事故・不詳事

■事故が多い遊具は？
4位　ぶらんこ
2位　鉄　棒
5位　ジャングルジム
1位　すべり台
3位　雲てい

■すべり台での転落事故を想定して
1. 予防（発生確率を低減）の取組み

1位　足を踏み外し転落
2位　滑り台の周りを走っていて衝突
3位　逆から登って衝突

2. 被害規模（ダメージ）を小さく
するための取組み

給付額が高額な事故（ダメージが
大きい事故）雲てい・のぼり棒

三菱総計・日本経営　資料

図36　安全性・信頼性を高める
― 危機管理の基本的な視点 ―（AIU 損害株式会社　資料)

なっています。

③　予防（発生確率を低減）

「予防」の営みには、ヒヤリハット活動やバス討議や付箋会議、また、職員との面談やアンケートなど、できるだけ想定外をなくすために、“質より量"の観点から予想される危機事象を組織全体で挙げていくことが第一歩です。そのためには、自己評価事業の実施や他施設の事例研究、また、KYT（危険予知トレーニング）などを実施し、職員一人ひとりの危機に対しての意識を高めることが大切です。

そして、マニュアル化、内部告発をなくすための内部通報制度の整備、苦情処理制度の整備などの「システム化」や、その規定やマニュアルを職員へ周知徹底を図るなどが必要となります。また、複数の施設がある法人は、そのスケールメリットを生かし、横断的に情報を共有して想定外をなくすことに努めることが効果的です。

④　被害規模（ダメージ）を小さくする

もし、何か事故が起こった時に、ダメージが最小限で抑えられるようあらか

表20　安全性・信頼性を高める
― 危機管理の基本的な視点（致命的なことにならぬように）―

■予防（発生確率を低減）

■質より量（想定外をなくす）― 事故・ケガ・コンプライアス違反行為の抽出と気づき ―

  1）ヒヤリハット（コンプテイアンス版）活動

  2）バス討議や付箋会議において

  3）職員との面談（部署内において問題と思われることはないか）

  4）職員アンケート（例　交通費過大請求、セクハラ、パワハラ）

  5）自己評価事業の実施（コンプライアンス項目も加える）

  6）他社や他施設の事例研究

  7）KYT（危険予知トレーニング）

■システム化

  8）規定化・マニュアル化　及び　改善

  9）内部通報制度の整備（内部告発をなくす）

 10）苦情処理制度の整備

■周　　知

 11）規程・アニュアルの職員への個別の連絡・周知

 12）マニュアルの作成及び作成作業を通してのOJT

 13）マニュアル実践のための研修（周知徹底）の実施

（谷村　誠　作）

表21　被害規模（ダメージ）を小さくする

■好感を持たれる組織風土の確立

 ・説明（事前）

  1）入園・契約時の事前の説明

  2）施設利用のしおりや重説への書き込み（事前の説明）

 ・オープン（"隠さない組織"であることへの信頼感）

  3）情報公開（財務状況、事業計画・報告書など）

  4）情報の公開と共有～感染症・食中毒発生時など

  5）事故等失敗事例、苦情や意見の公開

  6）第三者評価結果……など

■事前準備・訓練

  7）発生時における事前準備・訓練（クライシスマネジメント）

  8）ビジネスコンティニュイティ・マネジメント（BCM）

  9）保険加入の点検・見直し

（谷村　誠　作）

118

じめ準備をしておくことも大切な視点です。東大名誉教授の畑村洋太郎氏は著書の「失敗に学ぶものづくり」の中で、危機管理の原則として、『大切なのは、「絶対に壊れない」ではなく、致命的なトラブルにつながらないようにすること』だと指摘されています。いくら「予防」してみても、事故や怪我はゼロにすることは困難です。となると、やはり、致命的なことにならぬように事前に準備をしておくことが大切です。

　その一つは、入園や契約時などの「事前の説明」はしっかりと時間をかけて丁寧にすることです。起こってからの説明は、相手には「言い訳」にしか聞こえません。よって、先に説明をしておいた方が、あとでトラブルになったり、誤解を招いたりすることなく解決できるのではないかという事項があれば、施設利用のしおりや重要事項説明書に毎年定期的に見直し、書き込んで更新し、必ず事前に説明するように仕組みを整えましょう。

　2つ目は、日ごろからすべてをオープンにし、"隠さない組織"としての信頼感を積み上げていくことが大切です。改正社会福祉法で加えられたものも含め、法的に公開が必要とされる財務の状況などは当然のこととして、日常に起きる感染症や食中毒の発生、また、事故、苦情や意見など積極的に公開してい

表22　発生後の適確な対処方法 ⇒ 信頼性を高める

■的確な応急処置（初動対応が大切）
　・ああかいかいほちょうれんこう
■的確な事実関係の調査・評価・分析・公表
　・詳細な事実の調査
　・関係者の責任の明確化
　・今後の対策の決定
　・賠償問題への対応の決定
　・ホームページ等への公表
　・マスコミへの公表
　・検証・フィードバック作業
■マニュアルの作成・周知・マニュアルへの反映
　・クライシスマネジメントマニュアルの作成・研修
　・マニュアル改訂・周知

（谷村　誠　作）

くことが望まれます。無事に解決するかしないかの結果は、事故や不祥事が起こった瞬間に既に決まっていると言われます。日頃の信頼関係がないと問題が大きくなりやすく、関係者が敵になるか味方になるかはそれまでの印象が決めます。そして、その印象を決めるのは職員の日頃の習慣です。"日頃のお付き合い" は、いざという時の「保険」です。

　また、避難訓練などの事前の訓練の大切さは、私たちは、東日本大震災で改めて学んだところです。また、ビジネスコンティニュイティ・マネジメント（BCM）や保険加入の点検・見直しなども必要でしょう。

　⑤　クライシスマネジメント

　クライシスマネジメントは、発生後に適切な対応ができるように、事前に準備をしておくことです。まずは、発生の直後の初動対応（"ああかいかいほちょうれんこう" と呼んでいます）が重要であるといわれます。「慌てない」「謝る」「隠さない」「今、私にできること」「かばわない」「言い訳しない」「ほったらかしにしない」「調査」「連絡」「公表」として、本書では一つひとつの説明をここでは割愛しますが、そのポイントを次に記していますので参考にしてください。

　初動対応が終わり、その次には、詳細な実施の調査や関係者の責任の明確化、また、今後の対策の決定、賠償問題への対応の決定、マスコミへの公表など、「的確な事実関係の調査・評価・分析・公表」が必要です。そのことが終われば、検証を行い、改めてクライシスマネジメントマニュアルの改訂やそれを組織内で周知を図るという流れです。

　⑥　コンプライアンス経営が崩れるパターン

　社会福祉法人は公益法人として、ガバナンスの確立の上でもコンプライアンスに関しては、神経をとがらせなければならないことは言うまでもありません。それが崩れてしまうパターンを、私なりに整理をしますと、1）「ばれてしまった」― 意図的 ― 組織の倫理性 2）「知らなかった」― 知識不足 ― 3）「気づかなかった」― 客観的視点の欠如 ― となります。

　1）においては、残念ながら、一部の新聞に十にも満たない事例を繰り返し報道され批判を受けました。基本的にはあり得ないと考えますが、企業との比

あ	慌てない （目的は、事故の影響を少しでも小さくとどめること。開き直りと覚悟をきめる） ・まず深呼吸。 「自分がひとつ成長できる時がきた」 ・まわりの職員を招集 ・応急処置は慌てず正確に
あ	謝る（発生後72時間以内できる限りのことを） ●まず謝ること。賠償責任に問題なし 　（24時間以内に・正解か否か相手が決める。正解をもらうまでは果てしなく続く） 　賠償責任に問題なし 　「ご心配かけて申し訳ありません。」等 　但し、金銭は安易に渡さない
か	隠さない ●隠した事が命取り。つくろわない。 　うそをつかない。事実をありのまま伝える
い	言いわけしない ・「言い訳」は、相手に関係のない話。 　残るのは不快感だけ ・責任逃れや、子どもや利用者の不注意を責める内容の発言は絶対しない
か	かばわない ・身内をかばわない。目の前で意図的に叱る場合もある
い	今出来ること（今、自分に出来ることは何か？） ・まずは目の前の事から（子ども、利用者に対して）救急車要請、救急法 ・次に出来ることは？　一段落した後、何が出来るか？
ほ	ほったらかしにしない（例　当日の夜、電話等でおうかがいなど） ・全員で共有、誰もが「いかがですか？」 「その後いかがですか？」 ・被害の子ども、利用者、保護者への配慮 ・表情、態度にも留意
ちょう	事実調査を行う ・初期対応時の調査は関係者に状況が分かる程度の情報を ●極めて迅速に ・必要最小限のものに限る ・事故内容の把握と記録（いつ、誰が、何をどうしようとして、どうなったのか）
れん	関係者への連絡 ・連絡のタイミング　連絡方法 ・「関係者」の範囲
こう	マスコミ等への公表 　1）日時を決定する（時間厳守） 　2）会場を決定し、設営する 　　　（記者との間隔がとれる広めの場所） 　3）スポークスマンの決定 　4）ポジションペーパーの作成 　5）Q&A（想定問答集）の作成 　6）リハーサルの実施　質疑の練習 　7）記者会見の案内状の作成 　　　（対象とするメディアリストの作成） 　　　・案内状は遅くとも2時間前に送付 　8）会場入口に1時間前に受付を設ける 　　　・プレスリリースの作成　専門用語は使わない　参考資料をつける配慮 　　　・身だしなみ「信頼感」「清潔感」色　ボタン　腕時計 　　　・会見者紹介 　　　・謝罪とお辞儀　率直に謝る 　　　　お辞儀は全員が立ち上がり5秒間 　　　・顔の表情　●笑わない、顔を見合わせない

（谷村　誠　作）

較において社会福祉法人は、経営者層に権限が集中しすぎていると指摘されています。前述の繰り返しになりますが、自発的な情報公開や事業経営の透明性の確保、また、牽制体制の確立など、コンプライアンス体制の構築は、経営者・管理者が自ら前向きで築き上げていかなければなりません。

2) は、外部研修や専門家等の活用、また、理事会や評議員での多角的な視点によるチェックという観点で、この度の改正社会福祉法においてガバナンスの強化として、評議員会が議決機関となり、理事を選任することとなりました。その評議員については、会計士・税理士、保健師、社労士、弁護士、企業人等を加えたり、3) については、定期的なアンケート・意見箱・内部評価、外部評価の実施など、Check（評価）体制の構築と強化が重要となります。

いずれにせよ、多くの意見が出され、チェックがなされるような体制であり、理事長など実質の権限を持った者自身が一番、緊張感を覚えながら臨む理事会や評議員会でないとガバナンスは確立できないのだろう考えるところです。

7）財務基盤の安定（安全）

① 適正利益（適正な収支差額）とは

地域において継続してミッションを果たしていくためには、財政基盤の強化は必須です。そのためには、事業継続のために必要な利益、すなわち、「適正利益」を計画的に確保していかなければなりません。兵庫県社協では、2006年「社会福祉法人の経営計画の策定マニュアル」において「適正利益」を「事業継続のために必要な利益」として定義し次のように整理しました。(1) 建替え（取り壊し費用含む）資金 (2) 維持・管理コスト (3) 設備投資資金 (4) 借入元金償還金 (5) 昇給のための資金 (6) 将来のリスクに対する備え (7) その他公益サービスを提供するためのコストなどです。

② 適正利益の確保と積立金等の資金計画

　　―イニシャルコストとライフサイクルコスト（LCC）―

保育所も資金の内部留保が多いとの指摘がある一方、全国経営協の調査では、保育所の人件費比率は高齢・障がい分野の施設と比べて高く、修繕や建替、さまざまなリスクに備える資金の積立に苦労しているとされています。そ

こで、兵庫経営協では、保育所経営における適正利益を考えるにあたり、公認会計士も交え検討会を設置（2009年）し、最低限必要な剰余金の考え方について整理しました。社会福祉法人（施設）は収入に対する固定資産の割合が、他産業との比較において驚くほど高く、企業と違い公金も投入されているので、仮に不採算であったとしても、安易に事業を廃止することはできません。当然ながら、「経営」に長期の視点は不可欠で、また、確実な需要の予測が必要となります。施設にかかる積立金については、やはり、利用者の安全かつ衛生的で、快適な生活の場を確保するための施設整備費が主であり、次の3つの費用を考慮しなければなりません。

1）修繕費：保育所本体の耐用年数は47年が標準ですが、付属設備は短く、また、15年前後で外壁・空調等の大規模修繕が生じ、30～35年で再び修繕の必要性が生じます。耐用年数40年のビルの場合、建物の一生にかかる費用（ライフサイクルコスト）のうち、設計・建設が26%であるのに対し、維持・修繕は11%ともいわれています（建設費用の約43%）。2）取り壊しの費用：建設費用の約10%ともいわれています。3）建て替えのための費用。

　以上のようなコストを、このたびの社会福祉法の改正で、「内部留保の明確

表23　継続してミッションを果たしていくための基盤強化
― 適正利益（適正な収支差額）の確保と積立金等の資金計画 ―
― 公益法人として理解を得るための説明責任を果たす ―

「社会福祉法人経営計画策定マニュアル」2007年　兵庫県社協	「保育経営に関する検討会報告書」2011年　兵庫県経営協
適正利益とは？ □事業継続のために必要な利益 ・建替え（取り壊し費用含む）資金 ・維持・管理コスト ・設備投資資金 ・借入元金償還金 ・昇給のための資金 ・将来のリスクに対する備え ・その他公益サービスを提供するためのコストなど	施設整備にかかる3つの費用 ■修繕費 ・施設の耐用年数　47年 ・15年前後で外壁・空調等の大規模修繕 ・30～35年で再び修繕の必要性 ・維持・修繕費は建築費の43% ■取り壊し費用 ・建築費の約10% ■建替え費用

表24 継続してミッションを果たしていくための基盤強化
― 地域でのミッションを継続して果たしていくための方策 ―
― 多機能化や複合化など、種別を越えた取り組み ―

方策1　需要がある他の地域での事業展開 ・需要が多くある地域で介護・保育・障害事業等を展開し、経営の安定化を図る ・他地域においても社会福祉法人として使命・存在意義を模案する 方策2　他種別との複合型（介護・保育・障害） ・地域の他の福祉ニーズに対応する ・多種別事業との複合で経営基盤の強化 ・減少していく福祉ニーズにも可能な限り応え続ける 方策3　同種別や関連する事業の追加・展開 ・小規模多機能・グループホーム・ディサービス等 ・企業委託型保育所・認定こども園・一時保育等	方策4　公立施設の民間移管・指定管理者の受託 ・自治体の民営化の方針に協力し、地域の福祉ニーズに応える ・移管を受けることにより、一法人複数施設のメリットを生かす 方策5　法人間連携 ・法人間連携による経営の効率化及び質の向上を図る 方策6　他種別の社会福祉事業への転換 ・現経営種別より撤退し、ニーズのある他の社会福祉事業に転換を図る 方策7　法人の合併・事業譲渡または撤退 ・法人合併して、新設合併、または、吸収合併にて事業継続を図る ・他法人または行政へ事業譲渡する 方策8　収益事業の展開

―「保育経営に関する検討会報告書」2011年　兵庫県経営協 ―

化」として国民に理解していただくための仕組みを現在検討中です。本書を執筆の段階では、まだその詳細は明確になっていませんので、残念ながら記述することはできませんが、「お金をため込んでいる」などの誤解については解けることなのでしょう。むしろ、必要なコストを引くと「社会福祉充実残額」が出ない法人も、半分以上はあるのではないか、と懸念されているところです。

　③　地域でのミッションを継続して果たしていくための方策

　私たちを取り巻く厳しい潮流の中において、地域のニーズに応え、継続してミッションを果たしていくには、いっそうの自立した経営が求められるところです。そのためには、どのような手段があるのか、同検討会では次のように整理しました。万一経営破たんが避けられないような状況になった場合、利用者をはじめ関係者への影響は著しく大きいものになります。多機能化や複合化な

ど、種別を越えた取り組みが有効ではないかとし、やはり、大切なのは"積極的な早めの行動"だと結論づけた次第です。

　「方策1　需要がある他の地域での事業展開」は、〇需要が多くある地域（都市部）で積極的に介護・保育・障がい事業等を展開し、経営の安定化を図る〇他地域においても社会福祉法人として使命・存在価値を模索する。

　「方策2　他種別との複合型　（介護・保育・児童・障がい)」は、〇地域の他の福祉ニーズに対応する〇多種別事業との複合で経営基盤の強化を図る〇減少していく福祉ニーズにも可能な限り応え続ける

　「方策3　同種別や関連する事業の追加・展開」は、〇小規模多機能・グループホーム・デイサービス等〇企業委託型保育所・認定こども園・一時保育等などを展開する

　「方策4　公立施設の民間移管・指定管理者の受託」は、〇自治体の民営化の方針に協力し、地域の福祉ニーズに応える〇移管を受けることにより、一法人複数施設のメリットを生かす

　「方策5　法人間連携」は、〇法人間連携による経営の効率化及び質の向上を図る

　「方策6　他種別の社会福祉事業への転換」は、〇現経営種別より撤退し、ニーズのある他の社会福祉事業に転換を図る

　「方策7　法人の合併・事業譲渡または撤退」は、〇法人合併して、新設合併、または、吸収合併にて事業継続を図る〇他法人または行政へ事業譲渡する

　「方策8　収益事業の展開」と整理しました。

第 4 章
社会福祉法人みかり会の経営方針

第1節　みかり会の経営戦略

（1）　農村部と都市部

　右の表は、先にも述べましたが、兵庫県経営協で、2009 年から調査研究を重ね、最終、2011 年に「保育経営に関する検討会報告書」として報告したものです。

　特に珍しくもないこれまでに必要と言われてきたありきたりの内容を整理したものです。ここで言えることは、少子化で保育ニーズが減少していく地域において、できるだけ長く継続してミッションを果たしていくための基盤強化策は、逆転満塁ホームランのような奇策や得策は特にないのではないか、ということです。よって、この検討会での一つの結論は、「早めに行動を起こす」ということでした。

　その中で、当法人が用いた方法は、「需要がある他の地域での事業展開」でした。少子化地域で将来の経営に不安を感じている状況においての打開策は、他の地域においても社会福祉法人としての使命および存在を模索して、需要が多くある地域で事業展開し、経営の安定化を図る、ということでした。同じコストと労力をかけるのであれば、需要が多い地域において展開する方がよい、それにより、淡路地域の経営を助けることができるのではないか、との考えで、結果的に表に当てはめると、方策1から方策5までの方法を用いています。

表25　継続してミッションを果たしていくための基盤強化
― 地域でのミッションを継続して果たしていくための方策 ―

方策1　需要がある他の地域での事業展開	方策4　公立施設の民間移管・指定管理者の受託
・需要が多くある地域で介護・保育・障害事業等を展開し、経営の安定化を図る ・他地域においても社会福祉法人として使命・存在意義を模索する	・自治体の民営化の方針に協力し、地域の福祉ニーズに応える ・移管を受けることにより、一法人複数施設のメリットを生かす
■多機能型■ 方策2　他種別との複合型（介護・保育・障害） ・地域の他の福祉ニーズに対応する ・多種別事業との複合で経営基盤の強化 ・減少していく福祉ニーズにも可能な限り応え続ける	方策5　法人間連携 ・法人間連携による経営の効率化及び質の向上を図る 方策6　他種別の社会福祉事業への転換 ・現経営種別より撤退し、ニーズのある他の社会福祉事業に転換を図る
方策3　同種別や関連する事業の追加・展開 ・小規模多機能・グループホーム・ディサービス等 ・企業委託型保育所・認定こども園・一時保育等	方策7　法人の合併・事業譲渡または撤退 ・法人合併して、新設合併、または、吸収合併にて事業継続を図る ・他法人または行政へ事業譲渡する 方策8　収益事業の展開

―「保育経営に関する検討会報告書」2011年　兵庫県経営協 ―

（2）保育事業と高齢者福祉の統合

1）なぜ、介護との融合なのか

① 介護福祉との出会い

1993年から、西淡町立特別養護老人ホームどんぐりの里の運営に携わりました。今でいう指定管理者で、当時は公設民営と呼ばれていました。すでに、当該地域においては、少子化時代に入っており、当法人が経営する保育所も、定員割れの危機を感じていたころでしたので、将来への不安、また、併せて介護保険が具体的に検討されていたときでしたので、行動を起こさないと何も変わっていかないとの思いから応募し、結果、ご縁をいただいたわけですが、このことは当法人にとって、大転換への一歩となりました。

介護福祉に関しては、法人としては未経験でまったくの素人でしたが、たまたま他法人での経験者が、都市部より淡路に引っ越してこられ、縁あって結果的に中心となり手腕を発揮してくれたおかげで順調なスタートを切ることがで

きましたし、現在も、一年中、感染症などのさまざまなリスクと闘いながら支えていただいている職員に対し本当に感謝しています。

②　経営のメリット ── 職員の意識の変化

その当時から感じていたことは、「ケア」という観点からは子どももお年寄りも同じではないだろうか、ということでした。現在は、それが「確信」に変わっています。目の前におられる対象者が、子どもか、お年寄りか、というぐらいで、共通することはたくさんありますし、むしろ、「ケア」は個別的な視点が大切なのだと改めて認識する機会となりました。

保育の場合、意識無意識にかかわらず、大人と子どもの関係においては、どうしても上から目線で、保育士が主導で事を運ぼうとすることが少なくありません。しかも、"一人ひとりを大切にした保育" などと唱えながらも、トイレに行きたくない子も時間がくればトイレへ、というように一斉的に集団として動かそうとなりがちです。

しかしながら、当然のこととして、お年寄りに対しては、そのようなやり方で良いはずはなく、それぞれ個別に対応することが常識です。お一人お一人の表情を確かめながら、一つひとつの行動に丁寧に言葉がけをして、自立した生活ができるよう私たちはお手伝いをします。保育、介護職員同士がそれぞれの取り組みの違いを感じたり、気づきがある中で、明らかに以前と違った価値観が双方の中に生まれてきている実感を覚え、嬉しくなりました。

あえて、保育との比較で特筆するとすれば、個別化、人権やプライバシーの保護、また、高齢者介護の場合は、常に命を意識する日々ですので、危機管理に関しての取り組みや考えも深みを感じます。そのような、知識やスキルを法人内で共有できるわけですから保育としての「ケア」も深みを増しました。

保育事業だけ展開をしていた時は、延長保育の実施や障がい児保育の受け入れなどのたびに、現場では「大変だ」と大騒ぎになっていたのですが、365 日24 時間、常に障害を持たれた方をお世話している介護の世界との融合により、旗を振らずとも、そのようなことを受け入れるのは、福祉職員であれば「当たり前のこと」として風土化されていったことに大きな価値を感じています。

何をするにも、主体的であるのか、やらされているのか、職員の皆さんの意

識が一番大切です。ときには、お互いに競争意識を発揮して取り組む場面も見られるなど、幼と老の融合は、さまざまな副産物を生みだしてくれます。

③　経営のメリット ― 情報の共有

特に、安全性や信頼性を高めるうえでは、大きな価値を感じています。危機事象は、どこの施設であったとしても、起こりうることですし、同じように、利用者や保護者からのクレームなども共通した内容ばかりです。ですから、介護の世界で起こることは、保育でも十分に想定されることです。

危機管理は、一言で言えば、「想定外」をなくすことですので、できるだけ危機事象に関する情報量は多い方がよいのです。その意味では、保育の世界では、普段あまり見られない事故やクレームなどの情報を取得することによって、想定外をなくし、備えることができます。

例えば、高齢者の施設では、平らなフロアで転倒され骨折する事故などがあるのですが、そのことは、物理的な環境の重要性を教えてくれます。むしろ、家具などが並んでいて、歩行しにくい環境の方が事故の発生率は少なくなります。このことは、ただ、だだっ広い環境の中で、走り回ることで怪我が多かった保育現場を、家具や観葉植物などを使ってエリア分けをしたりするなどの環境の見直しにもつながり、人間の行動に大きく影響する物理的環境の重要性を認識することの機会をたくさん得ています。また、お年寄りは咽喉づめなどもよく起こされますので、保育においても、改めて「気をつけよう」と呼びかけたり、起こった時の対応をトレーニングしたりする機会につながっています。

④　経営のメリット ― 質を高め合う

当法人では、保育所保育指針第4章に明記されている「保育所の自己評価」にあたる、「Tomorrow Challenge」という名称の自己評価事業を実施しています。法人内すべての施設から、職員が1～3名ずつぐらい参加し、一つの施設を1日かけて評価しあいます。

すべての施設ですので、当然のこととして、介護職員も保育施設の評価者として参加します。私は、このことに意義を感じています。なぜなら、保育に関しては、介護職員は、利用者や保護者に近い目を持っているからです。そのことを少し言い換えて、「素人目を大事にしよう」と言って、保育施設において

は、介護職員の意見を大切にしています。その逆で、介護施設に行けば、保育教諭や保育士の意見を大切にしようと呼びかけます。

　以前、多夢の森保育園の自己評価事業を実施した時にこのようなことがありました。評価事業の最後の意見交換時に、介護職員から手があがり、「子どもの場合は、いいのでしょうか」と発言があったのです。その介護職員が、0歳児の保育室の前を通った時、目の前に、大股開きのような状態で、おむつを替えている姿を目にして、人目にさらすようなことは、介護ではありえない、と感じたようで、保育の現場ではありがちな光景ですが、プライバシーの保護という鋭い指摘でした。さらにその時、保育士が忙しさにかまけて、そのおむつを頭の上の方に置いてしまったのです。そのような光景を見て、人権が大切だと普段言っている保育士が、対象が違うとそれほどに扱いが違うのか、と言わんばかりの皮肉も交えて「子どもの場合は、いいのでしょうか」と尋ねたのです。

　普段、保護者が、「あの対応はおかしいのではないか？」など素朴な疑問が生じても、たまたま口にされないだけであって、同じ法人の職員でさえわからないことや疑問に思うことは、おそらく利用者や保護者の方も同じことを感じておられるのだろうと想像するのです。一生懸命アンテナを張って努めていても、自分では気づかぬことはやはりあります。お互いが評価しあうこと、そして、その道の専門家同士だけではなく、違った立場の者や目を持った者が評価をしあい質を高め合うことも効率的で効果的であり、意義あることと位置付けています。

2）　複合型施設の開設の意義

①　経営戦略としての意義

　経営戦略を考えるとき、私がいつも心掛けているのは、私どもの監事を長年お勤めいただきました公認会計士島田共同公認会計士事務所会長の島田信愛先生にご教授いただいたSMSS理論によります。私どもの理事会においての監事講評においても、だらだらと、多くのことを話さないと説明がつかないというようなことは、本質ではなく、一言で述べられるようなもので、誰もが分かりやすいものでなければならない、と繰り返しご指導いただきましたが、「幹

部研修のための管理者ノート」の中で、本質をつかむためには、単純化（原理原則思考）でなければならないと説かれています。

　よって、経営戦略としての意義といっても、これは、誰もが考えることでしょう。当法人は、先述のとおり、20数年前から保育所での定員割れを経験し始めましたが、もうすでに私どもと同じように定員割れをされておられる園もあるでしょうし、これからは、日本全国のどの地域においても共通する課題だと思います。そして、そのような地域は、恐らく同時に高齢化が進んでいます。よって、保育と介護の複合型施設の場合、幼と老がかかわることの意義とともに、地域の福祉ニーズや生活課題に対して、長く応えていくことができるのではないかと単純に考えたのです。

　よって、複合型施設は、経済的には効率的です。職員配置においては、いわゆる最低基準はそれぞれに満たしていますが、日常の業務は、物差しで線引きをして、きれいに分けてというように、それぞれで行うのではなく、当然のこととしてお互い協力し合います。老人デイサービス事業においては、看護士は配置されますので、保育士にとっても安心です。食事なども経費按分で経理を行っていますが厨房は共有です。単体でそれぞれに経営するよりも、複合型の方が明らかに効率的でしょう。

　②　アメリカ視察での複合型との出会い

　保育と介護の融合のヒントは、1998年に、故元姫路独協大学名誉教授小室豊允先生のご指導のもと、「米国におけるサービス評価の現状」というテーマで、アメリカでの第三者評価機関の視察に行った時です。小室先生は、措置から契約へ移り変わる時代の中で、誰よりも先駆けて、「運営」の時代から、私たちに「経営」の営みを本当にわかりやすく、また、進む方向性をご示唆いただいた方でした。

　日本で、第三者評価の仕組みをつくろうと検討していた頃で、全国社会福祉協議会の事務局の皆さんとJCAHO（評価機関）やCCAC（ナーシングホーム認定機関）などの評価の現状を確認することが目的でした。その視察先の一つにイリノイ州にあるナーシングホームを訪れた時、その施設の中に保育所があったのです。

　プレゼンテーションでは、お年寄りにとっても刺激があり生きがいにつながる、子どもにとっては、人間らしさを培うのにお年寄りの存在は不可欠だ、というような意義の説明があったのですが、すでに、特別養護老人ホームの運営に携わっていましたので、その施設の中に保育所が同居している姿を目の当たりにして、日本で実践してみたい、との強い思いを胸に帰ってきたことを今も覚えています。前述の通り、「ケア」の観点からは基本的に同じである、また、その融合ができないだろうか、と考え始めていた私にとっては、目からうろこが落ちるような思いでした。

　③　「幼老共生」――碇浩一先生との出会い

　1999年に博多への出張時、たまたまのぞいた朝刊の紙面に書かれていた「幼老共生」の文字が目に飛び込んできたのです。医学博士精神保健指定医であり、元福岡教育大学教授の碇浩一先生の寄稿文でした。「子どもが人として成長するためには、空気のように、環境として、老人の存在が必要である」とし、子どもと高齢者のかかわりの重要性を説いておられ、同じ考えを持った方がおられることにわくわくするような思いで、迷うことなく、すぐに碇先生に「会ってほしい」と連絡を取りました。先生のお話しをうかがい、さらに強い思いを持って老人デイサービスセンターとの複合型である多夢の森保育園の開設へと進めた次第です。

　碇先生は、「幼い時に祖父母と親密な関係を持った人は、自らが高齢となった時に孫を愛し、若い世代の成長を生きがいとして人生を前向きに生きている傾向が見られた」という精神医学者のE・H・エリクソンの言葉を紹介し、幼と老のかかわりが大切であること、また、本来は、昔の日本人は、「若い男女のみでは、子どもは育てられない」として、家族のほかにも、隣のおじさん、おばあさんをも含め、地域全体で一人のお子さんを育てていたことを、すっかり忘れてしまった、と指摘されています。

　そして、具体的には、保育園の周囲に心地よい高齢者向けの良質で安価な賃貸住宅を配置することで、庭先からただ子どもを眺めて心地よく思う高齢者もいれば、近寄って言葉を交わすことに喜びを感じる人もいるでしょう、さらに、何か保育園お手伝いを望む人もいるでしょう、若い父母と親しくなり、時

に子どもを預かる人も出てくるかもしれません。また、小学校の廃校跡地など、地域社会の真ん中に「幼老共生」の複合施設を造ろう、と提言されています。

3) 資格の統一化 ― 新聞報道

この度、安倍政権が掲げる地方創生の一環として、高齢者介護や保育、障害者向けの施設の統合を進める方向で検討に入った、との新聞報道がなされました。併せて、資格取得の在り方も議論する、とのことで保育士も介護士も不足する中で、資格の統一化に向けて検討に入るとのことです。

この件に関して私は、以前、全国経営協と厚生労働省援護局との意見交換会の場において、同じような内容の意見を人材確保対策室長に申し上げたことがあります。「幼老共生」をコンセプトに長年進めてきたのですが、人事管理においても、意図的、計画的に保育と介護の異動を行ってきました。その目的は、保育士が、高齢者介護を通じて、職員の総合的人間力を培い、キャパシティーを広げること、そしてひいては、保育のスキル・質を高めることでした。その中で、もともとは保育士を目指してやってきたのですが、高齢者介護の方が良いとして、介護福祉士を取得したり、さらに、ケアマネージャーまで取得するなどの職員が少しずつ増え、介護士不足の時代に本当にありがたいことですが、結果的に気が付けば、特別養護老人ホームの職員の6割（一時期は8割近く）が保育士資格取得者となりました。

そのような経験をしているものですから、介護士不足に対しての対応を尋ねられた時、この国には、7割の潜在的保育士が存在する中で、その7割の方に、介護福祉士の資格を取り易くして差し上げればどうだろうかと提案しました。以前に調べたのですが、保育士も書類上だけであるならば、特別養護老人ホームの生活相談員を努めることができるほど、保育士と介護福祉士の履修科目は共通しているものが多くあります。よって、人手を外国に求めることも必要ですが、併せて、日本の福祉人材の活用も考えてみてはどうか、と申し上げたのです。また、その逆もしかりで、介護福祉士に保育士資格の取得を取り易くして差し上げ、すでにリタイアされている方にもアプローチし、今度は保育の現場で活躍いただくという戦略もあるのではないかと思います。

この実現に向けては、多くの壁に阻まれることでしょう。特に、お互いに専

門性を強調する立場の方が発言すればするほど、ますます融合できなくなるなど、の状況が想像されるのですが、しかしながら当法人の職員は、両方の資格を持ち合せ、両方の業務を支障なくこなすことができます。

　人口減少が進む中山間地などの地域にとっては、保育も介護も障害福祉の分野においても、さまざまな意味での"支えて"がなくなっている中で、解決のためには必ず必要な方策になってくるのではないかと考えています。できない理由を並べ、ネガティブな議論を重ね、いたずらに時間を費やすことのないよう、早期に実現をし、一人でも多くの福祉人材の確保を図るべきでしょう。

（3）保育事業と障害児通所支援事業の統合
1）障がい児の保護者のニーズ

　保育事業と障害児通所支援事業の統合のきっかけは、まさに保護者のニーズからでした。おそらく、皆さんもご経験があると思いますが、毎年、保育園の卒園の折に、障がいを持たれた園児の保護者から、「4月から放課後の時間帯はどうしよう」という声を聞いていました。3月までは、障がい児保育として朝から夜までお預かりすることができたわけですが、就学後はどう仕様もありません。神戸市の場合は、児童館でお預かりする仕組みもあり、当法人も運営する児童館で受け入れをしているのですが、学校と児童館の送迎がネックとなり難しさもあり、結果的に、放課後等デイサービス事業所を多くの方が利用されています。

　また、一方で、保育を必要としないいわゆる専業主婦家庭の障がいを持たれたお子さんは、保育所の障がい児保育を利用することはできませんので、就学前の児童発達支援事業所などを利用されています。それであるならば、就学前、就学後の2つの事業と保育所の複合型であるならば、継続して支援ができますし、ご利用いただく側にとっても、安心できるのではないかと考え、2014年に「心の森：ここの森と呼ばせている」を開設しスタートしました。

　ここでまた認識を新たにすることになりました。前述のとおり、この複合型事業のきっかけは、ここへ森と呼ばせている卒園児の放課後の居場所づくりだったのですが、想像していた以上に就学前の児童発達支援事業へのニーズが

高いのです。保護者のお話しをお聞きしますと、児童発達支援事業所では、障がいを持たれた子どもとのかかわりが中心となりますので、保育所や幼稚園に通っている子どもたちと、できるだけ日常的にわが子をかかわらせたい、とのお話しでした。あらためてこのようなニーズが少なくないことを知って、保育を必要としない1号認定児が利用できる幼保連携型認定こども園の一つの意義を見いだしたところです。

2）共生社会を創る

障害児通所支援事業を始めたことにより、また、新たな出会いや知識を得ることとなりました。結果的に来年度より、障害者就労支援事業を手掛けようとしています。先駆的に実践されておられる事業者の方々のお話しや、実際の事業展開の様子などをいくつか見学させていただいた中で、その保護者にとっての悩みは、やはり子どもの将来のことです。

「生活」するために「働く」という営みが将来にわたって保証されないことに大きな不安を抱かれているわけですので、その課題にアプローチしないかぎり、手を差し伸べることはできないのではないか、との思いから就農支援事業を実践してみようと考えました。

今までは、「幼老共生」をスローガンとして実践してまいりましたが、子ども、高齢者、障害者などが日常的にかかわり合い、ともに成長し、ともに楽しく生活ができる場づくりを進め、真の「共生社会」を創造していきたいと考えています。

第2節　みかり会の保育方針・その解説

1. 教育・保育の理念（教育・保育の目的）　【保指第1章　3】
【教保要第1章第1-1】

（1）人としての素地を培う

ここでの理念とは目的のことです。本園は何のために教育・保育を行っているか、ということですが、一言で表現すれば、「人としての素地を培うため」

です。

　小学校への養成の期間というようなことではなく、長い人生の中で、人として人らしく幸せに生きるために、今この時期に何が必要か？　という観点から教育・保育を実践していきたいと考えています。

　「子どもの最善の利益を考慮し、いのちあるすべてのものを、大切にすることができる人としての素地を培う」ことを教育・保育（養護と教育）の目的として位置づけています。

　人としての素地とは、学説的な表現で「総合的人間力」の基礎といわれます。学校などで耳にされる「生きる力」の基礎を育成することで、「知的能力的要素」「社会・対人関係力的要素」「自己制御の要素」を総合的にバランス良く高めることが人間力を培うということになります。

　その礎となる「受け皿づくり」がこの時期の課題です。

（2）　総合的人間力　　　　　　　　　　　　　　【保指第2章1（6）】

【教保要第1章第1-2生きる力・第2章生きる力】

　乳幼児期は生涯にわたる生きる力の基礎が培われる時期です。学説的な表現では「総合的人間力」の基礎のことで、「総合的人間力を培う」ことを感性と知性を融合させること、「感知融合」とも言います。

　「総合的人間力」とは、「社会を構成し運営するとともに、自立した一人の人間として力強く生きていくための総合的な力」（内閣府「人間力戦略研究会報告書」）と定義づけられています。具体的には、「知的能力要素」「社会・対人関係力的要素」「自己制御的要素」を総合的にバランス良く高めることが人間力を培うということになります。その礎となる「受け皿づくり」がこの時期の課題です。

（3）　「感知融合」― お世話されお世話することにより感性を培い、教えられ教えることで知性を培う ―

　「総合的人間力を培う」ことを感性と知性を融合させること、「感知融合」と説明をしましたが、その中において核となるのが「感性」です。そして、感性

は基本的に「体験」によって培われます。また、「知性」は主に「論理の展開」によって培われていきます。

【教保要第2章第1人間関係・表現1（1）3（1）・第2章第2-3（6）】

感性とは、「価値あるものに気づく心の感受力」のことで、個性の原点であるといわれます。人として、人らしく生きていくためにとても大切なものです。美しいものを見て「美しい」と感じる心、また、優しさや思いやり、くじけない心、相手の立場を想像できること、生きていく上で大切なことだと気づくことなど、感性はとても大切です。

例えば、いつまでも元気でいたいという願いは誰もが抱くことですが、若くて元気な場合は、なかなか実感が湧きませんので、そのことをあまり価値として感じ得ません。しかし、体力の衰えや、足腰などに少しずつ老いを感じる頃になると、健康であること、単に普段どおり歩けることそのものが、どれだけすばらしいものなのかということを感じ始めるようになります。そのように、感性は、身をもって経験をすること、すなわち、「体験」によって培われていきます。よく「かわいい子には旅をさせろ」とか「苦労をさせろ」という言葉の意味は、できるだけ小さい頃からさまざまな体験をさせることが望ましいということです。

人としての素地。すなわち総合的人間力を培うためのベースとなる感性を培うためには、7つの「体験」が有効だとされています。

一つは夢・目標を持つということ、2つめには多様な人間関係を体験すること、3つめには、年下や自分より弱い者などの世話を体験すること、4つめは自然との体験、5つめは選ばせることの体験、6つめは音読、そして7つめは暗算です。

音読の本格的な指導や、また、暗算については、小学校にお任せするとして、他の5つは、すべて幼児期からそれに相応しい環境を用意することが可能であり、積極的な取り組みが必要だと考えています。

このような体験が十分にできるよう、私どもも積極的に「教育・保育の方法」に取り入れています。

【教保要第 2 章第 1 言葉】

　また、「知性」は主に「論理の展開」という体験が必要です。子どもが思考力をはじめとした多くの能力を発達させるために、その土台となる体験です。

　例えば、幼児期の子どもは、「なぜ、夕焼けは赤いの？」などと、よく質問をします。それは、「なぜ、そのような結果に至るのか？」を頭の中で整理している瞬間です。そのように、結論までのプロセス（過程）を、頭の中で整理する作業のことを「論理の展開」といい、人に教えたり、何かを説明しているような行為も、まさに、その体験をしている状況だといえます。

　このような体験は、難しいものを単純にし、構造化（誰が見てもわかりやすく）して、相手を納得させ、相手と協調するための論理的思考力など、多くの能力を発達させるために必要であって、すべての能力を獲得するための入り口となります。

　よって、「なぜ、○○なの？」のような質問をし始めた時は、脳がさらに成長しようとしている時として大いに喜び、その質問に丁寧に応えていきましょう。

　時に子どもは、応えにくい質問をしますので、困ってしまうこともありますが、答えの中身より、質問（働きかけ）に対して、反応や応答することの方が大切です。

2.　教育・保育の方針

【保指第 1 章　3】
【教保要第 1 章第 1-1】

　方針とは、理念を達成するための手段ですが、「人としての素地を培う」という目的を達成するための手段として、「養護」と「教育」のそれぞれに方針を掲げています。

（1）　養護の方針 ― アットホームな "昼間の家庭"

　教育を展開するための土台となる養護の方針は、「アットホームな "昼間の家庭"」と表現しています。保護者との共育を基本に、心身ともに安定した生

活ができるよう養護を行います。

くつろいだ落ち着いた雰囲気の中で、子ども達が心身ともに安定し、楽しい日々を過ごせるよう、また学ぼうとする意欲が持てるよう、併せて保護者との信頼関係のもと「共育」が実践できるよう、明るい自然な会話がはずむ、アットホームな"昼間の家庭"を目指していきたいと考えています。

「ケア養護」とは、「体のお世話」と「心のお世話」をすることです。家庭の延長としてお子様に健全、安全で情緒の安定した環境を用意することです。

前述のとおり、幼保連携型認定こども園や保育所の場合は、「教育」の土台となるものは「ケア」である、という考え方です。乳幼児期の「教育」は、まず、基本的欲求の充足をはかり、心身ともに快適な状態の上で、初めて「教育」が行えるものだ、との考えです。このことは大人にも言えます。大人でも、疲れていたり、また、心配事があれば仕事に熱中できません。それと同じことです。

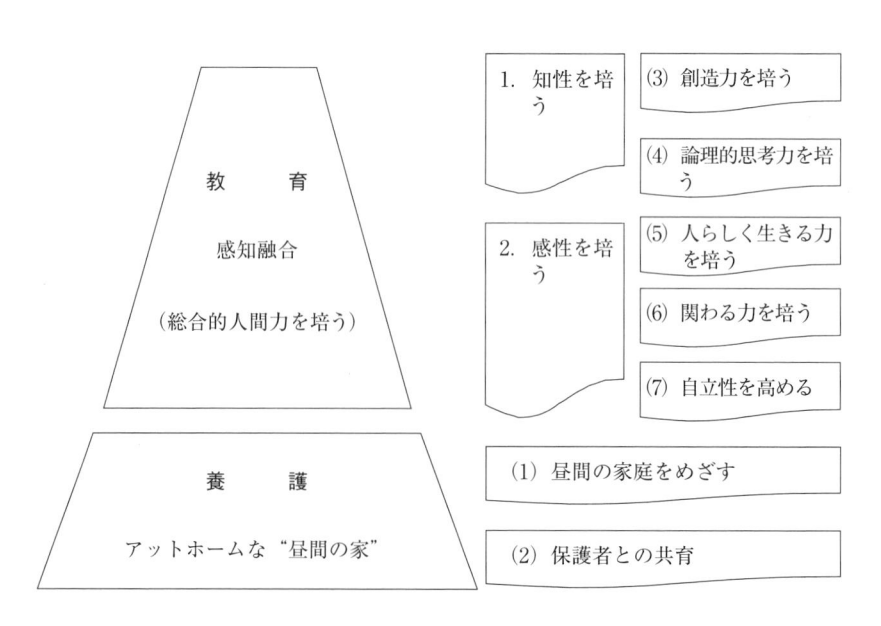

図37　本園の保育の方針
（谷村　誠　作）

　さらに、心の安定をはかるだけではなく、ここでいう「心のお世話」とは、子どもの思いを受け容れ、認め、支えることを意味します。人の「行動」を支える「心を育てる」ことに直結しています。ケア（養護）は、人の成長には不可欠です。

（2）　教育の方針 ─ 感知融合（総合的人間力を培う）
　　　　─ お世話されお世話することにより感性を培い、教えられ教えることにより知性を培う ─

　教育の方針として、感知融合 ─「社会を構成し運営するとともに、自立した一人の人間として力強く生きていくための総合的な力の素地を培う」を掲げ、進めています。
　創造力や論理的思考力などの「知的能力要素」、人らしく生きるための素地

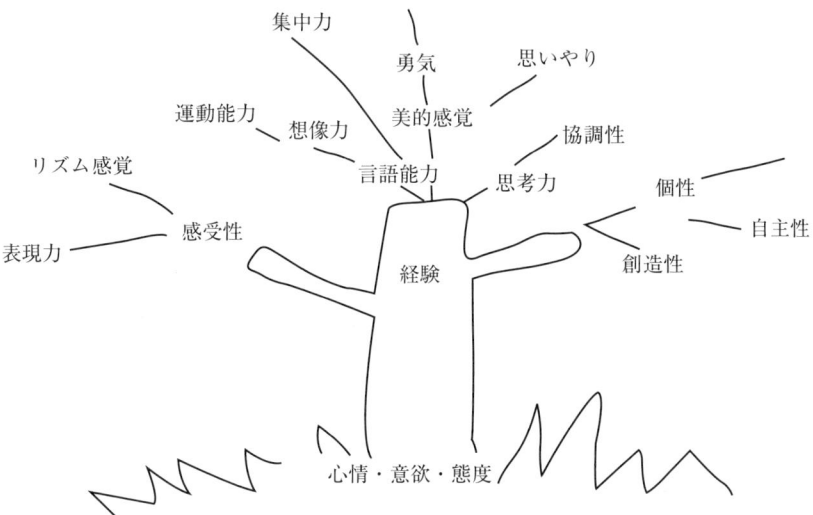

「心情・意欲・態度」とは、好奇心・探究心・向上心、また知識や能力を継続的に高めようとする心もちや態度のことで、やがて能力という美味しい実をつけるための養分を吸い上げる "根っこ" のことです。この時期はまず、その根っこを十分に育てることが大切です。

図38　すべての能力はそのものに取り組もうとする「心情・意欲・態度」から
（谷村　誠　作）

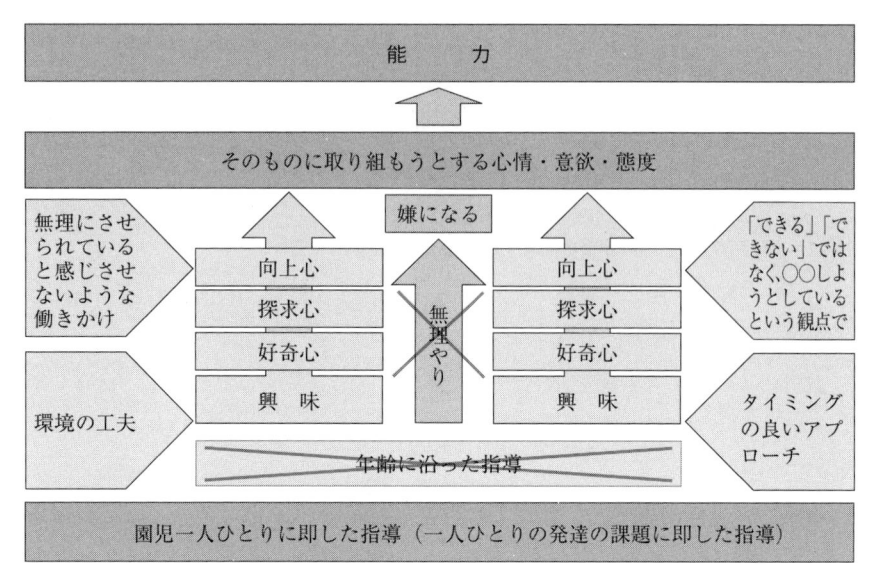

図39　年齢に沿った指導ではなく、園児一人ひとりに即した指導を行う
（谷村　誠　作）

や人と関わる力、また自立性など「社会・対人関係力的要素」「自己制御的要素」を総合的にバランス良く高めていけるようその基礎を培っていきます。

3.　教育・保育の目標　　　　　　　【保指第1章3（1）】【教保要第1章第1-1】

　目標とは、目的を達成するために方向を定めた方針に沿い、具体的に設けた「めあて」のことです。教育・保育の方針に沿い、「養護」と「教育」のそれぞれの目標を掲げています。

（1）　養護の目標
1）　情緒の安定を図る（養護の目標）【保指第1章3（1）ア（ア）及び　第3章1（1）イ】
　　　　　　　　　　　　　　　　　【教保要第1章第3-4・第2章第2（5・第3章第1-6）】
　　　——一人ひとりの子どもの状況を把握し、安心感と信頼感を持って活動
　　　できるよう受容します——

2）　幼保連携型認定こども園の保育の定義は「養護と教育」

保育所保育は養護と教育が一体となって展開されます。日本は、先進諸国の中でも早くからこの考えが整理され、実践されてきました。幼保連携型認定こども園においても、その考え方が引き継がれました。本園は、長年の間、保育所として養護と教育が一体となった保育を展開してまいりましたので、その経験を活かし、幼保連携型認定こども園においてもしっかりと実践しています。

3）　心のお世話（情緒の安定）

養護と教育が一体となって、という意味は、養護を土台として教育を展開する、ということです。大人も体調が悪かったり、何か悩み事や心配事があったりすると、恐らく仕事をしようとする勤労意欲は湧いてこないはずです。子どもも同じで熱があったり、悩みごとやストレスを感じていたり、欲求不満であったり、情緒が不安定な場合、学ぼうとする気にはなりません。よって、安心感を持って生き生きと活動できるよう、まずは個々に心のケアを行い情緒の安定を図ります。

4）　幼保連携型認定こども園では

そのために、幼保連携型認定こども園では、まず子どもの気持ちを一旦まるごと受け容れる「受容」を基本として接しています。保育教諭が一人ひとりの子どものおかれている状況を把握しながら、情緒の安定を図っていきます。受容は、教育を実践するための最初の入り口だと考えています。

日本の保育園や幼稚園のルーツをたどると、明治の初期にドイツのフリードリッヒ.W.A.フレーベル［1782 年～ 1852 年　世界最初の幼稚園の創設者］の考え方が取り入れられました。

しかし、当時の日本には、幼児期の保育をあてはめるものがなく、そこで考えられたのが「小学校の小さい子版」でした。日本初の幼稚園といわれる東京女子高等師範学校附属幼稚園（明治 9 年（1876）現お茶の水女子大学付属）が開園され、日本中広まっていきましたが、建物も園庭も、また、保育形態もすべて学校をモデルにして考えられました。そして、私達世代は何を疑うことなくあたりまえのようにその形態を“常識”として時を過ごしてきました。

しかしこの日本では、「はたして乳幼児期に学校的な建物がふさわしいもの

かどうか？」また、「1年生、2年生…・というような学年制割り、すなわち年齢別保育が適当なのか？」という十分な検討がなされぬまま今日に至っています。

5) 当園では

情緒の安定のために保育教諭がケアすることが大切ですが、そのような人的な環境と併せ、物的な面においても、くつろいだ落ち着いた環境を心がけ、子どもも保護者も心身が癒され、情緒が安定するよう努めています。

人間は、物理的な環境に大きく影響されます。例えば、明るい部屋の方が楽しい会話ができます。逆に暗い部屋では、自然と静かになります。また、介護の世界などでも、安全だと思われる平面の床で、お年寄りがよく転倒されて怪我をされるようなことがあり、むしろ家具や観葉植物などが置かれていて、歩行を妨げるような環境の方が事故は起きにくい、というような事例があります。このように、人間の心理は、無意識のうちに物理的な環境に大きな影響を受けています。

よって、心身ともに癒されるよう、特に乳幼児期には、学校ではなく、家庭にモデルを求め、くつろいだ環境づくりに努めたいと考えています。

【教保要第1章第3-4（1）・第2章第2-2（2）】

6) 体のお世話（生命の保持） 【教保要第1章第3-4（1）】

教育の土台となる養護、その中でまず、子どもの命を守ること、そして、一人ひとりが快適に健康で安全に過ごせるようにすることが、何よりも優先される教育・保育の基本です。そして、生理的な欲求が十分に満たされ、健康増進に積極的に努めていきます。生理的欲求が満たされ、健康で快適な生活を保持し、食事、排泄、睡眠、着脱、清潔を保つなどを、意欲的に行えるよう援助していきます。

7) 保護者との連携を密に

【教保要第1章第3-5（1）ア（イ）・イ（ア）・ウ（ア）（イ）・】

常にご家庭との連携を密にして、子どもの平常の健康状態等を把握し、異常を感じる場合は、速やかに対応します。詳細は別冊にて説明いたしますが、容態が急変するような場合は、ご協力をお願いすることもあります。また、集団

生活においては感染予防にも心がけています。できるだけ適切な状況をお伝えし、皆様との連携を図っていきます。

8)　事故防止と安全教育　　　　　　　【教保要第 1 章第 3-5 (2) イ (ア)】

　成長と共に行動範囲や行動自体もダイナミックになり、怪我なども多くなります。大人にとっては起きてはほしくないのですが成長の証でもあります。子どもの発達過程を踏まえ、当然、行動を予測し事故防止に努めています。ただ、小さな怪我をいくつも体験することにより、自身で大きな怪我を防ぐことができるようになる、という人としての成長のための必要な体験です。

　そして、事故の予防のために、戸外等で全身を動かして遊び、楽しさの中で体を鍛えます。また、交通安全教育や、災害時・不審者などの非難訓練等、自分で身を守る安全教育も実施しています。

9)　基本的生活習慣の習得と目的別のお部屋

【教保要第 2 章第 1 健康 3 (5)・人間関係 3 (4)】

　健康や安全など、生活に必要な基本的生活習慣や態度を身に付けることは、子どもが自分の生活を律し、主体的に生きる基礎となります。食事、排泄、睡眠、衣類の着脱、身の回りを清潔にすることなどの生活習慣は、急がせることなく、適切な時期に適切なペースで習得していくことが大切です。

　○○組さんのお部屋ではなく、目的別のお部屋にしているのもそのためです。時間に追われることなく、じっくりと身につけていけるような環境にしています。

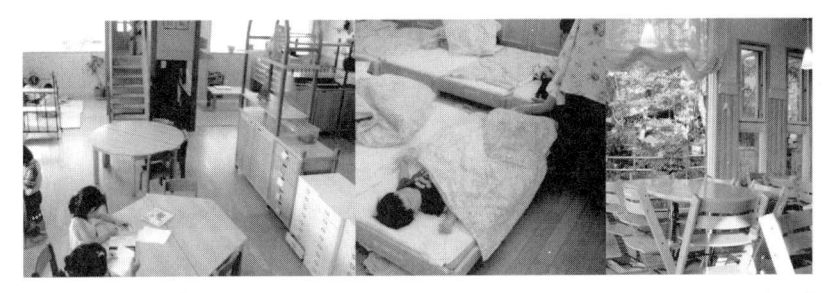

「遊ぶところ」「寝るところ」「食べるところ」目的別にお部屋でじっくりと生活習慣を身につけていきます

―保護者の意向を受け止め、安定した親子関係が保てるよう努めてまいります―

10）日ごろのお付き合いが大切（安定した親子関係に配慮する）

　親は、一生"親"を務めます。90歳になっても親は親です。そして、「子育て」は、親にとっていつも「初体験」となります。親として、どうしてよいか分からないのは当然、迷うのも、不安になるのも当たり前です。すべて初めてだからです。子ざもたちの健やかな成長には、保護者との健全な安定した関係はとても大切です。しかし、親としては初めての体験ばかりですから、思いどおりにならない子どもの行動に、時には腹が立つこともありますし、精神的に不安定にもなります。このようなことは、多くの人が体験していることです。お一人だけではありません。どうぞご心配なく。

　子どもの健やかな成長のために、安定した親子関係が保てるよう、お手伝いできればと考えています。何かご不明な点があればお話し下さい。日ごろのお付き合いが大切だと考えています。

　私達の役割は「子どもの最善の利益を考慮する」こと。併せて、保護者を含む、大人の利益が優先されることのないように留意することが求められています。保護者や親といえども、子どもの人権が阻害されるような行為は許されないこと。また、そのようなことがあれば、私達は是正や、それに対して法に定められた行動をとらなければなりません。昨今、子どもの虐待等の事件が増えています。私達には、そのようなことを発見、また、発見するまでもなく異常を感じたら、親御さんの意思を確認することなく、関係機関に報告する義務があります。親御さんとの関係が、一瞬にして崩れてしまうような、非常につらく悲しいことが法律で定められています。

11）共育する――成長の喜びを共有しましょう

　子育ては、親御さんにとっても初めての体験ですから、常に不安や悩みが生じます。子育てなんかしたくないと感じることもあるでしょう。私達にできることは、皆様と子どもたちの成長を一緒に喜ぶことだと考えています。その

ために、送迎時などに十分とお話できなかったことを補完するため、パーソナルシート（連絡帳）なども毎日利用して、子どもたちの様子をお知らせするなど、保護者の皆様とコミュニケーションを図っています。

　また、毎月の個別のカリキュラムもお渡ししています。その月の、教育と養護の目標をそれぞれに設定しています。それを題材にして、教育・保育の意図の相互理解を図るために、また、集団生活と家庭生活の中で、私達と「共に育てる」ための参考としてご利用いただければ、と考えています。

（2）　教育の目標
1）　基礎学力の素地を培う

　　　　　　　【教保要第2章第1環境・言葉】【保指第1章3（1）ア（エ）（オ）】
　― 思考力の芽生えを培い、言葉に対する感覚や言葉で表現する力を養います ―

　近年、日本の子どもの「基礎学力」の低下が問題視されています。基礎学力の低下を引き起こしているひとつの要因として、日本社会が夜型化し、子どもの睡眠時間が短く、朝ごはんも食べられないという生活習慣の乱れが指摘されています。

　立命館大学教授陰山英男氏は、学力の向上には「早寝、早起き、朝ごはん」が不可欠と提唱。また2時間以上テレビを見ると、睡眠時間、勉強時間、親子の会話までが減ると警鐘を鳴らし、家庭の中を流れる時間をコントロールして、子どもがすくすく伸びる環境をつくることが大切だ、と提言されています。

　また、祖父母の居られるご家庭のお子さんは学習能力が高い、というような調査結果もあります。これは、褒められたり認められたりする機会が多いことが要因だと考えられています。

当園では

　園では、生活や遊びの中で、考える力、言葉への興味、表現が自然と培われていくように環境を整え、子ども達にさまざまな働きかけをしています。例えば、3歳以上児の保育室では、絵本や鉛筆、ノートなど、思いついた時に、い

言葉など興味を持ち始めた時、文字を書いてみたいと思ったときに「言語エリア」
で活動します

つでも自由に手に取り、取り組むことができるようにエリア遊びを用意してい
ます。

　発語前の乳児に対しては、生活や遊びの中で、活動内容や子どもの伝えたい
思いを汲み取り、それを言葉に変えて、表情豊かに絶えず語りかけています。
また併せて、「事後にプラス」の姿勢を基本に、認める、共感する、褒めるな
どの機会を多くするよう努めています。

　そして、ご家庭での生活習慣の確立が、子どもの基礎学力を大きく左右して
いくことをご理解いただき、保護者の皆様と「共育」が実践できればと考えて
います。

　2）継続力を培う　　　　【教保要第2章第1環境】【保指第1章3（1）ア（エ）】
　― 多様な経験や体験を通じ好奇心、探究心など、知識欲を培い、そのもの
　　に取り組もうとする心情、意欲、態度を養います ―

　能力が培われるには、まず「興味」から始まります。興味とは、惹かれた
り、おもしろいと感じるなど、物事や出来事に関心を向けることです。その
うち、わからないことや珍しいこと、未知の事柄に対しての「興味」を「好
奇心」といいます。「こんなの初めて！」「何かありそうだな」「何か変だぞ？」
などの好奇心は、養分を吸い上げるための“根っこ”の先の部分にあたりま

す。よって、能力という美味しい実をつけるのには、好奇心を抱くような機会や環境ができるだけ多くあった方が良いといえます。

　そして、好奇心という段階で楽しさを味わうと、「もっと知りたい、試してみたい」という「探究心」が生まれてきます。その思いで環境へ働きかけ、手ごたえを感じたとき（プラスの反応や応答があったとき）、その働きかけに楽しさを覚えます。それが探究心の始まりです。探究心とは、物事の真の姿をさぐって見極めようとする心情や態度のことで、社会現象や物事について、新しい視点から、または最も深いところから理解してみようとしたり、他の誰も考えつかないことや、今ある知識を新しい枠組みで組立て直してみようとする姿勢のことです。将来の生活の中で、自発的な研究や学習といった特に知的活動の根源となるとても大切な感情です。

　その探求心を抱くような体験を繰り返すことにより、向上心が芽生えてきます。「向上心」とは、「もっと難しいことをやってみたい」「挑戦したい」など、自分の能力・性質などをより優れたものにしようとする心もち、より優れた状態を目指そうとする気持ちのことです。何かに夢中になっているときや、少し難しいことに挑戦しているような状態が「向上心」が育っている状況です。それを克服し、充実感や満足感を得て、自身を獲得したときに養われます。

　そして再度、挑戦し、繰り返し達成感を味わうことにより、「継続力」が培われ、その総合的な力が、その子の「能力」となります。

　　当園では　　　　　　　　　　【教保要第 2 章第 1 人間関係 3（4）・第 2 章第 2-3（4）】
　私達は、「人・物・自然」等、直接体験ができるように、魅力ある環境を構成したり、好奇心をもつ子どもの内面の動きを読み取り、子どもの共感者となれるよう努めています。子どもの気づきや発見を認め感動を共有し、その良さを他の子どもにも伝えたりすることも大切だと考えています。

　また、子どもの葛藤、つまづき、挫折感などを受容する「活動の理解者」や、再挑戦や思いを乗り越えられるよう、子どもと共に悩み考える「共同作業者」にもなれるよう努めています。

　そして、子ども同士が認め合える友達、仲間になれるように、それぞれをつなぐための援助や、能力に応じた次なる挑戦ができるよう、目標を子どもと共

に設定したり、充実感と満足感を子どもと共有して、次の活動に意欲を持たせられるよう心がけています。

3）創造力を培う　　　【教保要第2章第1表現】【保指第1章3（1）ア（カ）】

― さまざまな経験や体験と知識を得、思考、想像力、発想力、表現力を生かし、新しいものをつくる力を培います ―

教育・保育の世界では、よく創造という言葉が使われます。では、創造とはどういうことなのでしょうか？

創造とは、今まで、学び培ってきた経験、知識による、思考、想像の組み合わせ作業です。

同じような意味で「あの人はセンスが良い」と言ったりします。「センス」と言うと、何か神様から与えられた能力のように思われる節もありますが、やはりセンスも学び培ってきた経験、知識による、思考、想像の組み合わせ作業です。

例えば、服のセンスが良いと言われる人は、服に関することに関心を持ち、人よりも多く、ファッション雑誌を見たり、ショッピングを楽しんだり、実際に着こなしてみたり、もう少し過去から探ると、その人のお母さんも服が好きだったり、多くの知識や体験が豊富であって、その蓄積したものを頭の中で瞬時に組み合わせています。やはり、見たり、聞いたり、やってみたりする体験の積み上げが大切です。

当園では　　　　　　　　【教保要第1章第1-1前文・第1章第1-1（4）】

「思いついた時にすぐ手に取れる環境」は創造力を培うのにとても重要です。園で目的別の部屋があるのも、テーマを持ったエリア活動ができるようにしているのもそういった理由からです。積み木やままごと、絵本、クレヨン等、子ども達が集中して取り組めるような環境づくりに、これからも努めていきたいと考えています。

繰り返しますが、創造とは、今まで学び培ってきた経験、知識による、思考、想像の組み合わせ作業です。何も無い整然とした部屋の中では、限られた組み合わせしか生まれません。さまざまな材料があることで、今まで経験した組み合わせだけでなく、思いがけない新たな組み合わせを発見することがで

き、その楽しさを味わうことによって表現が豊かになっていきます。

4）論理的思考力を培う 【教保要第2章第1環境】【保指第1章3（1）ア（エ）】

— 生命、自然及び社会などの事象にふれ、集中力、観察力、発見力、理解力などを高め、それを相手に伝える論理的思考を培います —

「なぜ？」「どうして？」、幼児期の子どもはよく質問をします。これは、論理的思考力の育ちの第一歩です。論理的思考力とは、自分の考えや思いを整理して相手に伝える力です。難しいものを単純にし、誰が見てもわかりやすくして（構造化）、相手を納得させ、協調するための思考方法です。課題の設定から対応策の考案、そして行動管理のプロセスを経て成果を上げていくために、また、過去の理論や経験が通じないことが多い今の世の中において、特に論理的思考力は必要となります。

そして、その整理したことを身につけるには、手応えを感じる反応や応答を受けて自信を獲得することが必要です。そのために仲間という存在が重要で、大人との関わりのような依存の関係にない中で、自分の考えを伝えようという気持ちが主体的に生まれてきます。

時々、子どもが自分より小さな子に一生懸命何かを説明したり、大人が子どもに言うように言い聞かせたりしている光景を目にします。これは、自分の考えや思いを整理して相手に伝える、という「論理の展開」を実践し、自信を獲得し、能力を身につけている場面であり、子ども同士の関わり無くしては体験し得ないことです。よって、その関わりは、説明したり、教えあう意欲が芽生えやすい「異年齢」など、多様な関わりが適しています。

当園では 【教保要第2章第1人間関係・環境・言葉・表現・第2章第2-3（7）】

論理的思考力の育ちには仲間の存在が重要です。年上の子のダイナミックな遊び、折り紙の複雑な折り方、積み木で作るさまざまな世界。年下の子は、それらを憧れの眼差しで見つめて同じようにして遊び、反対に、年上の子は大人が子どもに接するように教える。その表情は自信に充ち溢れています。

さまざまな年齢の子どもがいる幼保連携型認定こども園では、友達に学ぶ、教え合う、伝え合うということが日常的に行われています。私達大人も、子どもの興味や関心を誘い、豊富な体験ができる環境をつくりながら、子ども達が

大いに自信を獲得し、論理的思考力を養えるよう援助していきたいと考えています。

5） 人間としての基礎・基本を確立し、規範意識を持つ（教育の目標）

【保指第1章3（1）ア（イ）（ウ）】【教保要第2章第1健康・人間関係】

— 人間としての基礎・基本を確立し、ルール・規範意識を高め、責任感を培います —

人として成長・発達の出発は親子関係を軸とした「関わり」から始まります。愛情豊かな親の保護に包まれ、子どもは多くを親に求めます。その際に親を信頼し、愛することを知り、同時

人に説明したり、教えたりすることが論理的思考力を培います

に自ら他人を愛することを覚え、これが「人間らしさ」を培う第一歩となります。

人間力を培うにも順序があり、最初の課題である「人間らしさ（人間としての基礎・基本）を培う」ことは、人間の脳が約80％完成するといわれている3歳頃までが大切だとされています。ここがしっかりとしていないと、人間力の最終の課題である「自立」もままならないということになります。

人として生きていく人格の土台を形成するこの時期には、愛情たっぷりの良質な環境と併せて、いわゆる「しつけ」が大切であり、説明や理屈をあまり必要としない就学前の幼児期が、ふさわしい時期にあります。

当園では

基本的に「しつけ」は家庭教育であることはご認識下さい。幼保連携型認定こども園では、家庭にはない集団生活という環境の中で規範意識を高めていきます。子ども達にとっては、まさに大人の「社会」と同じです。自分が楽しく

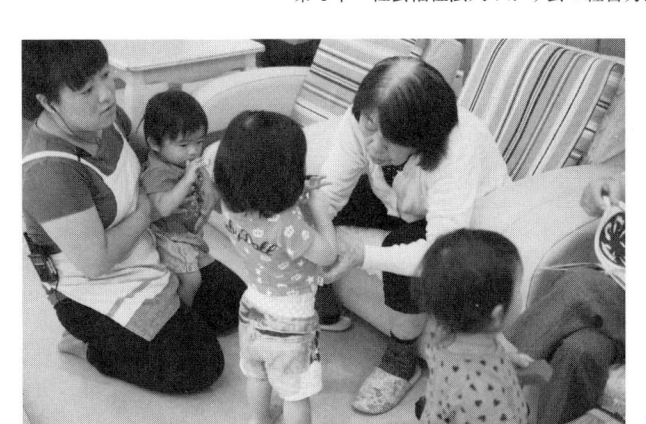

「しつけ」は説明や理屈をあまり必要としない就学前の幼児期が、ふさわしい時期にあります

生活するために、どのような生活態度が良いのか？　また、悪いのか？　ルールを守らなければどうなるか、無責任なことをしたらどうなるのか？　など、実際の生活体験の中で学んでいきます。

　ただ、人間は「目標」がないと行動に移すことができません。そのために、大人がルール（目標）を伝えていきます。保育教諭や友達との生活や遊びの中で、習慣や約束も一度にすべてをできるようにするのではなく、一つずつの成長を喜びとし、時間をかけて伝えていきます。

　例えば「挨拶」です。出会った人には、「元気な声でしっかりと挨拶をして欲しい」と願うものですが、そこに至るまでの順序があります。相手からの挨拶が心地良く感じ、相手と目を合わせ、相手の前で笑顔を見せ、相手の挨拶に反応する。そこから自らの言葉として、挨拶ができるようになる。といったプロセスを踏みます。少しじれったく感じるかもしれないですが、それぞれの姿に喜び合い、次へと導いていけるよう日々の生活を大切にしていきたいと考えています。時には危険な行為などは、厳しく叱責する場面もあります。

6）　食を営む力を培う　【教保要第1章第3-5（3）・第2章第1健康】【保指第5章3】
　— 生活と遊びの中で、意欲を持って食にかかわる体験を積み重ね、食べることを楽しみ、食事を楽しみあう子どもに成長する —

152

　（財）食生活情報サービスセンターがわかりやすく説明しています。「食育」とは、国民一人ひとりが、生涯を通じた健全な食生活の実現、食文化の継承、健康の確保などを目的として、自らの食について考える習慣や食に関するさまざまな知識と食を選択する判断力を培うための取組みを指します。

　食育により、栄養バランスの改善と正しい食習慣の形成、農畜水産物・食品及び農林水産業、食品産業に関する正しい理解、地域の優れた食文化の継承といったことを国民一人ひとりが実現することで、「国民一人一人が自ら食について考え、判断する能力を養成」し、「人間力を向上」させることが最終目標です。

　「食育」という言葉は、明治31年、石塚左玄氏が「通俗食物養生法」という本の中で「今日、学童を持つ人は、体育も智育も才育もすべて食育にあると認識すべき」と、明治36年には報知新聞編集長であった村井弦斎氏が、人気小説「食道楽」の中に「小児には徳育よりも、智育よりも、体育よりも、食育がさき。体育、徳育の根元も食育にある」と記述しています。「食育」という言葉のルーツは大変古いのです。

　食育を進めるための基本となる法律は、「食育基本法」として、平成17年6月に成立しました。そこには、父母等の保護者に対し、家庭が食育において重要な役割を有していることを認識するとともに、教育関係者には、積極的に子どもの食育の推進に関する活動に取り組むことの役割が定められています。（第5条）

　園では「食べる」ことの体験は日常的には基本的に一日1回です。家庭では2回、法にも謳われているよう家庭と園が共に育てる「共育」の観点で取り組む必要があります。

当園では　　　　　　　　　　　　　　【教保要第1章第3-5（3）・第2章第1健康】

　うがい、手洗いから始まり、箸の使い方、挨拶や姿勢などの食事の作法、また食事を楽しみことができるような環境構成など、食べることの基本やその必要性を体験の中から習得できるよう努めています。

　また、食材に旬（季節）があること、地域の特産物があること、日本の食文化と外国との違いを知ることなど、「食と文化」に関して、そして、仲間やお

年寄りや地域の方々と楽しく食事をする「食と人間関係」に関する体験、自分達で野菜を育てたり、調理する姿を見たり、調理したりと「食」に対して感謝の念を抱けるような体験を計画的に進めていきます。

7）公共心を培う
― 基本は感謝する心 ―

【教保要第2章第1環境・人間関係・第3章第2-7・11】【保指第1章3（1）ア（エ）】

― 国、郷土の歴史、文化に対し豊かな心情を養い、社会の一員として公共心を培います ―

当たり前のことですが、人はひとりでは生きていくことはできません。必

食事風景

ず誰かに助けられたり、お世話になったりしながら生きていきます。そのことに気づき、ありがたいと感じることができるかどうかが、公共心の育成の根本となります。基本は、やはり感謝する心です。

感性は体験でしか培えませんが、「感謝する心」も同じです。特に成功と失敗という体験、また、"うれしい" と "つらい" という体験では、いずれも後者の方が「感謝の心」を育てます。どうしようもないつらい時に、手を差し伸べてくれる存在があることに気がつきます。そのとき、自分が誰かに支えられて生きていることに気づきます。その心がわがままを抑制し、自分以外の人や物を大切にしようとする公共心へとつながります。

当園では　　　　　【教保要第1章第3-3（3）・第2章第1人間関係・第3章第2-6・7】

基本は人と人との関わりです。特に、異年齢やお年寄りなどの異世代、またハンディキャップを持たれた方、国籍や文化の違う人、などその関わりは多様な方が良いのです。さらにその関わりが日常的であることが大切です。できるだけそのような環境での生活が良いと考えています。

また、自分の目の前だけではなく、成長と共にその視野を広げていきます。自分を支えてくれているのは家族や友達や先生だけではなく、自分が生きている地域や社会、また、この国であることの認識が深まっていくよう、地域社会、歴史、文化との関わりの機会をつくっていきます。

8）人と関わる力を培う

【教保要第 1 章第 1-1（4）・第 2 章第 1 人間関係】【保指第 1 章 3（1）ア（ウ）】

— 多様な関わりの中で、想像力、状況理解力、判断力を養い、問題解決力、協調性をもって対人影響力を高めます —

人が生きていくために最も大切な能力です。そしてこれは他の力を培うための入り口となる能力でもあります。これを養うのには、実体験しかありません。

子どもの発達のしくみは、自分を取り巻く人や自然、事物などに対し、それまで身につけてきた知識や能力をもって働きかけ、その反応や応答に手応えを感じながら自信を獲得し、新たに能力を身につける（社会的相互作用）、一生この繰り返しで、人は成長していきます。成長・発達には人と人との関わりが大切であり、その関わりは多様な方が良い、というのが基本です。

当園では　　　　　　　　　　　　　【教保要第 1 章第 1-1（4）・第 2 章第 1 人間関係】

園での実体験とは、仲間との遊びです。この体験が最も大切な能力を培います。「遊び」は自由さが基盤となりますので強制されることなく、自然なかた

人は一人では生きられません。多くの人に支えられながら生きています

ちで身についていきます。繰り返しますが「仲間」との「遊び」などを通じて、それぞれの能力を身に付けていきます。

　例えば、鬼ごっこ。つかまりそうになった時、どこへ逃げれば良いのか、「状況を理解」して「判断力」を精一杯発揮させます。皆さん方もご経験があろうかと思いますが、その最中、"けんか"というトラブルが発生することもあります。年上のお兄さんは何とか皆で楽しくやろうと、仲立ちになって、直面する「問題を解決」しようと、持ち合わせる能力を発揮します。当人同士は、お兄さんのおかげで相手の気持

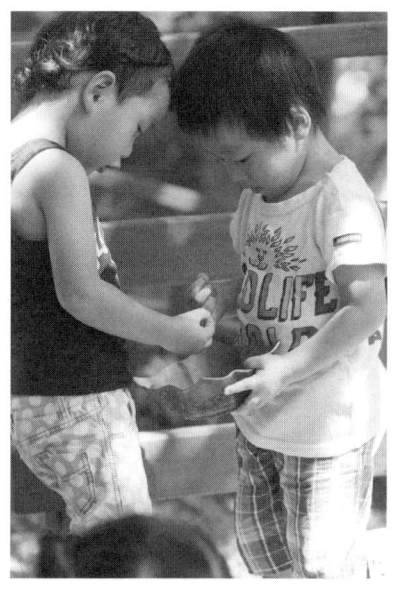

仲間との遊びが人と関わる力を培います

ちや周りの仲間の思いも「想像」し、自分達が面白く遊ぶのには「協調」しなければならないこともそこで学んでいきます。

　大人社会で起こりうることと同じようなケーススタディを、仲間との遊びを通して実体験の中で身につけていきます。これより優れた方法はありません。

９）　他者理解力（周りの人を理解する力）を培う

【教保要第２章第１人間関係・環境】【保指第１章３（1）ア（ウ）（エ）】

　― 命あるすべてのものを大切にする心を基本に、人に対する信頼感や、思いやり、優しさなどを養い、受容する力と他者理解力を培います ―

　他者理解力が豊かな人は、他人も幸せにすることができ、自分も幸せになれます。世の中で一般に「成功者」と呼ばれる方は、共通してこの力が豊かだといわれます。

　人に対する信頼感は、乳児期からの課題となります。まず、母子関係を中心とする大人との関わりの中で、赤ちゃんが望んだどおりしてあげること、要求が叶えられることにより、人を信頼するようになります。大人から生命を守ら

れ、愛され、信頼されることにより、子どもの信頼感が培われていきます。

　そして、自分を愛してくれるその大人の期待に応えようと、次第に主体的に活動するようになり、その力をさらに認められることによって、自分からも大人を理解しようとします。そして、次第に周囲の者にも関心を広げていきます。思いやりや優しさ、また他人を受け容れる受容力なども、同じしくみです。優しく接してもらう心地よさ、嬉しさなどを体験することにより、他人に対して同じような気持ちで関わることができるようになっていきます。

　親は子どもの要求に対して何かと条件をつけます。「これをしてあげるかわりに、こうしなさいね」というように。しかし、お年寄りは無条件に受け容れてくれます。これが受容力です。「おじいちゃんは孫にあまいから困るのよ」というようなお話を時々聞きますが、過保護と受容は違います。

　大人も時には「誰かに甘えたい」とか、「私が悪いのだけれど、私の気持ちも分かってもらいたい」とか、また「誰かに支えてもらいたい」、と思うのと同じように、子どもも日々ストレスや欲求が生じます。人が精神的にバランスよく生きていくには、理屈に合わなくても、そのような気持ちや欲求を無条件に受け容れてくれる存在が必要なのです。そしてそのような環境がある子は、他を受け容れることができます。時間をかけて苦労して積み上げた積み木を、一瞬のうちに小さいお友達がわけもなく崩してしまったとしても大目にみたり、これもまさに受容力です。

当園では　　　　【教保要第1章第3-3（3）・第2章第1人間関係・環境・第3章第2-6・7】
　基本的には前述の「人と関わる力」と同じく、人と人との関わりの実体験を

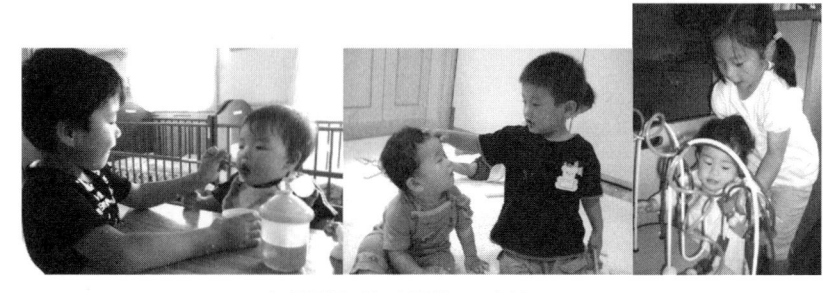

年長園児が年少園児の面倒をみる

通して培われていきますが、特に、人に対する信頼感や、思いやり、優しさ、また受容力などは、異年齢、異世代など多様な人間関係の体験や、年下や自分より弱いもの（動植物なども含め）などの世話を体験することが大切です。そのような体験ができるような環境づくりに努めています。

10）　コミュニケーションスキルを培う

【教保要第2章第1言葉・表現】【保指第1章3（1）ア（オ）（カ）】

　──話したり、聞いたり、話を理解しようとする言語能力、相手に伝える表現力を高め、コミュニケーションスキルを培います──

　小学校に入学するまでに字が読めるように、また書けるようにしてくださいとの保護者からの要望があります。しかし、成長には順序性があるということ、そして、時間がかかるということです。この時期の教育の目標は、そのものに取り組もうとする心情、意欲、態度を養うことが一番優先されるべきことです。逆の言い方をすると、この時期大人がやってはいけないことは、「キライ」にさせてしまうことです。あせりは禁物です。

　書くことができるには、読めることができなければなりませんし、読むには、話すことを十分に楽しまなくてはなりません。また同時に聞くことも十分経験しなければなりません。

　コミュニケーションスキルの素地を培うのには、まず、話をしたり、相手に伝えようとすることの楽しさを体験することです。そのためには、大人が子どもに伝えることも必要ですが、それ以上に大切なのは、十分に子どもの話を聴くことです。そして、それにプラスの反応や応答（メッセージなど）を返します。

当園では

　"競争"ということも必要ですが、この課題については、あえてこの時期に競争する必要はないと考えています。つまり「キライ」にさせてしまいます。ここでいう"競争"とは、例えば小学校のような"一斉教育スタイル"のことです。黒板に文字を書いて「この文字は何と読みますか、わかる人？」「はい！"あ"です」「〇〇君えらいね！正解！」というような方法のことです。この瞬間子どもは勝ち負けを認識します。そして挫折感を味わい続ける

ようなことになると "いや" になります。本園では、あくまで個別に援助（指導）することを基本としています。当然、絵本の読み聞かせや、文字の練習なども行いますが、何よりも大切なのは、日常の個別にやりとりするコミュニケーションが楽しいと感じる日々の体験です。

11）自発性を培う

【教保要第1章第3-4(2)ウ・第2章第1人間関係】

【保指第1章3（1）ア（ウ）】

― 集中力を養い、自主性、自発性、積極性を高め意欲的に行動するなど自立性を高めます ―

自主性、自発性が培われるには、まず、そのことに興味がなければなりません。事前に、興味を持てるようなしかけ（環境や機会）をし、行動（経験・

コミュニケーションスキルを培うには、まず、話したり、相手に伝えることの楽しさを体験することが必要です。そのためには、十分に子どもの話を聞くことが大切です

体験）の後に、プラスの反応やメッセージをおくります。その繰り返しによって、何かに取り組むことが面白くなり、好奇心、探究心などの知識欲が湧き、自ら楽しもうとする自主性、自発性が培われていきます。

例えば、子どもたちの周りに、思わず触れたり、動かしたりと、関わりたくなるようなものがあれば幸せです。そのような環境から自ら取り組もうとし、そして何かを成し遂げることにより達成感を味わいます。達成感を得た子どもは自信を獲得し、次への興味も拡げていきます。

当園では

【教保要第1章第1-1前文・第2章第1環境・第3章第1（2）・第3章第2-1（3）】

園では、玩具が手に取れる場所にあることや、エリア遊びを実施しています。"すぐに手に取れる環境" にあることで、玩具を自分で選び、興味のある

ことを繰り返し行い、コツをつかみます。やってみようとする意欲が生まれた時、すぐに実行できる環境は、子ども達にとって自分で選び、自発的に取り組もうとする意欲につながります。その中で保育教諭は、一人ひとりの興味や関心をくみ取りながら、失敗しても励まして見守ったり、くじけてしまった時には一緒に挑戦したりします。そして、上手くできたことを一緒に喜び、子ども達が自信や意欲を高められるように日々援助しています。

12）忍耐力を培う

【教保要第2章第1健康・人間関係・環境・表現】【保指第1章3（1）ア（イ）】

— 心身の安全と健康を保ち、運動能力、持続力、勇気、決断力、忍耐力を培います —

忍耐力を培う、と表現していますが、言い換えると、「心身ともに力たくましく育つ」ことで、持続力や運動能力、また、セルフコントロールや決断力なども育むことが目標です。

そのためには、おもいっきり仲間と体を動かして遊ぶことが必要です。私たちにとっては、あってほしくないのですが、時には怪我もします。大きな怪我は困りますが、少々のすり傷程度の怪我であれば、そのことが、危険から身を守る学習の機会となり、併せて "たくましさ" も培われます。痛い思いをした体験や、つらかった体験は、大人からすれば可愛そうに思いますが、そのよう

"いつでも手に取れる環境" は自発性を培います

な失敗体験は、人を大きく成長させます。

　また、動植物とかかわったり、最近では特に機会が少なくなりましたが、できるだけ自然と関わる体験が人をたくましくさせます。

　当園では

　幼児期は、学童期と違い、サッカーや野球などのスポーツをする平らな運動場のような「ミニ運動場」より、木があり、木陰があり、起伏がある、というような環境が良いと考えています。例えば「鬼ごっこ」もそのようなところでする方が「ミニ運動場」よりはるかに運動量が多くなります。また、実のなる木もあったりで、できるだけ自然との関わりができればと考えています。創造的で楽しみながらダイナミックに体を動かせるような環境づくりを考えています。

心身ともにたくましく育つには、思いきり仲間と体を動かして遊ぶことが大切です

13）　アイデンティティを築く

【教保要第2章第1人間関係】【保指第1章3（1）ア（ウ）】

　― 多様な関わりの中で、アイデンティティの素地を築きます ―

　アイデンティティを築くとは自分の存在の意味を明らかにする、いわば人格の身分証明書をつくるということです。

　確立し始める時期は思春期です。よって、乳幼児期にはその基礎を築く、と

いうことですが、思春期を迎えると、自分とはどんな人間なのか？ 自分は一体どんな能力や資質を持っているのか、自分にはどんな弱点や欠点があるのかなどを確認し始めます。それは、将来どんな社会責任を負うことができるのか？ 職業の選択など、また、人生の岐路に立たされた時、どの道に進めば良いのかなどを考える力の基礎となります。人はこのアイデンティティの確立を一生求め続けます。人として生きていくための一生のテーマです。

　では、どうすれば確立できるのか？ それには「仲間」が必要です。自分を客観的に見つめる事ができなければアイデンティティは確立できません。仲間が寄せてくれる自分の言動や、存在に関する評価や感想が、まさにアイデンティティを築いてくれます。思春期には、仲間の評価、そして、その仲間の存在が最も重要となります。

当園では

【教保要第2章第1人間関係】

　そのために幼児期に年上や年下、また同じ年齢の友達など、人と人との多様な関わりを通じて、一緒に活動する楽しさを味わいながら、喜びや悲しみを共感しあうなど、家庭ではできない実体験の中から、人と関わる喜びと、その方法について学んでいきます。

アイデンティティーを築くには、仲間が必要です

4. 教育・保育の方法

【教保要第1章第3-4（2）イ・第2章第1表現・第2章第2-2（4）】

（1） 養護の方法

1） 受容する 【保指第1章3（2）ア】

・まず "まるごと受け容れること" から始まります

ある園で

皆さんであればどうお感じになるでしょう？「今日は暑いね〜」と誰かに話しかけたとき、「これぐらいはましよ！ もっと暑いときがあったわ！」と返されたら…

ある園でこんなお話しがあります。パチンコ好きのお母さんがいました。いつも熱中するため、園に預けている子どものお迎えが遅くなります。理由を知っている保育士は、たまりかねて、ある日お迎えにきたお母さんに「仕事でならともかく、パチンコをする暇があったら、早くお子さんを迎えにきてください」と…。次の日は、さすがに早く迎えに来られ、安心したのもつかの間、暫くして、また元に戻ってしまいました。ますますお母さんとの溝が深まっていくような感じになっていた保育士でしたが、意外にも、いとも簡単な方法で解決の方向へ向かうのです。

ある日、いつものようにパチンコで遅くなり、息せききってお迎えにきたお母さんに、保育士は精一杯親しみを込めた笑顔で「お母さん！ 今日何番の台がよく出ましたか？」と…キョトンとした顔をしていたお母さん、しばらくして顔がほころび「先生もパチンコするんですか？」と…そのあとその日は、パチンコ談義に花が咲いたそうです。次の日からは、二人が次第に打ち解けて、お母さんも保育士の話に耳を傾け、いつの間にか早く迎えに来られるようになったそうです。

ここで特筆すべきことは、保育士が「お母さん！ 今日何番の台がよく出ましたか？」とお母さんをいったんまるごと受け容れたことです。このことを受容と言っています。最初、お母さんにとって、保育士は、「私の気持ちを分かっ

てくれない人」だったのですが、パチンコが好きな自分をまるごと受け容れられたことに心を開き、次第に変わっていったということです。

このように、子どもとの関係だけではなく、保護者や、そのほか地域などとの関わりも、信頼関係を築くことを目的に、受容の姿勢を心掛けていきたいと考えています。

受容することが子どもを過保護にしてしまうのではないかとの心配はいりません。そのような関わりで信頼関係ができてくると、「"私をいつも守ってくれる人、私の気持ちを分かってくれる人"が言うことは、正しいことなんだ」という関係がしだいに築かれていきます。

例えば、良いことと、悪いことの理解をするためには、大人が「これは良いことです」また、「悪いことです」などと言葉だけで言ってみても、実際の生活では、なかなか生かされません。

そのための近道は、まず、大人と子どもの関わりによって築かれた「この人にわたしは常に守られているんだ」という"信頼感"のもとに「こんなことをした時に、その人が、すごく悲しんだ」また、「こんなことをしたらすごく喜んでくれた」という、実際の場を通して、初めて、して良いことと、悪いことの理解ができるようになっていきます。

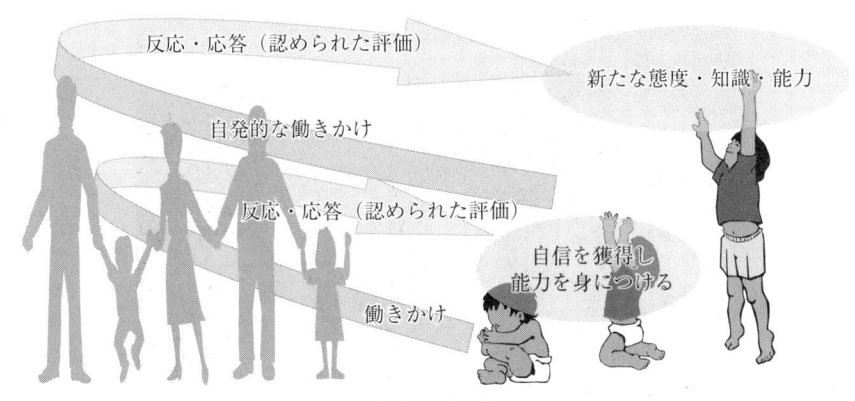

60秒以内で

反応・応答（認められた評価）

新たな態度・知識・能力

自発的な働きかけ

反応・応答（認められた評価）

自信を獲得し能力を身につける

働きかけ

（谷村　誠　作）

2) 家庭的な雰囲気をつくる

【教保要第 1 章第 3-3 (2)・第 2 章第 2-2 (2)】

モデルを学校に求めるのではなく、公共施設がもつ雰囲気をできるだけなくし、くつろぎの場を提供するために、少しでも家庭に近いような環境がふさわしいと考えています

① モデルを学校から家庭に○○組さんのお部屋ではなく、〜をするお部屋に

本園においては、乳幼児期の環境は、モデルを学校に求めるのではなく、むしろ公共施設がもつ雰囲気をできるだけなくし、くつろぎの場を提供するために、少しでも家庭に近いような環境がふさわしいと考えています。

【保指第 1 章 3 (1) ア (イ) 及び (2) イ 及び (3) イ・ウ】

【教保要第 1 章第 3-3 (2)・第 3-4 前文・第 2 章第 2-2 (2)】

学校のような "ひとクラスひと部屋" というのはありません。目的別（ランチルーム、プレイルーム、お昼寝ルームなど）のお部屋で一日を過ごします。

約 20 年前のことです。「子どもが落ち着いて生活ができる園にするには？」と考えた時、誰もが単純に考えたことは、家庭的な環境ということでした。

と同時に、それまで保育園は無意識のうちに "集団の生活＝学校的環境" と

エエー！ これが保育園の園庭なの？ 四季を彩る自然そのままの園庭

お食事の場所（レストラン）を分けるだけで

して、構造や活動のモデルを学校に求めてきたことに、疑問を持ち始めました。

　決められた時間、場所の中で規則正しく一斉的に行動することが、集団の生活だ、ということだけで、個々のリズムが大きく違う乳幼児期にどれだけ適しているのだろうか？　という素朴な疑問が生じてきました。

　しかし、一人ひとりの時間に合わせた日課を考えてみても、全体の動き、つまり集団の生活としては支障も多かったり、食事の時間を長くしようとすると、降園時間に間に合わなかったり、また、ただ単に家庭的な環境と言っても今までの既成概念が邪魔をして、なかなか計画も進みません。

　今ひとつ、ふに落ちないまま悩んでいる頃、「園で家庭的な環境なんかつくれるものか」と言わんばかりの懇談会でのお母さんの厳しい質問をきっかけに、「落ち着いて生活できる環境」を安易に「家庭的環境」と表現したことを反省し、もう一度、そのことについて考えてみることにしました。

　落ち着いた生活というのは、「その子にとって、安心できる時間や空間があることではないだろうか」と考え直した時、同じ場所で一日に何回も繰り返す「片付け」と「準備」が落ち着かない原因の一つであることに気付きました。

　部屋の片隅に並べていたロッカーなどの家具を用いて間仕切りをし、お食事の場所、お昼寝の場所、　また、布で作った天がいをぶら下げ、ままごと遊び

の場所を設けるなど、一つの部屋をコーナー別に分けてみました。

　すると、それだけで、なんとなく落ち着いた雰囲気になってきました。遊んでいる子が自然に食事に入り、終わるとまた遊びに入る。そして、眠くなってくれば布団に入る。といった具合に、「空間の配分」をしただけで、実に個々のペースで自然に生活ができるのです。なんと言っても、保育者の大声や一斉的な掛け声が聞こえてこなくなりました。

　そうなると、それまでの既成概念がどんどん崩れ、部屋の前の廊下や、倉庫がわりに使っていたようなところも、絵本や遊びの空間に様変わりしたのです。

　②　ひと部屋主義の大きな矛盾

　ここで、園の一日の生活内容と使用する部屋との関係についてお話ししておきます。

　まず、一日の生活内容は、食事や午睡などのいわゆる生活そのものと、教育的ないしは文化に類するものを楽しむ営みとがあります。これが、学校や幼稚園と根本的に違うところです。園には生活そのものがあります。

　しかし、使用する部屋の方は、基本的に学校や幼稚園と同じように、クラスごとにひと部屋を使用する方法が、今も多くの園ではとられています。ここで、大きな矛盾に陥ってしまいます。一つの部屋で、2つのタイプの内容をこなさなければならないからです。

　一つの部屋で、2つの種類の営みを行っていくことは、何かの準備をし、おこない、そして後片付けをするという、常に3点セットの行為が、一日の内に何回も繰り返されることを意味します。その中には、食事や、午睡といった大仕事も入っています。

　そのために、保育者はどうしても「さあみんな！」「いっしょに！」「がんばって！」「はやく！」「おかたづけよ！」と一律、一斉活動の叱咤激励をしなければならなくなります。

　毎日そのような慌ただしい環境の中で過ごしていると、ともすれば「遅い子が問題児」という世界に陥ってしまうことがとても危険なことだと考えています。食事にかかる時間が少々長いことが、その子の人生にとってどれほどの問題なのでしょうか？　終いには「がんばって！！」などと言われながらせかさ

れる給食の時間が苦痛で、園を嫌がるお子さんも無いとも言えません。

③　「○○組さんの部屋」ではなく、「～をするお部屋」に

　この大きな矛盾を解決するために、"ひとクラスひと部屋主義"から、活動の内容によって部屋を使い分ける考え方に変えてみました。○○組さんのお部屋ではなく、○○をするお部屋、例えば、ここは食事をするお部屋、ここは、製作遊びをするお部屋という具合です。

　このことが解決すべきこととして、今まで、保育の世界で浮かび上がってこなかったことが、不思議と言えば、不思議なことですが、こうすることによって、随分と園の雰囲気が変わってきました。

　それぞれの部屋で個々のペースで活動を行い、そして、移動するだけで、次

（谷村　誠　作アレシジ）

の活動へと移ることができるわけですから、一つの遊びにも没頭して、遊び込めるようになってきましたし、くつろいだ落ち着いた雰囲気に変わっていっていることが目に見えて分かるようになってきたのです。

　このように、お部屋の環境などを工夫することで情緒が安定した状態を保っていけるよう「くつろぎの場の提供」に心がけています。

　日常の素朴な営みを子ども達と一緒に楽しみたいと考えています。

【保指第1章3（1）イ　及び　第6章　1、2】

3）日ごろのお付き合い

【保指第1章3（1）イ　及び第6章　1、2】【教保要第1章第3-6（1）ア】

・送迎時にお話できなかった場合のコミュニケーションを補完するものとして、毎日、全園児にパーソナルシートを担任から配布しています
・皆様と私どもが、お子さんを共に育てる「共育」のために、月ごとに個別の「教育と養護」のカリキュラムを配布しています。成長のプロセスを共有し、ともにお子様の成長を喜びたいと考えています。
・ご意見やご相談等がございましたら、意見箱も設置しています
・保護者全世帯に毎年、定期的なアンケート「いかがですかカード」も実施しています

　保護者の皆様とお互いに良い「共育」のパートナーとして、努めていくことができればと考えています。ご家庭でのお子さんの姿と、集団の中での姿は違うこともたくさんあります。「そんなことができるんですか？」と普段との違いに驚かれるようなこともあります。またそれが親御さんにとっては、とても嬉しいニュースだったりもします。私達は集団の中での子どもたちの成長の姿をお伝えいたします。皆様との日ごろのお付き合いを大切にしていきたいと思います。そして、ともに成長を喜びたいと考えています。

（2）教育の方法

1）すべては体験を通して学ぶということ

【保指第1章3（2）オ】【教保要第1章第1（1）（2）】

① 実際の生活体験の中で

　子ども達は、いろいろな具体的な経験や体験を通して成長していきます。

　人は、人や、事物や自然などのほんものの環境の中で、実際に体験、経験をしなくては、成長はありません。

　将来、社会の一員として生活するためには必要不可欠な「社会性」を育てることも、「皆さん仲良くしましょうね」などと言葉だけで大人が指導していくだけでは、あまり意味をなしません。その子自身、自らが、「どのようにすれば友達との中で楽しくやっていけるか」を実際の生活体験の中で、習得していかなければ身につかないのです。

　このことは、身体的な発達や、創造力・想像力・思考力などの知的な発達、また、情緒の発達などにおいても同じことが言えます。

② なぜ、「子どもの世界」が必要なのでしょうか…対等の関係が必要である、ということ

　園には、たくさんの友達がいます。そしてそれは、「子どもの世界」です。

お兄ちゃん、お姉ちゃんに教えてもらって…大人がいない子どもの世界

なぜ、子ども達にとって、それが必要なのでしょう。

　人として生きていくために必要とするものは、他者と対等の立場で行動できる時、言わば子どもの場合、子ども同士の場を通じて身につけていくことが多いからです。

　子どもと大人との関わりだけでは、その成長に限界があります。なぜなら、大人と子どもとの関係の中では、子どもの行動は、どうしても大人に依存するようになり、成長の芽生えを摘んでしまう可能性があるからです。やはり、子ども達にとっては、「子どもの世界」が必要です。

２）　遊びを通して…（教育の方法）

【保指第1章3（2）オ】【教保要第1章第1（3）】

　幼保連携型認定こども園では、子ども達が乳幼児期にふさわしい体験が得られるように「遊び」を通して教育を行います。ここで言う「遊び」は、一般に大人社会で言われる「勉強」や「仕事」と、常に対立させられるような関係にある「遊び」のことではありません。子どもが心と体を働かせてつくりだし、展開する働きの全体を示します。そして、そのものに没頭している状態を示します。

　最近の子どもは、あそべなくなったとよく言われます。この原因は、遊び場がない、時間がない、友達がいない、などがあげられますが、特に、「遊び」そのものが大人社会に正しく理解されていないことも、遊びを衰退させる大きな原因だと考えられています。

　子ども達にとって、「遊びは学ぶこと」とまで言われるように、遊びはたくさんの成長を生み出します。

　例えば身体的な発達からみてみましょう。子どもは、自ら強い目的意識を持って、体づくりに取り組んでいるということはありません。幼児がバーベルを握って、額に汗している姿など、見たことはありません。むしろ、日常生活の中で、おもしろいから、楽しいから、遊ぶうちに、知らず知らずのうちに体を動かしたり、体のいろいろな部分や、運動機能を自らの意志で動かしています。

　例えば、木登りやジャングルジムなどは、全身の機能を発揮しないと登るこ

自由さが基盤となる「あそび」だからこそ自然に身につくのです

とはできません。子ども達は遊びの中で夢中になって、自ら走ったり、飛んだり、投げたり、押したり、引っ張ったりしています。

　「この子は、どうも走るのが苦手らしい」と親御さんから評価されている子もそんなことはありません。鬼ごっこをすれば、自らの意志で力いっぱい走っています。

　また、子ども達は、遊びの中で自分が楽しく、よりおもしろく遊ぶために思考をめぐらせ、さまざまな創意工夫をし、創造力や想像力などを培います。

　そして、楽しく遊ぶためには、他を受け容れ、ルールを守り、自分の役割を果たさなければなりません。自己を通す自己中心的な行動だけでは集団から弾き出されてしまいます。自分が楽しくやっていくために必然的に「社会性」を身につけることが要求されます。このように自由さが基盤となる「遊び」は、自然なかたちでたくさんの成長を生み出します。乳幼児期にふさわしい生活を考える場合、生活の大部分を占めるのが「遊び」であることから、自発的に、意欲的に、生活体験が得られるよう遊びを通して総合的に教育を行います。

３）　人と人との多様な関わり人の成長は、人との関わり（社会的相互作用）

【教保要第1章第3-3（3）・第2章第1人間関係・第3章第2-2（3）】

　・年齢別「クラス」ではなく、異年齢の「グループ」単位での生活です。

・5歳児は、自己肯定感（自信）を培い、能力を定着させるために、午前中は異年齢の「グループ」単位で、午後は、小学校へ移行のための教育を同年齢の年齢別「クラス」で行います。
・お年寄りともできるだけ関わります。

第1章第1-1前文・同（4）・第3-4（1）ウ・第2章第1健康3（5）・

人間関係・第3章第1-6【保指第2章前文・2章1（2）】

① どんな子に育ってほしいですか？

親御さんに、「どんな子に育ってほしいですか？」と質問すると、ほとんどの方と言っていいぐらい返ってくる答えの1位は、優しい子、思いやりのある子、です。勉強のできる子は、さほど高い順位ではありません。

当然、勉強もできることにこしたことはないのでしょうが、"優しさ"や"思いやり"のある子に育ってほしいというのは、子を持つ親として誰もが願う素直な気持ちだと思います。

続いて、たくましい子、勇気のある子…など続くのですが、ここで皆さんに考えていただきたいのです。そのように理想とする人に子どもを育てるのには、また、社会で生きていくために必要な「人間力」は、どこでどうすれば育つのでしょうか？

はっきりと言えることがあります。机上の学習では、育たないということです。また、もし、皆さん方が、その感情や能力をご自分だけの力だけで育てようとすれば、かなりの時間、かなりのエネルギーを使っても残念ながら叶えられないことだと思います。

② 人の成長・発達の基本は、人との関わり　　　　【保指第2章1（1）】

子どもの成長・発達の出発点は、親－子関係を軸とした人との関わりから始まります。

愛情豊かな親の保護に包まれ、子どもは多くを親に求めます。その際に他と交渉する力を身につけ、親を信頼し、愛することを知るようになります。

同時に、自ら他人を愛することを覚えます。「人間らしさ」を培う第一歩です。

　このことを「相互作用」と言います。子どもは、自分を取り巻く人や自然、事物、出来事などとの相互作用の結果、成長・発達していきます。それまでに身に付けてきた知識・能力を基にして、「働きかけ」をし、そして、親や周りの大人との交流による反応や応答によって、手応えを感じながら、次第に自分の能力と自信を獲得していきます。狼に育てられたアマラとマカラの姉妹は、ここでの人との関わり、つまり、他の人間の反応や応答が無かったが為に、人間社会に戻ることができなかったと言われています。

　人としてのその後の成長も、すべてその繰り返しにより、どんどん自己に取り入れ、能力を膨らませていきます。一生この繰り返しによって成長します。あらためて言わないと気づかぬような単純なしくみですが、人と人との関わりによって、人は成長しています。

4）ヒトは人によって人になる

【発達の過程・発達の連続性　教保要第1章第2-1・第3-1・第3-4（1）ウ・エ・第3-4（2）・第2章前文】

　人の成長に、“人と人との関わり”がなぜ必要なのか、もう少し話しを続けます。

　赤ちゃんが、手足、首の運動から始まり、ハイハイを経て、やがて、直立歩行ができる、というように、発達には必ず順序性があります。

　寝返りをうたなければ、どんなことがあったって、おすわりやハイハイはできません。おすわりやハイハイができなければ、つかまりだちはできません。また、伝い歩きはできないし、独立歩行はできないのです。このことを発達の順序性と言います。

　ところがこのように、身体的とか、運動とかは、目に見えますので、割合容易に理解できるのですが、その体や行動そのものを支える心理的とか社会的心理というような、心の育ちにも、一定のプロセスがあることを見逃しがちになります。このことが、子どもに関する社会的な問題を引き起こす原因ともなります。

　心理学では、クライシス（危機）と表現されたりしますが、わかりやすく、「課題」とします。つまり心の成長には、それぞれ段階に応じての課題があり、

それを達成することによって、次の成長があり、また、その次の課題を達成すれば次の成長へ、というように、体と同じく、次のような発達の順序性があります。

5）人間力（社会的人格）を培う順序性

【保指第2章1（1）】

【教保要第1章第1・第3-4（2）イ・第2章第1人間関係】

人を信頼するということがまず、乳児期の課題です。首がすわらなければ、寝返りがうてない、というのと同じように、社会人となるための人格の成熟の上でとても大切なこととして、人間は最初、それもできるだけ早い時期に、「人を信頼する」という課題をクリアしなければなりません。

「人を信頼する」ことは「自分を信頼する」ことにつながります。言い換えると、人を信頼することができなければ、自分を信頼することができません。

例えば、登校拒否のお子さんは、自分に対して自身を失っている状態で、自分を信頼することができません。成長の階段をとばしてしまった状態にあるため、カウンセラーは、乳児期に戻って問題の解消を図らなければならないことがあります。

それでは、人を信頼することや、自分を信頼することはどうすれば育つのでしょうか？　それは、赤ちゃんが望んだとおりにすることです。

人生の先輩からのアドバイスやその知恵は、「なるほど」と感じることが多いのですが、中には鵜呑みにしてはいけないこともあります。赤ちゃんが泣いている時に「それも赤ちゃんの運動だから気にしなくていいのよ」という言葉。これは、お母さんが神経質になり過ぎて、育児ノイローゼにならぬように、との助言であって、実際に泣いている時にそのまま放っておいてはいけません。赤ちゃんが泣くのは、必ず何か理由があります。赤ちゃんにとって泣くことは、言葉に代わる表現です。

30年前くらいから、10年くらいの歳月をかけて、イギリスの乳児院で熱心に行われた研究がありました。乳児院の赤ん坊を育児するときに、定期的に定時授乳といって、一定のきまった間隔でオッパイを与えるやり方と、赤ん坊の要求どおりに授乳する場合とでは、その後、子どもはどうなるだろうかという

実験です。

　夜も昼も同じことを繰り返します。計画的に、定期的に育児をされた子と、要求どおりに育児した子どもは、どのような人格を形成していくのか、という研究でした。

　小学校2年生までの経過をみてみますと、計画的に育てられた子は、自発性の乏しい無力感の強い子になるという結果が出ました。オッパイがほしい、だっこしてほしいと、泣いて訴えても放っておかれる。あるいは、次の時間まで与えられないことが続きますと、周囲への不信感と自分自身への無力感が強くなります。

　逆に、いろいろな要求をかなえられた子の方が、周囲の人への基本的な信頼感と、自分の存在に対する安定感が育つということが分かりました。

6）　人を信頼する　　　　　　　　【教保要第2章第1人間関係】

　1歳〜3歳頃の課題は、自律性（セルフコントロール：自分で自分の衝動をコントロールする）です。自分で自分の衝動をコントロールする、という能力です。怒りの衝動を抑えたり、社会的要求に従って、自分の欲求をコントロールできるかどうかは、早期幼児期の課題です。

　この能力が、将来、自分で進路を選択するとか、今は苦痛だけれども、努力すればいつか良いことがあるという感情を持てるなど、衝動や欲求を自らコントロールできるようになります。

　その逆の意味で他律（アザーズコントロール）、例えば、すべて親が子どもの行動を支配し、コントロールするような環境の中で育った子どもは、「僕はいつまでもお母さんのロボットではない」と言って、学校に行かなくなったりするケースがあります。

　また「プッツンする」とか「キレル」という言葉がありますが、この課題をうまくクリアできなかった場合、まさにその言葉どおり、普段は親や周囲から“おりこうさん”だと評価されているような子が、突然、とんでもない行動を起こす例もあります。

　では、自律性はどうすれば育つのでしょうか？　子どもに対してこちらから期待することは繰り返し伝え、そして、その実行は楽しみにして待ちます。行

依存心がない関係において「論理の展開」をする。そして自信を
獲得し、能力を身につける

動することの決断を本人にさせるのです。

　例えば、具体的にトイレットトレーニングの例がわかりやすいと思います。
トイレットトレーニングが完成する前の子どもは、自分の排泄物が汚いなどと
は思っていません。時に床の上でおしっこをして、水たまりのようにして遊ん
だり、パンツから落ちたウンチを拾って遊んだりもします。

　この時期は決して、自分の排泄物を嫌悪していません。むしろ愛着を持って
います。しかし、一方では、排泄した後、「なんて気持ちがいいのだろう」と
感じています。この排泄物への愛着と、排泄後の快感との２つの感情のどちら
を選ぶか、このときに自分での決断を迫られます。

　この場合は「今ここでオシッコをしてくれればおりこうさん」のメッセージ
を繰り返し伝えます。つまり、これが"しつけ"ということですが、しつけを
しなければずっとしません。こちらが期待することは伝えます。なぜなら、子
どもは何を目標にして欲求をコントロールするのかがわからないからです。し
つけはいわば子どもの目標です。

　そして、大切なことは、いつからそれを実行するか子どもに任せてじっと待
ちます。「楽しみに待っているから自分でゆっくり決めなさい」という態度で

す。

　子どもに決断をまかせるから自律するのです。「早くしなさい」とか「おしっこが出るまで、座っていなさい」というしつけはあまり誉められるものではありません。なぜなら、他律だからです。

　幼児期後期の課題は、自発性と創造性です。この頃はとても活動的な時期です。

7）　大切な人と人との関わり

　人の成長は人と人との関わりが基本です。

　さて、ここで人間本来のスタイルとは？　と考えてみます。幼子の視線で見るならば、お父さん、お母さん、おじいちゃん、おばあちゃん、そしてお兄ちゃんやお姉ちゃんたちとの生活が、生命体としての人間の存在単位です。さまざまな世代感覚に包まれて存在し、暮らしています。

　また、社会人としての生活の上でも同じですが、本来の人間生活というものは、"同期生"ばかりによる生活ではなく、異なる世代の男女によって構成される立体感のあるものです。

　子どもたちが、一日の大半を"同期生"で過ごすようになったのは、近代学校制度の誕生によります。そして、幼児保育の世界も、このスタイルをあっさりと模写してしまいました。同期生という"狭い枠組みの中"で、さらに、競争原理を根幹に置いた教育システムは、"偏差"や、"個人差"にばかり人々の目を向けさせ、孤立的で、孤独感を伴う「発達論」を助長することになりました。本来、子どもは日常の中で多様な関わりを自然と学習し、成長していたのです。

　例えば、お父さん、お母さん、お子さん1人という3人の家族構成だとすると、そこには6通りの人間の関わりが存在します。お父さんからお母さんへの働きかけ、お父さんからお子さんへの働きかけお母さんからお父さんへ、お母さんからお子さんへ、お子さんからお父さんへ、お子さんからお母さんへという具合です。その中で、子どもは、お父さんが、お母さんにどのように接しているか、また、お母さんがお父さんにどのように、…お父さんが自分に対して、というようにその実際の姿を見て学習していきます。

　関わりの数をYとし、家族の人数をXとするならば、Y＝(X-1)×Xとなります。昔は、おじいちゃんおばあちゃんを含め、8人が平均的な家族構成でしたから、なんと56通りの関わりが存在したことになります。その中で、隣近所の人達も含め、多様な関わりを、子ども達はごく自然に、学習してきました。

　先に述べたとおり、成長・発達には人と人との関わりが、大切であるとすると、また、社会人になったときも、その人の人間性や持ち味が決め手となる、のであれば、日々、その学習のために行われる関わりは、多様であることの方が良いのです。しかし、合計特殊出生率（一人の女性が一生の中で生む子どもの数）が1.4人という現在、もはや、家庭だけにその教育的機能を強く求めることは無理があるのではないかと考えます。

　A君は誰と遊んだり、関わっているのか、また、Bちゃんは‥とそれぞれにどれくらい他の子どもに関わっているかを調べたことがあります。

　その中で、違う年齢のお友達と関わった数を紹介します。結果は、一週間の間に関わった人数は、5歳児のA君が4人、Bちゃんは3人、…最低で2人、最高で7人、平均4.1人でした。また、4歳児は、平均2.2人、3歳児は1.4人という結果でした。

小さな子に邪魔されても、大目にみたり…他者理解力・優しさという感性が培われていく

大きな子が小さな子を見るときは、自分がたどってきた成長の軌跡に気づき、幼さへのいとおしみを味わい、やさしさの伴った行為へと発展していきます

　ここでまず言えることは、当然のことながら、年齢に応じて、人との関わりが増えていく、ということで、ここに集団生活の意義があります。しかし、少しがっかりしたのは、5歳児は少なくとも2年間また、長い子で5年間の幼保連携型認定こども園での生活経験があるのに、そのわりに期待していた数字が得られなかったことです。60人の子ども達がいて、3,540通りの関わりがある中で、この調査ではわずか12通りの関わりしかありませんでした。

　その後、保育所保育指針改定のたび（平成2年、12年）に議論され、平成20年の保育所保育指針改定の折に年齢区分が撤廃され、併せて年齢別にねらいを設定することを改め、発達の順序性のみに沿って表記しました。

　たとえ結果として、学年制的なものになったとしても、そこに至る考えが必要です。また、反対に「たてわり保育」などと言っても、そこに理念がなければ、単なる"型"にしか過ぎません。当園では現在、一つは、"個"をもっと見つめるために、保育者自身のものさしを取り払うこと、そして、もう一つは成長・発達に必要な多様な関わりをつくっていくこと、を目標として、1・2歳のグループと3歳・4歳・5歳の異年齢グループというグループ編成での活動を行っています。

　このようなグルーピングをしてみると、今までにあまり見られなかったこん

な光景が、自然なかたちで、多く見られるようになってきました。

年上の子が、小さい子にご飯を食べさせたり、パンツを上げたり。年下の子が、遊んでいるのを邪魔しても大目に見たり、また、転げた子を起こしたり、泣いている子をだっこしたり、どうでしょう、素敵な光景だと思いませんか。それとも、大きい子は、お世話ばかりで何か損をしているようにお感じになるでしょうか？…

また、小さい子が違和感なく、年上のお友達の遊びに入っていったり、大きい子が折り紙を一生懸命になって教えていたり、また、それを憧れの目で見つめていたりするその姿…その反面、それまでは、あまり関わりの少なかった5歳児と4歳児の喧嘩も見られるようになりました。そのことで、もう遊ばなくなったのでは具合が悪いですが、そうではありません、喧嘩ができるぐらい仲が良くなってきたのです。また、その喧嘩も保育者の力を借りないで、大きい子が仲裁に入ったりする光景も見られてきました。

小さな子が大きな子を見るとき、小さな子は自分の幼さを感じ取り、さらには、将来の自分の成長をおぼろげながら想像をします。また反対に、大きな子が小さな子を見るときは、自分がたどってきた成長の軌跡に気づき、幼さへのいとおしみを味わい、やさしさの伴った行為へと発展していきます。

このような営みが、やがて社会の一員となった時に発揮する、たてとよこでは、測ることのできない人の奥行き、つまり人間性や、持ち味につながっていきます。

もちろん、このような光景を、大人が意図的につくりあげたのではありません。私たちは、人として当たり前のその自然な営みを、目に見えない線引きをして妨げていたのではないかと反省するところです。

8）多様な関わりの中で

  — お世話をしたり、してもらったり、教えたり、教えられたりする
    機会が多い環境とは？ —

コミュニケーションスキルやリーダーシップ、また、公共心や優しさ思いやり、意欲、忍耐力などの基盤となる「価値あるものに気づく心の感受力」、すなわち、「感性」を培うためには、多様な人間関係や、年下や自分より弱い者

などの世話をする体験が大切です。

　また、基礎学力や、知識欲、探求心、論理的思考力、創造力などの「知性」を培うには、説明したり、教えたりする体験が必要です。

　このように、お世話をしたり、教えたり、するような機会や、体験をできるだけ多くする環境は？　と考えたとき、人の成長の基盤となる人との関わりも、多様な方が良いと言えます。同年齢、同世代同士よりも、異年齢、異世代、上司・部下など、幅広い関係の方が、世話をしたり、教えたり、教えられたり、説明したりなどの体験が多く積まれることになります。

　つまり、総合的人間力を培うのには、人との"多様な関わり"体験が不可欠です。

　人はすべての分野において平均的に成長しているのではありません。誰にも得て不得手があり、それが個性とも言えます。ですから5歳児だからと言って、すべてに優れているとは限りません。5歳児同士で走ると、いつも他の友達より遅い子は、そのままでは、一生走ることが好きになれないかもしれません。つまり、行動のあとの出来事が、自分にとって良くない結果が続くと、次への行動にも自信を獲得できず、だんだんと嫌いになっていくというケースです。しかしその子が、3歳児とかけっこをして自信を獲得する場合があります。当然のことながら、枠組みが広い関係の方が、能力を身に付けるための自信獲得へとつながる可能性が高いのです。

　人は、「教えて育てる」の一方向だけではなく、「見よう見まね」や、「やって見せて」の関係で育ちあうと言えます。

　上司や先輩の指導を受けたり、模倣して技術を上達させ、部下や後輩に指導することによって、能力を身に付けるという関係と同じことですが、人は他者を上下の関係の「上」だと位置付けるとき、素直に相手を受け容れ、模倣し、その人の反応や応答を確認して、自信や能力を獲得していきます。また、「対等」や「下」だと位置付けるときには、「論理の展開」を体験し、獲得していきます。

　子どもも、思考力をはじめとした多くの能力を発達させるためには、「論理の展開」が必要です。会社などで経験をされた方にはご理解いただきやすいと

思いますが、上司が部下に指導するという行為は、いったい誰が成長しているのか、と考えた時、"立場が人をつくる"という言葉があるように、本質は、上司自身が一番成長をしています。人は、伝えたり教えたりする体験によって能力を身につけます。ご想像いただきたいのですが、何かのマニュアルの内容を理解し、他の人に説明しなければならないとすると、読む姿勢がまったく違ってきます。

　3歳児は、5歳児のすることを憧れのまなざしで模倣して学びます。5歳児は3歳児に、まるで大人が子どもに接するように教えます。同年齢、同期生の"狭い枠組みの中"と"多様な立体感のある枠組み"とでは、その能力を培うために必要なやりとりの量の多さの違いは言うまでもありません。

　そして大切なキーワードは"日常的である"ということです。全国的には、異世代交流として小学校の子どもたちとの交流をしたり、地域の方々、また、老人ホームへの訪問など、行事として行われています。また、園内にて"たてわり保育"と称して異年齢児交流の日や時間を設けているところもあります。とても大切なことです。

　しかし行事は、"日常的"ではありません。やはり"特別"なものです。特別なものと日常では、先ほど説明をした、成長に必要な「模倣」と「論理の展開」のやりとりの量も大きく違ってきます。自然へのやさしさなどを育むための「自然との関わり」も同じことが言えますが、人と人との関わりは、皆さんにあらためてその大切さを再確認しなければ、お互い気づかないほどの日常的なものです。そのことは、意識して臨むような特別なものではありません。家族と毎日を過ごすのと同じように、日常的だからこそ自然に身につくのです。

　異年齢保育について補足します。本園では、5歳児に関しては、自己肯定感（自信）を培い、能力を定着させるために、午前中は異年齢の「グループ」単位で教育を行いますが、午後の時間帯（13：00〜15：00）に、計画的に一年間を通じて、小学校へ移行のための教育を「年齢別クラス」で行っています。

　繰り返しになりますが、異年齢保育を実践している理由は、同じ学年齢で行う年齢別保育よりも、将来の子どもの成長が期待できるからです。大人も子どもも成長の仕組みは同じです。お世話されお世話する体験により感性を培い、

教えられ教える体験をすることで知性を培います。そのような体験が多いのは、同年齢より異年齢です。また同期よりも先輩後輩、上司と部下というような関係の方が、"お世話されお世話する、教えられ教える"体験の機会が多く得られることと同じです。

　幼保連携型認定こども園は、教育・保育要領第3章第2-10において「園児の発達や学びの連続性を確保する観点から、小学校教育への円滑な接続に向けた教育及び保育の内容の工夫を図るとともに、幼保連携型認定こども園の園児と小学校の児童の交流の機会を設けたり、小学校の教師との意見交換や合同の研究の機会を設けたりするなど、連携を通じた質の向上を図ること」とされ、小学校との円滑な接続に努めることになっています。さらに、その連携は単なる研究会などにとどまらず、協同しての「接続カリキュラム」の策定まで求められています。

　小学校においては、4月から円滑に移行するために、既に保育所や幼稚園のような体験型重視のカリキュラム（スタートカリキュラムなどという）などを策定して取り組まれている市町村がありますが、今後は、協同して接続カリキュラム（アプローチカリキュラムなどという）の策定をすることになりますので、小学校との連携もさらに密接になっていくものと考えます。

　幼保連携型認定こども園教育・保育要領に沿って、就学までに育つことが期待される生きる力の基礎となる心情、意欲、態度としての、心身の健康に関する領域「健康」、人とのかかわりに関する領域「人間関係」、身近な環境とのかかわりに関する領域「環境」、言葉の獲得に関する領域 「言葉」及び感性と表現に関する領域「表現」から、小学校学習指導要領の各教科に円滑につなげられるよう努めていきたいと考えています。

　そのため、就学前の一年間、5歳児は、午後の時間帯（13：00 ～ 15：00）に同年齢の年齢別保育形態で計画的に教育を行っています。

9）自然との日常的な関わり 【保指第1章3（3）ア】

　　・起伏のある園庭で遊びます 【教保要第1章第3-5（3）ウ・

第2章第1健康・人間関係・環境・表現】

① 新しい時代のモラル

新しい時代のモラルの基本は、"自然との共生"ということになると考えます。既にこのことは、国際的な動きや、ゴミの分別などの身近なところからも、感じるところです。そして、そうならなければ、人間の存在自体もあやしくなってくるだろうと思います。私たちは、地球上すべての生命の存在ということを真剣に考えていかなければなりません。ならば、人間の生命の若々しい時期を担当する私たちとしては、具体的な形に表していく必要があると考えています。

例えば、ゴミというものの扱いも、子どもたちがものごころついたときから、私たち大人はどのように伝えていくかを考えなければならないでしょう。また、生産力の原点である、自然界のもつ生産力を、子どもたちに体感してもらいたいと願うのです。植物の生育や開花や実りを子どもたちに実感してもらいたいと考えています。

② 生命の躍動が感じられない平板な園庭

日本の保育園はルーツをたどると、明治の初期にドイツから輸入されました。しかし、当時の日本にはその考え方を当てはめるものがなく、モデルを学校に求めたのでした。ですから、園舎、園庭、教育システムは今もなお、そのスタイルがほとんど引き継がれたままになっています。

しかし、私たち世代が常識としてとらえてきたそのスタイルには、乳幼児期に果たして適切であるかどうか、確固たる理念のないままに時が過ぎているということです。

私たちが担当するこの時期に、子どもたちの成長や自然な姿を考えると大きなグランドや、平板な園庭の必要性をあまり感じられません。学校にモデルを求めるという惰性的だったスタイルを、少しずつ快適で創造的な空間に変えていきたいと考えています。

③ 四季おりおりの風景

近くでポトンと音がし、見るとそこには小さなどんぐりが落ちていました。何とも言葉に表せないほのぼのとした一瞬です。そこには、葉っぱ、木の実、小枝、草花、土、水などわくわくする素材がいっぱいあります。また、ダンゴ

夏には葉っぱが青々と冬には落ち葉がやわらかい布団のように

ムシ、ミミズ、ケムシ、アリなどの虫との出会いもあります。

　わざわざ遠くまで時間をかけて園外へ出かけなくても、お子さんが興味を持てばすぐに手にできそうです。そこからは木の実や、葉っぱを使った芸術作品も登場します。

　さわやかな風を感じ、自然の姿をながめながらのテラスでのお食事は、子どもたちの会話もはずみます。なんとも幸せを感じる空間です。

　そして、紅葉や落葉をする木は、それぞれの季節を感じさせてくれます。その季節感と、生命感あふれる園庭の中で、驚きや、発見をしながら、日常的に自然とのおつきあいの方法を学んでいきます。

　④　起伏のある園庭

　『トムソーヤの冒険』のお話を覚えていらっしゃいますか？　まるで、自分もその世界にいるように、子どもたちの夢のあるわくわくする心の動きに共感したものです。山あり、谷あり、起伏のある園庭は子どもたちの好奇心、探究心、冒険心をそそります。

　子どもたちの運動量は？　と言いますと、全身の力を振り絞り、登っていかなくては次の楽しみにたどり着かない場所もあります。逆に足を踏ん張らないといけない場面もあるでしょう。平板なグランドのような園庭よりも、起伏のある園庭の方が、運動量は、はるかに多いことは想像できると思います。

また、当然何もないことの方がいいわけですが、その中では、すり傷をつくったりする経験もします。そのような経験を積むことにより、危険というものから身を守る能力が育ちます。いずれ訪れる社会の一員としての仲間入りのために一つずつ力をつけていきます。

自然の起伏のある園庭には、ほかにも平衡感覚など、さまざまな運動機能の発達を促すものがそろっています。あそびという自由な中で、無意識のうちに、創造的にそして、たくましく育っていきます。

10）自発性を育む 【保指第1章3 (3) ア】

【教保要第1章第3-4 (2) ウ・第2章第2-2 (5)】

・ひとつのお部屋も目的別のエリアに別れています。例えば、絵画工作などの「表現エリア」、絵本・文字合わせなどの「言語エリア」など…
・レストランのメニューで選ぶのと同じように「今日は何をしよう」と「チョイスボード」であそびを選びます自らが行う「プラン、ドゥー、レビュー」の要素を取り入れています

① 自ら取り組むということの大切さ

いろいろな体験も、主体的にかかわったものでないと、「いやいや」やらされているものでは、身につきません。例えば、子どもがおもちゃで遊んでいるときは、目を輝かせています。その時、子どもは、大人の目にはみえにくい、さまざまな思考や想像を働かせています。それは、主体的にかかわっているからです。

しかし、そのおもちゃを「片付けなさい」と大人に指示されたときはどうでしょう。大体が、しぶしぶと"いやいや"するか、時には、叱られながらという場合もあるでしょう。

このように、人は、興味があり、楽しいものでなければ、また、そのものに必要性を感じなければ、自ら取り組むことができません。そして、自ら取り組まないと身につきません。

しかし、その子どもにとって楽しくないお片付けも、大人の対応の仕方によっては、楽しいものにまた、自ら取り組めるものにもなります。幼保連携型

認定こども園では、子ども達の興味や関心を引き起こし、自らが活動を展開できるような状況をつくりだせるように、心がけています。

②　エリア活動の工夫

そのために、折り紙、ねんど、絵画工作や、ごっこあそび、楽器あそびなどの「表現エリア」、絵本、文字あそびなどの「言語エリア」、また、ままごと、人形の着せ替えなどの「生活エリア」、パズル、数あそび、ひも組み、ビーズあそびなどの「環境エリア」など、テーマ別の遊びのエリアを設けて、いつでも創造的に遊べるような材料を用意しています。

子どもたちは、好きなエリアを選んで遊んでいます。中には、遊びが偏ってしまうと心配される方がいらっしゃいますが、子どもたちに、好みができてくるということは、とても喜ばしいことです。なぜなら、それは、一人の個性が培われていくことにつながるからです。

私たちとしては、その子が何かに思う存分ひたることができるという空間を作りたいと考えます。なんとなく漠然と「先生、今日は何をするの？」と、与えられる遊びを待っているようでは、とても残念です。

③　「選ぶ」ということは、そこに意志が働いているということ

「選ぶ」ということと、「与えられる」ということでは、まるでその意味は違います。選ぶことができれば、そこには、子ども自身の意志が働いている、ということになるからです。

積み木のエリアを例にとってみましょう。積み木の魅力に引かれた子が、高いタワーを作り始めました。「食事ができましたよ〜」の声が聞こえたので「ようし、ここまでできたので、食べてからもっと高く…」と楽しみを残して食事を食べにいきます。その後、その子は、さらに高く積み上げていきます。

そこには、「お片付け！」というような無ざんな声は聞かれません。目一杯楽しむことができる、幸せ一杯の空間です。…

④　チョイスボード（あそびのメニュー）で

「与えられる」と「選ぶ」では大違い、ということで、最近は、選択という言葉がキーワードになって、あそびのコーナーづくりなども盛んに行われています。そこで、子どもの「選ぶ」ということの意識を、もう少し深めるため

に、「あそびのメニューづくり」を行っています。

ファミリーレストランのメニューを思い出してください。料理の写真が貼ってあって、そこから食べたいものを選びます。それと同じように、朝、登園してきた時に、子ども自身が、今日楽しみたいあそびをメニューの中から選びます。

保育者が計画に基づいて、季節などに合わせ、可能なあそびのイメージ写真などをチョイスボードに取り付けます。

○プランニング

朝、子ども達が登園してきて、グループで集まります。そして、今日楽しみたいあそびをチョイスボードから選び、保育者に告げます。保育者は、誰がどのあそびを選んだかをチェックします。

○遊ぶ

自分の選んだもので遊びます。保育者は、あらかじめ計画をしていたぞれぞれの場所で援助します。

○評価

一日の中の空き時間を利用して、再びグループで集まります。そして、「○○ちゃんは、今日はどんなことをしたの？」「どんなところがおもしろかった？」「なぜ、おもしろくなかったの？」「今度はどんなことをしてみたい？」など、保育者と一緒に遊びを振り返り感想などをお話しします。十分お話しができない子は、その日の活動を絵に画いたりします。

⑤　プラン、ドゥー、レビュー

子どもを早くから自立させようとする意識が高いアメリカでは、子ども自らが、計画を立て（プラン）、実行し（ドゥ）、そのことを自分で振り返る（レビュー）、ことを保育に取り入れている、デイケアセンターなどもあります。このような日々の繰り返しが、自立や積極的な行動につながっていきます。

11）　創造性を育む　　　　　　　　　　　　【保指第1章3（3）ア】

【教保要第2章第1表現・第3章第1-6】

　・お片づけの後のいつも整然とした何も無いお部屋ではなく、「いつでも思いついたときに手に取れる環境」に、と考えています。

・人の感性は、子どもだからといって、大人と変わるものではありません。美しいものを見て、美しいと感じる心は同じです。少しでも美的なセンスをプレゼントしたいと考えています。

① 創造とは…

保育の世界では、よく創造という言葉が使われます。では、創造とはどういうことなのでしょうか？

創造とは、今まで、学び培ってきた経験、知識による、思考、想像の組み合わせ作業です。

同じような意味で「あの人はセンスが良い」と言ったりします。「センス」と言うと、何か神様から与えられた能力のように思われる節もありますが、やはりセンスも学び培ってきた経験、知識による、思考、想像の組み合わせ作業です。

例えば、服のセンスが良いと言われる人は、服に関することに関心を持ち、人よりも多く、ファッション雑誌を見たり、ショッピングを楽しんだり、実際に着こなしてみたり、もう少し過去から探ると、その人のお母さんも服が好きだったり、多くの知識や体験が豊富であって、その蓄積したものを頭の中で瞬時に組み合わせているのです。やはり、見たり、聞いたり、やってみたりする体験の積み上げが大切です。

そして、もう一つ忘れてはならないことがあります。当たり前のことですが、いくら服のセンスが良い人でも、その場に着こなす服そのものがなければ、その能力を発揮することができませんし、その能力も磨かれていきません。また、落ちついて選ぶことのできる時間や場所も必要です。つまり、その頭の中での組み合わせたものを具体的に表現できる環境があるかどうか、ということです。

② すぐ手に取れる環境

皆さん、今日のばんごはんを作るのに、スーパーマーケットの食料品売場で考えるのと、自宅の台所で考えるのとでは、どちらが創造的な料理ができそうでしょうか？ 恐らくスーパーマーケットだろうと思います。このことが、目

的別の部屋や、エリア活動ができるようにしている理由の一つです。お片づけの後のいつも整然としている何もないお部屋ではなく、いつでも思いついたときに、すぐ手に取れる環境に、と考えています。

12) 素敵な"個"育て（教育の方法）

指第1章3（2）ア　及び　ウ・第2章1（4）【教保要第1章第1-1（1）（4）・
第3-2・第3-4（2）エ・第2章前文・第3章第1-1・第1-6・第2-1】

・人を年齢のものさしで評価することをやめ、その子にとって今何が必要か？　という観点で「発達の順序性」にそって、個別にカリキュラムを設定しています。
・年齢別「クラス」ではなく、異年齢の「グループ」単位での生活です。

①　発達には必ず順序があります

園に対して「字を読めるようにして」とか「書けるようにして」と保護者のご要望があります。それは、小学校へ入学すれば、すぐに必要となるからです。字を読めないと、また、書くことができないと勉強が遅れてしまう。これは、誰もが持つごくあたりまえの気持ちです。

しかし、赤ちゃんが、手足、首の運動から始まり、ハイハイを経て、やがて、直立歩行ができる、というように、発達には必ず順序性があります。いきなり、ハイハイや、直立歩行はできません。これと同じように文字を書くには読めなくてはなりませんし、手の機能の発達も必要です。またその前に言葉を獲得すること、そして、言葉を獲得するためには、その言葉を聞くことができる能力も必要です。

②　私たちは子どもの発達を大人の"ものさし"で測っている、ということ

一番初めのお子さんの時に、すべてのことが不安で、育児書を買って勉強した、という経験はありませんか？　市販の育児書には、「生後4カ月ぐらいまでに、首がすわり…」とか、「7カ月頃から一人で座るようになり…と書かれています。

これは、標準を読者に知らせ、発達を知る手がかりにしてもらおう、と書いているわけですが、読み手は、必ずしもそう受け取りません。自分のお子さんにそのものさしをあて、「うちの子は優れているわ」と喜んでみたり、「遅れて

いるんじゃないかしら」とすごく心配したりすることがあります。このように、私たち大人は、発育の基準を「子どもの姿」として、それとの比較で子どもを見る習慣にはなってはいないでしょうか？

③　そのものさしは、単に遅いか速いか

そして、当然ながら、基準と現実との間には違いがあります。子どもの発達は、いろいろな側面が相互に関連しながら発達していることに違いないのですが、決して、すべてのものが一律に発達していくのではありません。個人個人により、あるいは時期により、発達しやすい側面はさまざまですので、100人いれば100通りの発達の仕方があるわけです。

その違いを、私たちは、すべて"個人差"という感覚で処理してしまいます。つまり、一人ひとりの違いというものが、基準に到達しているかいないか、すなわち、単に遅いか速いかの違いということに偏ってしまっているような気がします。速ければ「優れた子」、遅ければ「問題児」というように…

④　立体的に子どもをみていくということ

このことを図面に置き換えてみると、横軸に年齢をとり、縦軸に基準としての発達段階をおいてグラフで違いをみているようなものということになります。すなわち、個々の子どもの違いを、線の勾配の違いだけで判断しているのですから、質的、内容的な違いが見えず、個性に類するものの表現は不可能だということになります。

ですから、実際に社会で生きていこうとする時に大切な、この人はとても我慢強い人だ、とか、とても思いやりのある優しい人、だとか、責任感のある頼れる人だとか、という"人の持ち味"つまり感性が、大人に支配されている時代には、あまり大切なものとして扱われないまま過ぎてしまっています。

発達基準と個人差というような、ものさしに寄り掛かることなく、たてとよこの平面図的な見方から、奥行きも加えた立体的な人間の見方が必要ではないかと考えます。

もし、そのような見方に世の中の雰囲気が切り替わってきたら、今まで、平面上に描かれていた人間性というものが、元気一杯躍動し始めるのではないかと、思えてくるのです。

◆まず差を測る習慣をなく
　すことから

それには、まず、大人のものさしを外すことから始めましょう。

その子にとって、そのものに興味を持つことができる時期に、ふさわしい環境を用意し、十分楽しさや、おもしろさを感じ、また、達成できることの喜びを味わうことに重きを置いて…

表26　意外に気がついていないこと

・人はすべての分野の能力が、同じスピードで平均的に成長していくのではない、ということ。まずそんな人はいない、ということ。
・ものさし（年齢別発達基準 ＝ 平均的基準）を持って人を評価することは、個性を尊重することと矛盾する行為であること。
・発達の順序は、基本的に人みな同じであること。

例えば育児書などの場合、発達の順序とその時にどのような環境をつくってあげれば良いかだけを頭に入れて、何カ月…とか、年齢などは気にしないこと、また、他のお子さんと比べないことです。階段を一歩一歩ゆっくりと踏みしめて上っていくのが発達であり、2段、3段とばしの"つけ"は、必ずどこかでまわってきます。

⑤　私たち保育者自身にも同じことが言えます

私たちが、"個"を考えるとき、何かふに落ちないものを感じながら続けている原因を考えると、保育者の年齢輪切りの考え方が、存在し続けていることに気がつきます。

今まで、私たちは、科学的に考えられた、ねらいや課題をその年齢に応じて提供してきました。しかし、3歳児であっても、5歳児の能力を発揮できることがあるでしょうし、また、その逆も言えることです。5歳児においてもっと発達を促したい部分に気がつかないこともあります。

何度も繰り返し述べますが、私たちが子どもの成長・発達を援助するときに、大切なものは、その子自身が、今、何に興味を示し、何に働きかけようとしているのか、ということを判断する保育者の目です。

しかし、生活のリズムもそれぞれ違う"個"としての集合体を集団の中で標準化してしまう行為、つまり、子ども達を平面的にしか見ることができない理

由の一つには、日本において当たり前のこととして考えられてきた、学年制的構成に慣れ切った保育者自身の目にあるのではないかと考えています。

ですから、保育者も同じように年齢の輪切り的なものさしを取り払い、その既成概念を潰していくことが、もっともっと"個"を見つめることにつながっていくのではないかと考えています。

⑥　個別にカリキュラムを設定

そのようなことで本園では、人を年齢のものさしで評価することをやめ、その子にとって今何が必要か？　という観点で、人誰もが同じである「発達の順序性」に視点をおき、個別にカリキュラムを設定しています。（発達の順序に基づいたそれぞれのねらいは、「幼保連携型認定こども園教育・保育要領」をご参照下さい）また、このカリキュラムは、担任ひとりの視点ではなく複数の者がかかわって作成することにしています。

第3節　特色ある保育環境を創造する

（1）　保育園は児童を預かる「容器」ではない

1）　待機児童ゼロ政策は保育の質を保持できるのか

①　子どもの育ちを保障する環境か？

待機児童解消のために、場所がないので、高架下や雑居ビルでも、子どもが収まるところがあればどこでもよい、というような発想であったとすると、恐ろしいことです。

待機児童ゼロ政策に積極的に取り組む市の保育現場では、どのように受け止めておられるのか、インタビューに出かけました。近くに公園があれば、園庭が無くても良いとの要件緩和がありますが、地域住民に事前に断りがあるわけでもなく保育園が占拠し、住民との間にトラブルもあると聞きます。「猫の額ほどの屋上園庭や、雑居ビルのような環境で、0、1、2歳児はまだしも、3、4、5歳児の育ちの環境は保障できるはずがありません。体力的なことも含め、すべての発達において10年後、この市の子どもはどうなっているか、将来にわたって非常に心配だ」と懸念する園長もいます。

② 供給量が増えることによる弊害

　待機児童ゼロ政策によって供給量が増えた一方で、保育士不足に頭を悩ませています。現場においても、「明らかに売り手市場で、気に入らなければ直ぐ辞めるというような負のスパイラルに陥っている」とある主任保育士が指摘していました。「いかに保育士に機嫌よく努めてもらうかが私の課題だ」ともいわれていました。

　また、「子どもの育ちにとって、親の利便性だけではいけないと、こだわっていることもあるが、厳しい競争の中で、いつまでそのことを言い通せるか、継続できるだろうかと心配している。大切なことが失われていくような気がする」とも嘆かれています。

③ 保育の質を担保するための人的環境と物理的環境

　ここで保育の質とは何かを整理しておきます。大別すると、専門性とそれを支える組織性があります。専門性には、保育技術（保育内容・造形表現・音楽表現・身体表現・障がい児保育・環境設定など）と知識（ケース事例・制度や関係法令など）や、福祉職員共通の専門性（対人援助技術・家族援助技術・OA・パソコン操作技術・教養・接遇・マナー等）などの、職員一人ひとりが高めていかなければならない質、すなわち人的環境と、健康で安全、そして育ちの場、生活の場として、専門性が活かされた適切な施設・設備・素材などの物理的環境があります。

　組織性も、同じく職員一人ひとりが高めていかなければならない知識や技術（職場の問題解決法・コミュニケーションスキル・チームワークとリーダーシップ・自己啓発と人材育成の方法・目標管理〈PDCA〉技法・情報共有・記録・報告方法・危機管理・コンプライアンス等）などの人的な環境と、組織全体で高めていかなければならないガバナンス（健全に効率的に組織を統治する）があります。特に人的環境と物理的環境においては、保育の質を左右する最も重要な要素であることには違いありません。

　よって、保育の専門家として、しっかりと職員をトレーニングできないような状況であったり、子どもの育ちを保障できないような物理的環境であったとすると、保育の質を保持することは困難です。神戸市の担当者がテレビのイン

タビューを受けておられましたが、他市が待機児ゼロと報道される中、行政の対応が遅いのではと言わんばかりの質問に対し、神戸市においては、園庭の緩和はせず、社会福祉法人を中心に質をしっかりと担保しながら、確実に待機を解消していくと返答されていました。

　少子化対策を推進するためのワーク・ライフ・バランスの確立は、国全体の課題です。その中で待機児童の解消は、解決しなければならない中心課題ですが、それぞれの立場において、そもそも何が目的であるのかをしっかりと見つめ、本質を見失うことのないよう努めることが大切だと考えます。

（2）　園児の美的感覚を養う

1）　美を意識した環境づくり

　日本の保育園の輸入元のひとつであるスェーデンの保育園を訪れる人が一様に驚かされることは、園舎内のセンスのすばらしさです。壁の装飾は、カラフルな布のパッチワークやタペストリーだったり、額に入った絵がかけてあったり、子ども達の作品が飾られていたり、とてもセンスがあり、落ち着いた雰囲気になっています。

2）　子どもだから……という発想

　人の感性は、子どもだからと言って、大人と変わるものではありません。美しい物を見て、美しいと感じる心は同じです。子どもだからと幼稚なものを与えたりすることは、子どもの感性に対して大変失礼なことだと考えています。「子どもだからこれぐらい」とか「子どもだからこどもらしいものを」というのは、大人が勝手に線引きをしていることであって、その行為を、今一度見つめ直す必要があると考えています。

　子どもたちの絵が壁面に一斉に貼られているよりも、インテリアのひとつとして額に飾られた絵の方が、心情、意欲、態度が身につくのではないかと考えています。

　創造とは、多くの知識や体験が豊富であって、その蓄積したものを頭の中で瞬時に組み合わせる作業だといいましたが、今、日本で子どもらしいものとされるものは、いくらでも氾濫しています。別に園でなくても見たり聞いた

窓辺が素敵に飾られています（北欧の保育室）

インテリアが素敵なノルウェイの小学校

り、知識を得ることは容易いことです。少しでも美的なセンスや本物を、子ども達にプレゼントすることができれば、と考えています。

第4節　保育事業と高齢者福祉を総合的に推進する

（1）　みかり会の実践を通して

1）　お年寄りとの関わり〜感性を培う　　　　　　【教保要第2章第1人間関係】

　人の成長には、人と人との関わりが必要であること。そして、その関わりは多様であること。また、それが日常的であること。これが、私どもの教育・保育の方法の基本です。

　そのために大掛かりなことをやっているわけではありません。ほんの少しだけ空間や環境を工夫しています。

　先にお話しましたグルーピング（きょうだいグループ）のほかには、ハンディキャップを持たれた方々、また、文化の違う方々などとの人としての自然

な関わり、そして、お年寄りとの関わり。現在、全国に保育所と老人デイサービスセンターなどの幼老複合施設が約1,000箇所あります。その価値観を共にする施設が、今、増えてきています。

　お年寄りとの関わりは、成長の大きさをさらに拡げてくれます。優しさや思いやりという感性は、言葉や机上でのトレーニングだけでは培われないものです。どれだけ親御さんが力を注がれてもなかなか叶えられないことです。しかし、お年寄りと日常的に何気なくふれあうだけで、自然なかたちで身についていきます。すばらしいことだと思われませんか？

　「いつまでも元気で暮らしたい」という願いは誰しも同じです。しかしもしかすると、他人の手に委ねないと生活ができない時がくるかもしれません。その時に自然に手を差し伸べてくれる人が自分の周りにいる、ということがどれだけありがたいことでしょうか。元気であるときは、あまり実感が無く、子どもへの教育も知的なことに目が行きがちですが、私たちは人として本当に大切なことを見失わないようにしなければなりません。

　思いやりや優しさなどの感性だけに限らず、この時期に培われたさまざまな

三者が一体となり、一つの空間で日常的な関わりがあった。

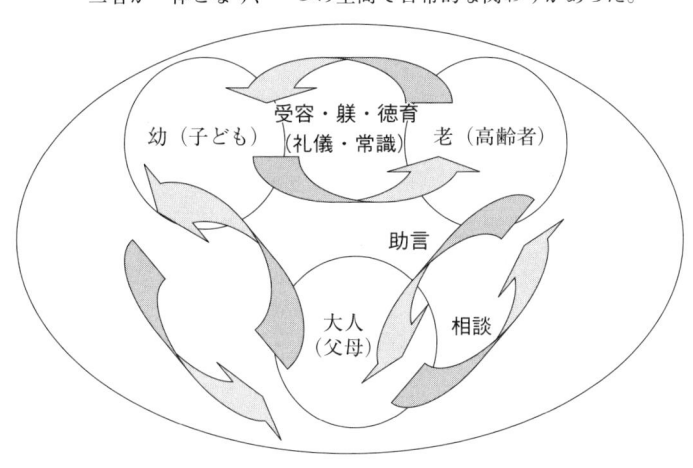

図40　昔の日本
（谷村　誠　作）

能力のすべて、人としての器は、その子にとって、後の人生や、またそれが、子や孫に受け継がれていくわけですから、結局は子ども自身の幸せのためです。しかもその器は、この時期に、他の人々のお力をお借りしながら無意識のうちに自然なかたちで培われていくというその価値を私たちは大切にしていきたいと考えています。

2）幼老共生

「幼老共生」は私共法人全体の目標の一つです。お年寄りの方に"老"という表現は、いささか抵抗を感じているのですが、他に言葉が見つからないので、この表現を使っています。

日本も農耕社会である時代、幼子、働き盛りの者、そして、高齢者がひとつの世界で一体となって、生活を営んでいました。そこには、幼子に対するお世話や人としての善悪、しつけなど、お年寄りの大切な役割がありました。そこで培われたものは、人として生きてゆくための素地として大切なことで、高齢者は、子どもが人間としての基礎・基本を培うために大きな役割りを担っていました。

しかし、産業社会となり、子どもたちが実社会の中で大人たちと一緒に暮らせなくなって「学校」で生活をするようになり、また高齢者はというと、50代以上の方の８割は就労につき、という具合で、今やそれぞれが別枠の世界で生活をしています。

ご承知のように、最近子どもたちに関するショッキングな事件が目立ちます。マスコミの皆さんをはじめ私たちは、「なぜ？ このようなことが起きるのだろうと」不安になり、すぐ答えを求めがちになりますが、誰が犯人でもなく、いろいろな時代の背景が複雑に絡み合い、このような結果に至っています。その中にあって、一つの要因として"核家族化"ということを多くの学者の方が指摘をされています。核家族そのものが悪いというわけではなく、先ほど申し上げた大切な幼老の関係が希薄になり、子どもたちが、人として成長するための重要人物との関わりが少なくなってきたということです。

残念ながら、もうこの日本には"三世代同居"というような価値観は戻らぬだろうと考える中で、人工的かもしれませんが、日常的で多様な関わりのあ

る環境づくりに努めています。さまざまな年齢による立体的な人間模様の中では、子どもたちの遊び方の工夫や、会話の中での心づかい、また、甘えたり、優しくしたりする心の通いが、日常的にごく自然体でなされます。

　当然ながら、健康な方ばかりではありません。体の不自由な方や認知症という病気をお持ちの方もおられます。初めて、その現実に出会う子どもたちにとっては、ショックを感じることもあります。しかし、そのことは、子どもたちの将来にとって、また、皆さんにとって、必ず幸福をもたらすものとなるでしょう。

　幼い子どもたちのかわいい振る舞いを見るお年寄りの目は、何ものにも代えられない幸福感に包まれます。そして、当の子どもたちは、自分たちを見守ってくれるさまざまな世代の人たちの視線を背中に受けながら、さらに躍動するのです。

それぞれが違う空間で生活をし、日常的な関わりが希薄になった。

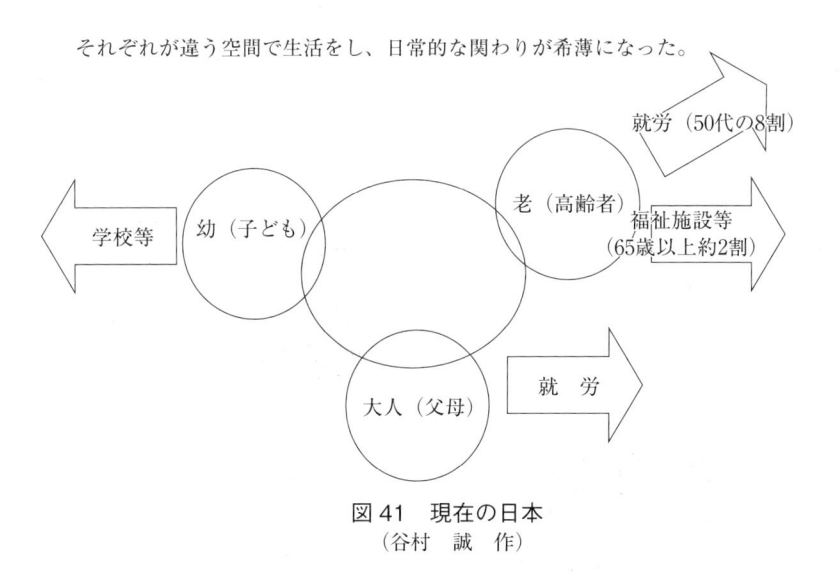

図41　現在の日本
（谷村　誠　作）

（2） 高齢者との総合的保育はどのような影響を与えているか

1） お年寄りと関わることの教育的意義

　私共が「幼老共生社会の再構築」をスローガンに掲げ、取り組んできた中で、「人の成長」という視点から、子どもがお年寄りと関わることの意義を整理しますと、次の3つがあげられます。

　1つは「育てる営み」を支えてくれる、ということです。お年寄りは、「生命を守る・愛する・信頼する」「受容れる・認める・支える」「応答（繰り返し・明確化・支持・質問）・働きかけ」、つまり「育てる営みの基本」を自然なかたちで支えてくれる存在です。

　お年寄りは、無条件で子どもを受容れ、信頼し、望んだどおりに叶えてくれます。そのことより、子どもは人に対する信頼感を養い、やがて自分に対しての自己肯定感を育みます。また、お年寄りは、長年のさまざまな体験により、ゆっくりと子どもの成長を見守る余裕があります。そのような姿勢こそが、子

高齢者とのふれあいが幼児にもたらす教育的意義 — 關戸啓子　氏（徳島大学）—

■存在価値の確認
1）賞賛される
2）歓迎される
3）自分に関心を向けられる
4）教えるという体験ができる
5）自分が人の役に立つ体験ができる
■大人との接触による自己認知
1）自分のことについて質問される
2）自分について大人の見方が語られる

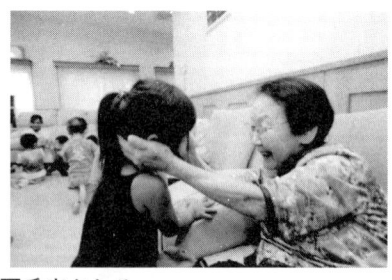

■受容される
1）最後まで話を聞いてもらえる
2）自分の意見が尊重される
3）許される
4）スキンシップがなされる

■文化の伝承を受ける
1）昔の体験が語られる
2）言葉や生活の知恵を教えられる
3）伝統的な遊びが教えられる

どもにとって"認められる"機会をつくり、次への行動への自信とつながります。そして、子どもにとって必要な応答（繰り返し・明確化・支持・質問）や働きかけも日常の中で実に自然にやりとりしていただけます。

　2つ目は、総合的人間力の素地を培う乳幼児期に、特にお年寄りとの関わりによって感性を培う、ということ。そして、3つ目は、日常の素朴なやり取りの中で、人間としての基礎・基本、人らしさを培ってくれる存在だということです。

2）多様な感性による補完的な役割り

　多様な関わりの必要性を高齢者との関わりに絞ってもう少し付け加えますと、ご家庭での祖父母の皆様との関係がわかりやすいだろうと思います。

　親は、体験により培われた感性、価値観を持って、子どもに接します。しかし、必ずしもそれがバランスのある多種多様なものとは限りません。時には厳しくしつけをする場合もあれば、"過保護"だと言われるくらい甘やかすこともあります。子どもの成長にとって双方共に必要なことですが、親が一度に一人何役もこなすことは難しいことです。その補完的な役割りを担っていただけるのが祖父母の皆さんです。子どもに対して、注意を促さなければならない時に、見過ごしてしまう親に代わって孫を叱ったり、また逆に、親が厳しく接しているときに優しく包んでくれることが大切です。そのことによって、子どもはバランスよく成長することができるのです。

　また親にとって「子育て」は、すべてが初体験で"若葉マーク"の状態です。最近の子育て事情を鑑みる中で大切なことですが、祖父母の皆さんは、日常の会話の中で、親に対して子育ての相談に応じたり、アドバイスをしてくれたりもします。（図○）

　仮に一種類や一方向だけのものの見方や考え方の中だけで育てられたお子さんがいるとしたら、その中身は別として、非常に偏りのある子に育ってしまうかもしれません。知的なことにしか感性が働かない親の下で、命の尊さなどの価値観は見過ごされ、大切な働きかけに対して無反応という環境の中で体だけが大きくなってしまう…というような。

3） 保育教諭もお年寄りとの関わりの中で

　言うまでもありませんが関わりの中で、保育教諭の存在も重要です。子どもたちの成長にとって保育教諭自身の多様な感性が求められるところです。しかし、保育教諭も人間です。プロとして一生懸命努めてはおりますが、すべてにおいて完全とはいえません。知識は備えていたとしても体験による感性の違いがそれぞれにあります。ですから、子どもとの関わりは、担任だけではく、複数の者との機会が多い方が良いと考えています。また一人の子どもを見るのは、一人の担任の主観だけではなく、多くの目が必要だと考えています。

　その保育教諭に対して豊かな感性をあらためて培う機会を与えてくださるのがお年寄りです。中には、車椅子を使われている方もおられます。その方に立たせて差し上げるだけの援助、お手伝いをすることだけで「ありがとう」と深く感謝の言葉をいただけることがあります。当然ながら日常の子ども達との関わりでは、そのような反応や応答のやりとりがありません。しかしながら、お年寄りとの日常の関わりは、保育教諭自身にとって、日頃見過ごしてしまうような単純な行為の中に大切なことがある、ということをあらためて気づかさ

お年寄りは、優しく受け容れ、必要な "応答" を自然なかたちで

れる機会となります。自身の力で立って歩けることが、どんなに幸せなことなのか、その感性を持ち合わせた者が、子どもたちの何気ない日々の成長に対して大きな喜びのメッセージを送ることができるようになるのです。

4）「5分の5」ではなく「一生分の5」の教育・保育

　私どもの法人内で、質の向上を図ることを目的として、介護施設職員も保育教諭も関係なく、それぞれの施設をお互いに評価し、改善していくという研修を行っています。その中で、保育教諭に対して介護職員からこのような指摘がありました。

　いつもどおり0歳児の部屋の床で、おむつの交換をしている保育教諭に、「カーテンはないのか？」という質問。介護の世界では排泄に関して、プライバシーの保護という観点から特に配慮しなければならないこととして常識的なことです。

　保育教諭も、普段はおむつ交換台の上で、できるだけ人目につかぬようにと努めているのが、忙しさにかまけてついつい公衆の目に触れる床の上で、となってしまったようです。さらに、その保育教諭は無意識のうちに、汚れたおむつを赤ちゃんの頭の横に置いてしまったようで、意見交換の場では、人権が守られていないとの厳しい指摘がありました。ここに、幼老共生という幅広い視点で、子育てを考えていくことの意義があると考えています。当たり前のことですが、子どもたちに対しての人的な影響が多い保育教諭自身の感性を磨くことも大切であり、そのような幅広い視点を持って保育していくことが必要だと感じています。

　小学校へあがる前の5年間のうちの「5分の5」というような"小学校への養成期間"のようなものではなく、人として幸せに生きるためにこの時期何が必要なのか、大切なのか、という観点で「一生分の5」の教育・保育をめざしていきたいと考えています。

第2章、第3章、第4章の参考文献
・「社会福祉法人立保育園の将来像」全国社会福祉法人経営者協議会　2004年
・「地域から信頼される社会福祉法人になるために」全国社会福祉法人経営者協議会　2010年

・「社会福祉施設の人材確保・育成に関する調査報告書」全国社会福祉法人経営者協議会　2007年

・「社会福祉法人経営計画策定マニュアル」兵庫県社会福祉協議会　2007年

・「保育経営に関する検討会報告書」兵庫県社会福祉法人経営者協議会　2011年

・「地域福祉推進会議」兵庫県社会福祉協議会　2013年

・「めざせ人材定着」兵庫県社会福祉施設経営者協議会　2012年

・「育てる営みの基本」鯨岡　峻　保育通信　2010年

・「複合型施設における高齢者とのふれあいが幼児にもたらす教育的意義」關戸啓子　2010年

・『経営計画の立て方・活かし方』安田芳樹　あさ出版　2005年

・『社長の仕事』TKC全国会　TKC出版　2004年

・『経営の教科書』新　将命　ダイアモンド社　2009年

・『任せる技術』小倉　広　日本経済新聞社　2011年

・『アドラーに学ぶ部下育成の心理学』小倉　広　日経BP社　2014年

・『幹部研修のための管理者ノート』島田信愛　清文社　2001年

・『行動分析学マネジメント』杉山尚子　舞田竜宣　日本経済新聞社　2008年

・『すてきな保育園の環境づくり』荒井　洌　明治図書　1995年

・『手づくり保育を楽しもう』荒井　洌　明治図書　1996年

・『若いカップルに親しまれる園へ』荒井　洌　明治図書　1997年

・『倉橋惣三　保育へのロマン』荒井　洌　フレーベル館　1997年

第 **5** 章
結びにかえて

第1節　新しい制度に

「すべての児童が心身ともに、健やかに生まれ、育てられ、その生活を保障される」という児童憲章にうたわれている理念の実態化は、同時に子どもを取り巻く家庭環境、とりわけ母親の生活環境（生き方、就労、経済等々？）が大きく影響します。この母親の置かれた立場と子どもの健やかな成長とは切り離しては考えられません。

新しい命を授かったけれどその喜びの反面、これまで頑張ってきた自分の仕事は続けることができるのか、生きがいである仕事と育児は両立するのか、育児休業後の保育所は見つかるのか‥‥など働く母親の不安や戸惑いは大きいものがあります。テレビや新聞などマスコミでは、保育所に入れない待機児童が2万人を超えるなどの報道が多くなっています。

このような幼児期の子育て（保育や教育）問題の解消にむけて、平成27年4月1日に「子ども・子育て支援新制度」が発足しました。（詳細は第2章？）

その主なねらいは、

①　質の高い幼児期の学校教育や保育の総合的な提供

②　保育の量的拡大・確保（待機児童の解消、地域の保育を支援、教育・保育の質の改善）

③　地域の子ども・子育て支援の充実である

としています。

　この制度ではすべての子どもを対象としています。大きくなった子ども・子育ての問題を社会全体で支えていこう、社会全体で費用負担をしていこうという、いわば「保育の社会化」を目指しています。

（1）　新制度の概略 ─ どうなるのか

　新制度では、これまでの幼稚園、保育所に加えて認定こども園、地域型保育を新設し、待機児童の多い3歳未満児の保育が増えることになりました。

　「幼稚園」は3〜5歳児を対象とし、小学校以降の教育の基礎を作るための幼児期の教育を行う学校としての位置づけです。利用できる保護者に制限はありません。

　「認定こども園」は0〜5歳児を対象とし、教育と保育を一体的に行う施設の位置づけです。幼稚園と保育所の機能をあわせ持ち、地域の子育て支援も行います。

　①　保護者が働いている状況に関わりなく、どの子どもも教育・保育を一緒に受けられる。

　②　保護者が働かなくなったなど、就労状況が変わった場合も、通いなれた園を継続して利用できる。

　③　子育て支援の場が用意されていて、園に通っていない子どもの家庭も、子育て相談や親子の交流の場などに参加できることになりました。

　「保育所」は0〜5歳児を対象とし、就労などのために家庭で保育のできない保護者に代わって保育する施設です。

　「地域型保育」は、少人数の単位で子どもを預かります。新たに設けられた市町村の認可事業で、待機児童の多い0〜2歳児を対象とし、次の4つのタイプがあります。

　○家庭的保育（保育ママ）─ 家庭的な雰囲気のもとで、定員5人以下の少人数できめ細かい保育を行う。

　○小規模保育 ─ 小人数（定員6〜19人）を対象に、家庭的保育に近い雰囲気のもとで、きめ細かい保育を行う。

　○事業所内保育 ─ 会社の事業所の保育所などで、従業員の子どもと地域の

子どもを一緒に保育する。

○居宅訪問型保育 ── 障害・疾患などで個別のケアが必要な場合や、施設が　　　　　　　　　　なくなった地域で保育を維持する必要がある場合など　　　　　　　　　　に、保護者の自宅で1対1で保育を行う。

　保育所利用の条件は、これまでの乳幼児が“保育に欠ける”から“保育を必要とする理由”になりました。その必要とする理由とは、就労・妊娠、出産・保護者の疾病、障害・同居または長期入院等している親族の介護、看護・災害復旧・求職活動・就学・虐待やDVのおそれがあること・育児休業中に既に保育を利用したる子どもがいて継続利用が必要であることなどです。これまでの制度より利用の条件が拡がったと言えます。

　これらの理由によって保育認定を受けるとともに、保育量（保育時間）についても認定を受けなければなりません（詳細は第3章参照）。

（2）　新制度の特徴　養護（保育）と教育

　新制度の特徴は保育が高齢者介護と同様に社会化されたことによって、保育を必要とする人（子ども）たちの多くが利用できるようになったことです。その財源は、消費税があてられます。子どもの保育・教育を一つの財布で賄い、全ての子どもを対象とすることになりました。これは保育サービスにおける大きな変化でありメリットであると見られています。

　先に述べたように新制度がめざすところは、

　○保育・教育の連携＝幼保一元化（統合）を図ること

　○保育の量を拡大、多様化すること

　○子育て支援を充実、強化すること　　　です。

　これらの実現によって、待機児童の解消、乳幼児教育・保育の質の向上、地域の子育て支援の充実など、今日抱えている課題が解決していくものと期待されています。

　新しいシステムのねらいの一つである「幼保一元化」は、長年の懸案事項であったのですが幼保連携型認定こども園という形で実現しました。

　保育所と幼稚園は設立事情や根拠法の違い、文部科学省と厚生労働省という所轄官庁の違いなど（縦割り行政）から、同じ子どもに関する施策でありながら別々におこなわれるという不合理な側面があったのが、ようやく幼保連携という形で一元化をみたわけです。

　その結果として保育所には、従来の養護機能（児童福祉施設）に加えて教育（学校）としての要素をより充実させることになりました。従来の保育所には、教育的要素が弱いという一般的な印象や評価があったことは否めず、一元化を機に教育面の充実を打ち出したと思われます。

　では、子どもを持つ親自身は保育と教育についてどのように考えているのでしょう。

　「神戸市子ども・子育て支援計画策定のためのニーズ調査」（平成 25 年 9 月実施）では、就学前の子どもを持つ保護者のニーズを調べています。

　設問は、以下のとおりです。

① 　幼稚園（預かり保育有）、認可保育所・園、幼稚園（預かり保育無）、認定こども園、その他（小規模な保育施設、家庭的保育、事業所内保育所、認可外の保育施設、ベビーシッターなど）のうちどの事業を利用したいかと

② 　その理由（以下から 3 つまで）

　教育内容を重視・子どもの育ち、性格にあっている・育内容と預かり時間のバランス・長時間安心して預けられる・兄弟、知り合いが通っている・就労日数、時間にあわせて・時間、日数など臨機応変に対応してもらえる・立地条件・価格が適当・保育の規模が適切・評判がよい

　調査の結果、利用したい事業としての認定こども園（調査時）は 6.2% と低いものの、「教育内容と預かり時間のバランス」「就労日数・時間にあわせてもらえる」「長時間安心して預けられる」などの教育と預かりニーズが高く、保育と教育の一体化への期待の現われかもしれません。

　利用したい事業で 38.6% と高い数値を示した幼稚園（預かり保育有）は「教育内容と預かり時間のバランス」「教育内容を重視」など教育面のニーズが高

「神戸市子ども・子育て支援計画策定のためのニーズ調査」

選択の理由	幼稚園（預かり保育有）	認可保育所・園	幼稚園（預かり保育無）	認定こども園	その他
幼保連携型認定こども園への国民の理解が深まった場合	38.6%	33.9%	10.8%	6.2%	10.5%
教育内容を重視	33.9	7.9	50.4	26.0	
教育内容と預かり時間のバランス	43.5	24.0	29.7	56.6	
就労日数・時間にあわせて	29.4	68.2	9.2	42.1	
長時間安心して預けられる	31.2	56.1	20.3	35.8	
時間・日数など臨機応変に対応	13.1	17.9	2.9	17.2	
子どもの育ち・性格にあっている	33.4	18.2	47.8	13.5	

（谷村　誠氏　作成資料より）

くなっています。

　認可保育所の利用希望は 33.9％とこれも高く、その理由が「就労日数・時間にあわせてもらえる」「長時間安心して預けられる」という預かりに関するニーズが高いことは当然かと思います。

　調査結果からは、「教育内容」と「預かり機能」の充実が保護者のニーズの大きな部分を占めていることがわかります。

　しかし、調査で言う「教育内容」とは何をさしているのか？　これだけでは不明です。回答者は、過度な知識を詰め込む英才教育を期待しているのか、就学に備えての簡単な計算や漢字くらいは教えてほしいと思っているのか、健全で豊かな人間性を育む情操教育を想定しているのか分かりません。

　ですから、児童福祉施設に「プラス学校」とするこの具体的な内容が見えにくい（分かりにくい）というのが一般的な印象ではないでしょうか。

　繰り返しになりますが、保育所に教育的な要素をプラスする、強くすることにどんな意味合いがあるのか？　どこまで求めるのか？　従来の保育所にはどのような教育的視点が欠けていたのか？　これらの点については熟慮の必要があると思えます。

　いずれにしても就学前の乳幼児期における人間教育（総合的人間力を培うこ

と）という視点は重要であり、保育所や幼稚園にとっても、幼保連携型認定こども園にはさらにその視点を重視したと考えています。その人間教育の場はどの子どもにも分け隔てのなく保障されなければなりません。家庭環境によって子どもの健やかな成長に、将来に大きな隔たりがあってはならないのです。

　いじめや貧困など子どもにとって深刻な課題が山積する今日、すべての子どもの幸せな生き方、育ち方にとって何が大切で何が必要なのかを、すべての大人たちは真剣に考えないといけません。社会で生きていく "ひとりの人間" として、心豊かに健やかに成長していく過程を準備し、創っていくことは社会の責務です。保育園はこのような成長を目指した教育はすでに実施してきました。幼保連携型認定こども園では、その部分をこれまで以上に充実させようとしています。

　幼児教育の場であった幼稚園に養護ケア機能を強化していく、乳幼児保育の場であった保育園に教育機能を実態化しようとしています。

（3）生きる力の基礎を

　では、幼保連携型認定こども園のこのような役割はどのように具体化され実践されていくのでしょうか。

　保育所サイドからみると、総合的な福祉的視点を持っていること、保育ニーズを把握する力量、地域支援のシステムやノウハウを持っていることは大きな利点、長所であり、これからも伸びていく可能性を持っています。さらに、給食・食育、障害児保育、多様なケア、養護と教育を一体化した育児、未満児保育、長時間保育など、これまで培ってきた多くのスキルと多様な対応能力を強みとして持っています。しかし、教育面での社会的認知度が低いことや教育カリキュラムが充実していないこと、学校関係機関とのネットワークが弱いことなどから、これからは教育面での取り組みを充実しようとしています。

　では教育の中身とはなにか？「教育＝学力の向上」ではないはずです。保育園や幼稚園という幼児期に過ごす集団生活の場における教育の核（要）は、低年齢なりに考える力や論理的に物事を考えるプロセスを身につけることです。必要以上に高度な知識を修得し、優秀な成績を修めることではありません。

新制度では「幼保連携型認定こども園教育保育要領」において、園児の「生きる力の基礎となる心情、意欲、態度」をこども園修了までに育てることとしています。具体的な領域として健康（心身の健康に関すること）、人間関係（人とのかかわり）、環境（身近な環境とのかかわり）、言葉（言葉の獲得に関すること）、表現（感性と表現に関すること）をあげ、それぞれ行なうべき内容とねらいを示しています。

- 健康　　健康な心と体を育て、自ら健康で安全な生活をつくり出す力を養う
- 環境　　周囲のさまざまな環境に好奇心や探究心を持ってかかわり、それらを生活に取り入れていこうとする力を養う
- 人間関係　　他の人々と親しみ、差さえあって生活するために、自立心を育て、人とかかわる力を養う
- 言葉　　経験したことや考えたことなどを自分なりに言葉で表現し、相手の話す言葉を聞こうとする意欲や態度を育て、言葉に対する感覚や言葉で表現する力を養う
- 表現　　感じたことや考えたことを自分なりに表現することを通して、豊かな感性や表現する力を養い、創造性を豊にする

また、要領では、満3歳以上の園児の保育に関する配慮事項の中で「自然と触れ合う中で、園児の豊な感性や認識力、思考力及び表現力が培われることを踏まえ、自然とのかかわりを深めることができるよう工夫すること」とし、「自然に触れて生活し、その大きさ、美しさ、不思議さなどに気付く」ような内容を求めています。

乳幼児期には知識量ではなく、情緒や感性を育み、個性や創造性を身につけ、豊かな心をもった人間に育っていくための情操教育は、考える力とともに欠かせない乳幼児期の教育内容です。これは多様な異年齢、異世代との交流などさまざまな体験によって培われていきます。

また、保育指針や教育要領にも示されているように、自然との関わり、つまり自然環境を活用した実践も情操教育として大切な内容です。園庭で遊ぶこと

や周辺の戸外の自然の中で活動し学んでいくことを求めています。

（4）新制度の課題
1）制度（システム）の分かりにくさ

　もともと、教育の場（学校の予備教育的要素のある）である幼稚園と児童福祉施設としての保育園とでは狙いとすることや機能が違います。そのような両者の、またその関係者のさまざまな思惑（利害関係）が絡みあって幼保一元化の実現には時間がかかりました。

　少子化対策、女性の社会進出促進などを背景として急がれた新制度は、それぞれの立場性を配慮しながら誕生し、その結果複雑になって保護者など一般住民には分かりにくくなってしまったきらいがあります。市町村が作成したパンフレットなども多くの住民が理解しにくいものとなっています。説明が難解なのではなく制度そのものが複雑で分かりにくいからだと思われます。

　もっとも幼保一元化を象徴していると思われる「幼保連携型認定こども園」という名称も長くて硬いイメージです。一般的には「子ども園」にしたほうがなじみやすく理解が進むと思います。これはいずれ「こども園」という名称として定着するのかもしれません。

　新制度の内容を保育所、幼稚園従来の事業に加えて幼保連携型認定こども園の設置や地域型保育が充実強化されることによって、結果的に利用できる場（量）が増えること、選択肢が多くなったこと、教育、保育双方の機能が拡がったことなどは保護者にとってメリットといえます。しかし、全体像としては複雑な印象はぬぐえず、そのような状況で適切な選択ができるのか判断が難しいと思われます。従来の保育所や幼稚園でもいいのではないか？　幼保連携型認定こども園のより優れた価値は？　という疑問も出てくると思われます。

　また、幼保連携型認定子ども園への移行は義務付けずに政策的に促進するという方針は理解しにくいところがあります。従来の形の幼稚園、保育所はこれからも新設されるのか？　国としては、すべて幼保連携型認定子ども園にもっていきたい？　政策的に移行させていくとはそういうことか？　等々すっきりとは見えにくいのです。

どんな新しい制度（システム）でも、はじめから最良なものや完璧なものはないかもしれません。実践の中で改善されていくことを期待したいと思います。

2）　質の確保はできるのか？

保育の社会化をめざすとした今回の新制度のふたつめの課題は保育の質の問題です。

保育の社会化というからには、すべての子どもに分け隔てのない保育サービスを提供しなければなりません。しかし、待機児童の解消を急ぐばかりに、量の確保に重きがいっていないか？　数が揃えばいいのかという問題です。多くの利害関係を斟酌しつつ固まったシステムであるため、隅々まで行き届いた良質な保育・教育を確保できるのか注意深くみていかないといけません。

保育・教育の需給については、市町村が子ども子育て会議の場で計画的に需給を決めることになっています。必要な保育ニーズに対して必要な保育所やこども園などの数量（必要枠）が決められ、計画的に保育の需給調整が行われることになっています。

つまり計画的に需給を調整するので保育所・認定こども園が乱立したり、需要を上回るようなことにはならないことになっています。需要量とバランスがとれた供給量になり、計画に乗らないものは作ることができません。これは、自由競争“多様な実施主体（株式会社やNPOなども）の参入”を標榜しつつ、規制ともいえる“市町村が事業所（保育）の必要枠を決定する”や“株式会社の参入を認めない”形をとっているなど、「自由競争によって良質なサービスが生き残る」という競争原理には疑問が残ります。本当に利用者は良質なサービスを選択することができるのか懸念されるところです。

また、既存の保育所や幼稚園はそのまま継続して残るのですが、その質が本当に良質なものであるのか？　新しく造る事業所だけがチェックの対象になるのか？　供給（量）面だけで測るのではなく、どのように質の高い保育・教育を提供していくのかのチェックが大きな課題として残っています。

つまり、自由闊達な競争が行われ、質の高い事業所が生き残り、その結果として利用者には良質な事業所（保育所や認定こども園など）を選ぶ可能性が拡がるという自由な競争を阻害することになるのではないでしょうか。

ところで、利用する側が保育所・こども園に求める質（の高さ）とは何でしょうか？

教育内容（レベル）を高めることなのか、保育の内容を充実することなのか、育児と仕事の両立をさせたい保護者へのきめ細かい支援（家庭支援）なのか。サービス、職員、設備など多様な角度から指摘することはできますが、なんといってもその核（基本）は、子どもの心身ともに生き生きとした安全な成長が約束されること、そして日々安心して過ごすことができる場であることです。

これから保育所間の格差が際立って大きくなっていくのか？ 特質化されていくのか？ あるいは均質化していくのか？ 保育・教育界は切磋琢磨した質の高いサービスをめざしてほしいと思います。

どの子どもにとってもその健やかな育ちのための場として、創意工夫と研鑽、努力を積み重ねていくことが保育所、幼稚園、認定子ども園など個々の事業所には求められています。

第2節　これからの保育園の新たな役割

新制度の特徴や課題をいくつかあげてみましたが、新しい制度の下で保育園がどのような役割を果たしていけばよいのかを次にあげてみます。

（1）　地域の子育て支援センターとしての役割
1）　地域で頼りにされる存在に

ところで、保育所は子育て中の家庭にとって必要な存在というのが大方の見方ではないでしょうか。

乳幼児期の子どもやその母親、家族にとって必要であり大事な保育・教育施設が、周辺住民にとっては、迷惑な存在に思われることもあります。住民による保育所の建設反対運動が起きたり、「子どもの声がうるさい」と住民と保育園との間で裁判沙汰になっている例もあります。

子どもたちの声や楽器の音が騒音と捉えられたり、送迎による道路の渋滞や

危険性など、住民にとっては日常生活に支障をきたす場合も少なからず出てきます。

　保育所の建設が住民の反対で中止になった例もあります。このような保育所と地域住民とのトラブル（摩擦）は、しばしば報道で見聞きすることです。

　待機児童問題が深刻になって保育所増が求められる一方で、保育所の存在が快く思われず、否定的に見られる事態にどう対応していけばいいのでしょうか。

　地域で起きたこのような軋轢を改善していった事例からは、やはり一朝一夕にはいかない根気強い取り組みだったことが分かります。騒音対策や安全対策についての話し合いを積み重ねていった結果、双方が納得できる案を生み出す例もあります。

　しかし、このような摩擦が生まれる前に、日常的に保育所と保護者、住民間にしっかりとした信頼関係を築いていく努力が必要ではないかと思います。保育所、保護者、住民もそれぞれが義務や責任を踏まえ、モラルを守ることに誠実に対処していくことが求められます。保育所や保護者が住民の理解を得る努力、地域に貢献していく取り組みはもちろんのこと、保護者も保育所や地域に対して守るべきモラルを明確にしていくことなど、常識的でありながら地道な努力が大切だと考えます。

　このような日常のひとつひとつの丁寧な関係づくりによって、信頼関係が築かれていきます。その信頼感は、保育所が地域にとって必要な存在となる基盤として欠かせないものです。加えて、地域の子育て支援の拠点（子育て支援センター）として機能することは、保育所に反発している住民の感情を共感に翻していく役目を果たします。

　「私が暮らす地域は、○○保育所へ行けば子育ての悩みや困りごとは気軽に相談に乗ってくれる」「母親たちとの語らいでストレスが解消される」「子どもたちも遊びや交流をとおして安定してきた」など、地域の母親たちが頼りにする存在として地域に根づいてほしいものです。

　さらに、支援センターの働きによって、保育所が当事者である子ども・保護者（母親）だけの関係に終わるのではなく、保育所と子ども・保護者に地域が

加わった三者が協働することによって生まれる地域の新たな活力が期待されます。保育所はその核（場）として子育てに悩む母親への支援を地域住民の協力を引き出しながら進めていくのです。

　保育の場が子ども・保護者サイドと保育所サイドだけものではなく、地域全体の財産であること（大切な子育ての場であること）の意識を共有し、地域住民ができる形、緩やかな形で参加していくことが、近年危惧されている希薄な住民どおしの繋がりを取り戻し、地域活性化の足がかりとなると思えます。

　保育所は子育て中の家庭だけではなく、地域で暮らす他の住民にとって、なくてはならない存在感と力量をつけることが必要です。

2）　高齢者との共生

　「子育てを話し合える仲間がほしい」「ミルクを飲まない」「日ごろの子育ての悩みを気軽に相談できないか」などの母親の悩みや困りごとに地域の人たちも関わることによって、子育て支援センターの働きは、子育て支援から地域活動への拡がりをみせる可能性を持っています。敷居を低くし、気軽に出入りができる雰囲気づくりが大事です。

　保育士など専門家や子育てを卒業した女性たちが活動を支援していますが、地域の高齢者も参加をすることで生きがいにもつながり、世代間の交流も深まります。

　高齢者と保育園（児）との交流は比較的知られている事業です。高齢者にとっては、近年身近な家族として少なくなった子どもと接する機会は、心身に大きな効果をもたらしています。子どもと交流することによって高齢者が生きがいを見つけたり、自信を取り戻したり、生きる活力につながっていく例は多く見受けられます。子どもにとっても、高齢者のお世話をしたりされたりの交流から感性や知性が培われていきます。それは、人間社会における基本的な作法、倫理や道徳、規範などを学んでいく場となるのです。さまざまな異年齢、異世代との多様なコミュニケーションを体感する過程で、人間としての原点や本質を身につけて成長していくことも大きなメリットとして期待されています。

　「遠くの親戚より近くの他人」、お節介とも見える近所のおばちゃん、おじ

ちゃんたちの世話焼きやさりげない面倒見の効果が見直されています。

　今日では近隣や地域のつながりも昔のようには強くはありません。そのつながり（近隣の支えあい）が必要とされています。

　子育て支援事業に、近隣の支えあいや保育所が取り組んできた高齢者との共生を活かしていくことも、意義あることと思います。

　専門的な知識や技術、場所など多くの可能性を持つ保育所には、既成概念に捉われることなくその土地や地域性にあった創意と総意を結集した子育て支援センターとしての力に期待がかかります。

　保育所が地域の子育て支援の拠点として機能することで、子ども、母親、高齢者、障害のある人など世代や立場の違いを超えて地域が一つにまとまっていく大きな力となると考えます。

（2）　大人の教育　親の学習塾として

　新・子ども子育て支援制度は、今日の子育てには社会的な支援が必要であることを前提として成立しました。しかし、その社会的支援のさらに前提として必要なのは「子どもの親は親としての自覚」と「子どもを人としてどう育てていくのかの責任」です。

　子どもは親の背中を見て育つといわれます。親の生き方は子どもの成長に大きな影響を与えることはいうまでもありません。

　親としてのモラル、社会にあって必要な基本的なマナー、規律など、子どもの健やかな成長のためには、もっとも必要なことでしょう。

　親としての成長は、子どもが成長し巣立っていった後も地域の大人としての自覚をもって、地域の子育てに参加をしていけるのだと思います。地域の子育て、地域づくり、大人の生きがいなど多くの価値を生み出していきます。（メリットを内蔵しています）

　子どもたちが将来の国を担う人間（人）として成長するためには何が必要なのか。

　心身ともに健やかな成長は、「礼節をわきまえた社会人」「広い心を持った国民」「他国民と強調できる国際人」となって国の礎となっていくことでしょう。

　そのことは、とりもなおさず、いま子どもを取り巻く大人にこそ言えることでもあるのです。

　ですから、保育所・こども園は、子どもの成育（保育・教育）を担う一方で、周りの親・大人たちの成熟（成長）をめざした「大人の学習塾」としてもその役割を期待したいところです。

　働く母親や子育てに悩む母親が働きやすく、子育てに困ることなく生活できる援助はいつの時代にも必要で大切なことです。しかし、その前提として「子育ての第一の責任者は親であり保護者であることの自覚を養う」「育児は、親の姿を映す鏡であることを認識する」ことを学んでほしいと思います。

　その学習塾としての役割を保育所が果たせたら、さらに子ども・保護者と保育所のよりよい信頼関係、さらには地域ともより優れた関係を築くことができると考えます。

　そのことによって、子どもにとっての幸せな成長が約束されると思うのです。

第3節　国や市町村の保育政策に望むこと

　新制度の発足によって、子どもの保育と教育に関する施策が新たな局面を迎えました。

　目的はひとつ、同じ子どもの健やかな成長、成育に関わることとは言え、異なる根拠法、異なる所轄庁のもとでの一元化はそうは簡単には進まず、紆余曲折し時間がかかりました。

　学校（幼稚園教育）と保育所（養護・保育）がどこまで一元化できるのか、その形態や方法に苦慮したことは事実です。すっきりとした一元化（一体化）とは言いにくいもので、「幼保連携型認定子ども園」というネーミングにしても複雑なシステムに見えることも、背景を考えるとやむを得ないことかもしれません。

　いずれにしても、これから国や自治体がやらなければならないことは多々残されています。

　国の保育政策が保育を必要とする子どもたち、保護者たちのニーズに適切に応えているのか。いっぽう私たち国民（市民）は、保育サービスや子育てについての政策に関心をよせ、正しく認識し、理解しているでしょうか。保育や教育のあり方、そして子育て問題が子どもや保護者など一部の人たちだけの関心ごとや必要な事柄になっていないか、子どもを持つ働く女性の職場や他の世代が無関心であったり、無理解ではないかと思われることも多々あります。

　さらに、子育て支援や保育の行政にかかわる担当職員は保育現場の実態や現状、母親が抱える悩みや課題を肌で感じているのか、疑問に感じることがあります。子どもの将来について目をそらすことなく、健やかに成長するための環境を整える責務を国、市町村、そして地域の大人たちは持たなくてはなりません。

　要は、子どもの健やかな成長は健全な国の将来を担保するものであることを国、市町村行政の責任だけでなく、地域の住民、大人たちもその重要性や役割を認識して行動することが求められます。

（1）　母親が働く条件と保育の一体的な政策の推進を

　子どもにとって（ことに乳幼児期の子どもには）育つ環境を選ぶことはできません。置かれた環境の中でその未来が決まっていきます。子どもにとっては、両親を核とした家庭が最も相応しい成育の場であるはずです。しかし近年、核家族化や女性の社会進出などによって家族のあり方は大きく変わってきました。

　そして、その家庭という環境は一人ひとり違っています。その子ども一人ひとりが可能な限り、わけ隔てなく成長していく環境と条件が必要とされているのです。

　基本的には、子どもにとって母親が家庭で育児することが望ましいでしょう。就学前の子どもにとっても母親にとっても一緒に過ごせる期間は大切です。しかし、女性の社会進出、参画が進み、女性自身の意識も高くなっている今日では、家庭での育児を強要することはできず、保育サービスの利用なしには生活が成り立ちません。

　国も女性の社会進出、参画を推奨している以上は、働く母親を支援する保育（福祉）、労働、教育など総合的に施策を進めることが求められます。そのことが子どもの健やかな成長につながるのではないでしょうか。

　保育所は子どものための施設か、保護者のためのものか。子どもの豊かで健やかな成長のためにはどちらにとっても必要です。

　「就学前の子ども保育」と「母親が働きやすい職場環境や条件」とを別々の管轄で行うのではなく、一体的に進める政策が待たれます。

　保育所が見つからない、子どもを見てくれる場がないという理由から、仕事をやめざるを得なかったり、職場復帰ができないという女性が多くいます。このように優れた女性の能力や人材を埋もれさせては、国の損失にもつながりかねません。

　母親の生き方を支援すること、子育てを支援することは「こどもが健やかに成長していく」支援そのものです。母親が働きやすい職場、仕事に就きやすい環境、そういう意味でも国は将来を見据えた総合的、抜本的な対策を連携して、これこそ「一体的に」進めるべきでしょう。

　制度ができても現実との乖離が招く不幸もあります。

　「勤務時間が不規則な職場への配置転換のため仕事と育児が両立できなくなり休職を余儀なくされた」これは、産休と育休、短時間勤務の期間が終わった後、午後8時までの勤務を命じられ「保育所に迎えに行けない」事態になったため会社を休職せざるをえなくなった。小学校に入る前の子どもを持つ親への配慮を求めた「育児・介護休業法」に定める制度と現実（現場）との隔たりがあるケースです。

　このように産休や育休、短時間勤務など制度は一定整ってきましたが、職場によっては確実に制度が使える状況にはなっていない例が散見されます。

　制度が実質上機能し、安心して使えるようになっているかをチェックしてほしいものです。職場や行政窓口、現場での無理解（解釈の違い）でせっかくの制度が役にたたないのでは意味がありません。

（2）　誠意のある保育・教育行政を

　保育所と市町村行政との関係をみると、市町村の窓口が事業所（保育所、幼稚園、認定こども園など）をチェックすることになります。幼稚園教育要領、保育指針などに基づくコンプライアンス遵守という視点からチェックを行い、改善を促し質の担保を図っていくことになります。

　その際、市町村のチェックが担当職員の主観による指導に陥ることがあってはなりません。中長期的に将来を見通したチェックや指導が必要であり、そのためにも、市町村の窓口には福祉や保育、教育の専門性が求められます。

　さらには、現場の職員や専門家や保護者の意見を常に聞き取り学ぶという、誠意のある姿勢が求められます。それらを集約し、保育や子育て支援の現場に反映させてほしいものです。

　また、保護者や専門家も含めた業界が積極的に行政に相談を持ちかけたり進言をするなど、行政をリードする場面があってもいいのではないかと思われます。行政もそのような業界と正しい形で（真に）協働し、そんな関係を重視する懐の深さがあってもいいのではないか考えます。

　行政のチェックによって保育サービスの質は担保されることになっていますが、利用者が望むより質の高いサービスを選択したいというニーズは適えられるのでしょうか。

　市町村の計画で需給調整がされているのであれば、実際には選択が可能なほどの保育所やこども園が用意されているのかという疑問が出てきます。

　現状では、依然保育所探しには高いハードルが待ち構えていたり、切羽詰った状況では取りあえずの預かりや、二重三重の保育サービスを利用せざるを得ないケースが考えられるし、質を問うている余裕がないという場合もあります。

　サービスの評価（質の良し悪しの評価）など、利用者の選択をサポートするための情報は不可欠です。そして、きめ細かな情報と相談システムによって、子どもと母親に適切な保育サービスを結びつけることができる保育マネジメントができればと思います。

　とりあえず子どもを預けることができるとか、とりあえず仕事に行けるとい

うやりくり（状況）は、根本的な解決にはなりません。

　すべての子どもの健やかな成長が約束される保育の場、保護者の働く環境や家族の日常生活が脅かされることのない、それぞれのニーズに添った保育の場の情報をオープンにしてほしいと思います。

　さらに、市町村は子どもや保育現場に身近な行政として、"こどもの立場（健やかな成長）を守る""母親の立場（生きがい、経済、仕事、収入など）を守る"ことを念頭において、柔軟で、創造的、意欲的な取り組みを進めてほしいと思います。

（3）　人材の育成と確保

　すでに述べたように、保育・教育の質をどう確保していくかは今後の重要な課題です。

　もちろん個々の保育所・こども園（事業所）の真剣な取り組み、努力が重要であることはいうまでもありません。中でも職員の質が最も大きく保育・教育内容に反映されてくることを考えると、人材の養成や確保には、国や市町村の支援が必須です。社会情勢、経済情勢などで左右される人材の確保については、国や市町村が最優先して進めるべき重要な課題です。

　幼保連携方認定子ども園は、学校の教育的機能と児童福祉施設の養育的機能をあわせ持った施設と位置づけられています。したがって幼稚園教諭と保育士資格の両方を持った保育教諭がおかれることになります。しかし保育士の確保も困難な現状で、幼稚園教諭資格も必要とされる保育教諭の確保のいっそうの難しさを考えてしまいます。待機児童解消に向けた新制度も、保育所の増加を目指しても人材（保育士）が集まらない実態がある中、両資格が必要な保育教諭の人材確保にはさらに危惧を感じます。

　人があってこその福祉であり、保育であり、教育です。保育士、保育教諭、幼稚園教諭の養成や指導、研修、専門性や資質の向上など人材の育成に努め、安定した人材確保に責任を持って臨んでほしいと思います。低賃金、長時間労働など現場が抱えている問題に真剣に真摯に応える責任があります。「人」をぬきにして、器（入れ物）だけでは子育てや介護の問題などに対する処方箋に

はならないのです。

　これまで保育所は、子どもや母親、家庭の生活を丸ごと受け止めて欲しいという利用者のニーズにできる限り応えていこうとする立場を取ってきました。働く母親の思いに添うよう努めてきたところがあります。これも、個々の職員や個々の保育所の努力や工夫に拠ってきたきらいがあります。

　しかし、働く母親の育児と仕事を両立させたいという思い（要請）は時代とともに膨らみ、社会的に応えることが求められるようになっています。そのような要望に対するきめ細かい取り組みやサービスは、個々の保育所による工夫や努力によることはもちろんですが、国や市町村の役割として働きやすい制度や環境づくりなどの基盤整備がどうしても必要になってきます。

　人口減少や少子高齢化などに悩む市町村は、子どもの保育・教育だけではなく、子どものいる家庭や暮らしを丸ごと受け止める「子育て支援マネジメント」を視野に入れた思い切った対策を提起してほしいところです。

（4）　変わることのない保育、養育政策を

　昨今、保護者が保育所に求めるニーズの傾向は、教育的な要素を求めるというより、とりあえず子どもの居場所を確保することが先決のように思われます。

　つまり、「子どもの預かり」という切迫（緊迫）性の充足が喫緊の課題であり、次いで保育（養育）や教育という中身に関心があるとみるのが現実的ではないでしょうか。

　「預かり時間の充実（保護者の病気、出張や残業などの緊急時にでも保護者のニーズに応えてくれるのか？」また「保育の多様性（子どもや家庭環境の多様性にいかに対応してくれるのか）」が優先的にあり、それに加えて「教育内容の充実（英才教育？）」の3点に集約されると思われます。一人ひとりの子どもの健やかな成長という目標から目をそらすことなく、女性の働き方や労働条件、職場環境の整備や理解の醸成など労働行政と連携して、徹底した保育（子育て支援施策）・教育を進めてほしいものです。

　子育て支援は総合的に考えないと、その場しのぎ、当座しのぎでは、また綻

びができその繕いに慌てることになりかねないからです。

　「子どもの育成・子育て支援」を重視し国の礎とするならば、政権が変わり、時代が移ろうとも「分け隔てなく、どの子どもも心身ともに健やかに育てる」ことを政策の核におき、安定した揺るぎのない制度（仕組み）に高めていくことが重要だと考えます。

■著者紹介

塚口伍喜夫 （つかぐち　いきお）（第1章執筆）

　兵庫県社会福祉協議会事務局長・理事

　兵庫県社会福祉施設経営者協議会事務局長

　兵庫県共同募金会副会長

　九州保健福祉大学教授・同大学院教授

　流通科学大学教授を経て社会福祉法人理事長、NPO法人顧問など現職

　主な著書

　　「地域福祉の明日を拓く」（兵庫県社会福祉協議会）

　　「地域福祉論」（全国社会福祉協議会・中央福祉学院）

　　「阪神・淡路大震災と地域福祉」（日本地域福祉学会）

　　『社会福祉の動向と課題』（中央法規）

　　『地域福祉概説』（明石書店）

　　『介護福祉教育の方法と実践』（角川書店）

　　『社会福祉法人の今日的使命』（リベルタス・クレオ）

　　『地域福祉論説』（みらい）

　　『社会福祉施設経営革新』（大学教育出版）

　　その他

谷村　　誠　（たにむら　まこと）（第2章、第3章執筆）

　社会福祉法人みかり会　理事長

　兵庫県社会福祉法人経営者協議会　副会長

　（公社）神戸市私立保育園連盟　常務理事

　全国経営協　経営対策委員会　委員長

　神戸市子ども・子育て会議　委員

　南あわじ市こども・子育て会議　委員

　主な著書

　　『すてきな保育園の環境づくり』明治図書（共著）

　　『手づくり保育を楽しもう』明治図書（共著）

　　『若いカップルに親しまれる園へ』明治図書（共著）

　　『保育室のインテリアと環境づくり』小学館（共著）

　　『社会福祉法人の今日的使命』リベルタス・クレオ（共著）

明路　咲子　（めいじ　さきこ）（第5章執筆）
　兵庫県社会福祉協議会社会福祉情報センター所長
　流通科学大学教授を経て
　NPO法人福祉サービス経営調査会理事
　主な著書
　　『新版・地域福祉論』（相川書房）
　　『福祉制度改革の基本体系』（勁草書房）
　　『現代コミュニテイワーク論』（中央法規）
　　『よくわかる社会福祉』（ミネルヴァ書房）
　　『社会福祉への招待』（ミネルヴァ書房）
　　『社会福祉概説』（明石書店）
　　『地域福祉論説』（株式会社みらい）
　　『社会福祉法人の今日的使命』（リベルタス・クレオ）
　　『福祉施設経営革新』（大学教育出版）
　　その他

谷村　佳奈美　（たにむら　かなみ）（第4章執筆）
　松帆北保育園施設長
　夢の森保育園施設長
　花の森保育園施設長
　幼保連携型認定子ども園心の森園長
　社会福祉法人みかり会　運営専務
　社会福祉法人みかり会　評議員
　第三者評価機関サーベイヤー
　福祉・保育関係機関紙寄稿

保育の質を問う

2017 年 1 月 25 日　初版第 1 刷発行

■著　　　者———塚口伍喜夫・谷村　誠・明路咲子・谷村佳奈美
■発　行　者———佐藤　守
■発　行　所———株式会社 **大学教育出版**
　　　　　　　　〒 700-0953　岡山市南区西市 855-4
　　　　　　　　電話（086）244-1268　FAX（086）246-0294
■印刷製本———モリモト印刷㈱

ISBN978 - 4 - 86429 - 428 - 7